住まいの解剖図鑑

THE ANATOMICAL CHART OF HOMES

心地よい住宅を設計する仕組み

SUSUMU MASUDA
増田 奏

エクスナレッジ

はじめに

はじめまして。「はじめに」の前に「はじめに の はじめに」を少しだけ。

そもそも本書は、住宅設計を学ぶ建築系の学生たちに向けて書き始められました。学生たちが必ずといっていいほど犯す設計上の初歩的誤りを列挙し、注意を呼びかける、「交通安全ガイドブック」のようなテキストをつくろうと目論んだのです。

ところがそのうちに、もう少し住宅設計の根本にまで踏み込んだ解説を加えれば、「設計のプロとして実務を始めたばかりの若い人たちの役にも立つのでは?」、そんなお節介が頭をよぎり、軌道修正することにしました。

さらに、構成がおおむねまとまりかけると、今度は「もしかすると、これから自宅を建てようとする一般の人にも、これくらいの知識は身につけておいてもらったほうがよいのでは?」という余計なお世話までしたくなって、気がつけばご覧のような〝解剖図鑑〟に相成ったというわけです。

いろいろな立場の方に向けて書かれた本です。それだけに、それぞれの立場で過不足を感じる部分もあろうかと思います。そこは寛容にご理解いただくとして、まずは興味がある部分、とりあえず役に立ちそうと思える部分からランダムにページをめくっていただき、最終的には一八〇〇円分のもとをとってもらえれば幸いです。

いま、住宅設計を学んでいる学生のみなさんへ

まず、お断わりしておかなければなりません。本書を読めば住宅設計の方法が少しは分かるかもしれないとか、設計が上手になるかもしれないとか、そういった淡い期待を抱かれている方がいらっしゃるとしたら、ごめんなさい。おそらくその目論見は期待外れに終わるでしょう。それなら、古今の名作・傑作住宅を紹介している専門書や、住宅設計の具体的手法を解説した本が山のように出ておりますので、そちらをおすすめいたします。

本書の大半を占めているのは、ごくふつうの住宅で当然のようにつくられている空間や装置にも、実はそれなりのワケや、そうなったイキサツがあるのだという故事来歴です。ごくふつうの住宅にも、各所に「ナルホド」という知恵や工夫が潜んでいるのだということを分かっていただきたい。さらにそこから、いまあなたが住んでいる場所や、住み慣れた住宅を、あらためて見直してみたらどうでしょう、という本なのです。

住宅設計に限らず、どんな分野においても、そのトレーニングは基本から入ります。野球でいうならキャッチボール、テニスでいうなら素振りです。もちろん基本をいくら積み重ねたところで、すぐさま実戦に結びつくとは限りません。けれど、基本ができていなければ応用がきかないのもまた事実です。キャッチボールもしたことのない人が、いきなり落差の大きいフォークボールを投げられるわけありませんよね。

そんなわけで、現在あなたが取り組んでいる設計課題の質的向上には貢献しないかもしれませんが、提出物のなかでうっかり見過ごしていた些細な誤りや不都合を修正する程度なら、本書はそれなりにお役に立てるのではないかと自負しております。

そして、もしあなたが「ふつう」では満足しない、ちょっとナマイキで前向きな性格の持ち主であるなら、本書に書かれていることをいったん疑ってみてください。「ふつう」の歴史をさかのぼることで、あなたなりの新機軸を思いつくかもしれません。

本書が、学生たちに求められる初々しい発想力のジャンプ台となれれば本望です。

最近、住宅の設計実務を始めたばかりの人たちへ

まず、お断わりしておかなければなりません。あなたがいま設計中の住宅で直面している問題に、目の覚めるような解決策はないか、素晴らしいアイデアが湧いてこな

いかと思って本書を手に取られたのなら、ごめんなさい。おそらくその目論見は期待外れに終わるでしょう。それなら、住宅設計の部位別用例集や、住宅作家のとっておきの名人芸、ディテールを紹介した本を読まれることをおすすめいたします。

本書はむしろ、設計に熱心なあまり袋小路に迷い込んだり、問題を複雑にして混乱してしまっている人へ、いったん基本に立ち返ることをうながすものです。ひとまずスタート地点に立ち戻って、あらためてその空間や装置の目的・意味を問い直してみたらいかがでしょう、という提案なのです。

特に住宅は、その目的や用途が多岐にわたるため、たくさんのファクターの決定優先順位を決めがたいものです。いきおい、設計スタディーは網羅的になり、気がつくと当初の問題点から遠く離れ、手元の図面はあの手この手の特殊な納まりと寸法でツギハギだらけになったりします。百戦錬磨のベテラン設計者でさえ、この陥穽《かんせい》に落ち込まずにいられる保証はありません。ただ、ベテランにはベテランなりの危機管理能力が身についています。いま歩いている道が自分の進むべき道かそうでないか、あるいはどのくらい本来の道から逸れているのかを、身体感覚として察知し、ときどきコンパスを取り出しては、すぐさま軌道修正できる能力を備えているのです。

住宅設計に限りませんが、どんな分野の仕事でも、プロとアマの差は目的地に到着するまでの時間の差となって現れます。この差が生じる要因は、足の速さではなく〝適切な〟道のり（プロセス）の選択です。適切と思われるルートをいかに無駄なく歩めるか——

このとき、ベテランが手にしているコンパスは特別な一品モノではありません。ごくありふれたものを、あたり前の使い方で使っているだけです。

建築のあらゆるジャンルのなかでも、とりわけ住宅は、歴史も数も圧倒的な量を経てきたビルディングタイプです。そこには、先人が試行錯誤しつつ蓄積してきた定石があります。定石といっても馬鹿にはできません。ごくありふれたモノやカタチにも、「ありふれるワケ」があるのです。それを知っている、使いこなせる設計者のみが、自分なりのコンパスを手に確かな道を歩める人になるのです。

本書の大半は、そうした定石が「なぜそうなっているのか」を、私なりに解読したページです。住宅の設計実務に勤しんでいる人なら、すぐさま理解できる、あるいはすでに理解していることばかりでしょう。

ただ、それだけで満足しないでください。定石に安住しているだけでは一人前の設計者とはいえません。根本に立ち戻って考え直すことで、新たな問題解決の突破口をあなたなりに見つけるのです。たとえば、屋根には勾配があり、ある程度の軒が出される。その定石の意味するところを正しく理解していればこそ、緩い勾配で軒がない屋根をたしかな裏付けのもとに設計することができるのです。

そのための参考書として、一つのゴールを示すのではなく、たくさんのスタート地点を並べたガイドブック。それが本書です。

これから、自宅を建てようと考えているあなたへ

もし、あなたがこれから自宅を建てようと計画されていたり、あるいは今まさに計画中であるのなら、おめでとうございます。夢のマイホームはすぐそこです。

おそらく今あなたは、設計事務所やハウスメーカーの設計担当者と、新居についての相談や打ち合わせを重ねていらっしゃることでしょう。

そこで、アドバイスを一つ。

あなたの自宅を設計するのは設計者だけではありません。あなた自身も積極的に設計に参加する必要があります。いや、必ず参加してください。あなたが新居に求めるであろう要望の数々は、設計のスタートであり、ゴールなのです。それゆえ、建て主には設計者に要望を伝えるだけでなく、要望を実現する前に立ちはだかる諸問題を、設計者と一緒になって解決していく権利があり、義務があるのです。

そうはいっても、一戸の住宅を竣工させるまでに解決すべきファクターは膨大です。しかもその優先順位は、そう簡単には決められません。できることなら希望のすべてを盛り込みたいところですが、時間と空間とお財布がそれを許してはくれないでしょう。そこで必要なのは、ほかを「CUT」して、大切なものだけを「GET」する判断力、決断力です。最終的にそれは、建て主であるあなたに委ねられます。

二者択一の決断を迫られたときは、得られるものと失うものを前に、両者をじっと

見据えなければなりません。専門的なことは設計者に任せるにしても、問題の原因と結果の予測は、あなたと設計者で共有しておきたいものです。本書は、そうしたCUT＆GETの場面に遭遇したとき、何らかの判断基準としてヒントになるような知恵を提供するもの、いわばアンチョコです。

本書を通して、住宅設計のプロセスや設計者の葛藤を少しは知っておこうとお考えになるのなら、それはとても素敵なことです。そして、そんなあなたには、この本が必ずお役に立つはずです。

二〇〇九年十一月

増田　奏

住まいの解剖図鑑

心地よい住宅を設計する仕組み

CONTENTS

CHAP. 3 人にも寸法にもクセがある

COLUMN

［ 参考資料 ］

- 「日本現代建築家シリーズ1・宮脇檀」（新建築社）［45頁上］
- 「日本の現代住宅Ⅰ」（彰国社）［110頁中］
- 「新建築臨時増刊号・桂離宮」（新建築社）［110頁左下］
- 「建築20世紀PART2」（新建築社）［110頁右下］
- 「フィリップ・ジョンソン作品集」（エー・アンド・ユー）［157頁左］
- 「西沢文隆小論集1・コートハウス論」（相模書房）［157頁右］
- 「建築資料集成1・第5版」（丸善）［169頁］
- 「都市住宅1977年10月号」（鹿島出版会）［178頁上］
- 「建築資料集成1・第5版」（丸善）［178頁左中］
- 「都市住宅1976年3月号」（鹿島出版会）［178頁右中］
- 「GI＃2・ラテンアメリカの住宅」
（A.D.A EDITA Tokyo）［178頁下］

113頁の資料は増沢建築設計事務所提供。
設計者名のない図面は著者設計のものです。

[装丁]
寄藤文平・坂野達也

CHAP. 1

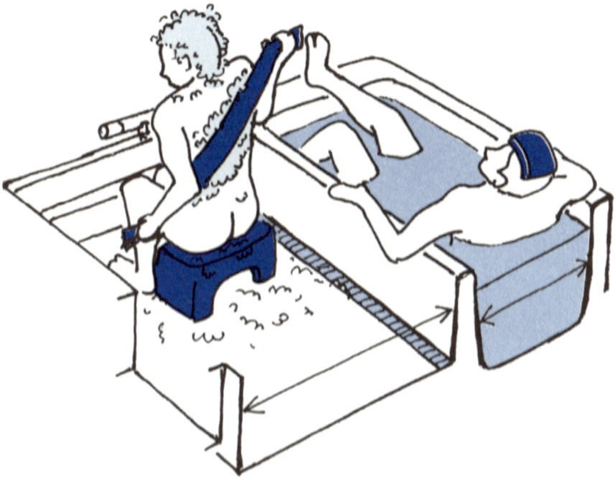

気持ちよさには ワケがある

家づくりとは？

住宅の設計は、お弁当づくりに似ています。

「住宅の設計とは何か？」と問われて、「それはね」と即答する人がいたら、〈こいつはアヤシイ〉とにらんだほうがいいかもしれません。同じ建築でも、住宅ほどとらえどころのないジャンルはないからです。

たとえば図書館なら「本を貸す・借りるところ」、レストランなら「料理をつくる・食べるところ」というように、建物の目的がはっきりしています。けれど住宅の目的は、いまひとつはっきりしません。「住むところ」ではあるものの、住むという目的のなかには、食べる、寝る、テレビを見る……など、無数の目的が折り重なっているのです。

ならば、ひとまず「ものづくり」というキーワードで住宅をとらえ直してみましょう。住宅の設計がものづくりだとすれば、こんな喩え話ができそうです。「住宅の設計とは、美味しいお弁当をつくることである」。

弁当箱と住まいの箱

弁当箱と住宅の姿かたちは、ずいぶんと似ています。

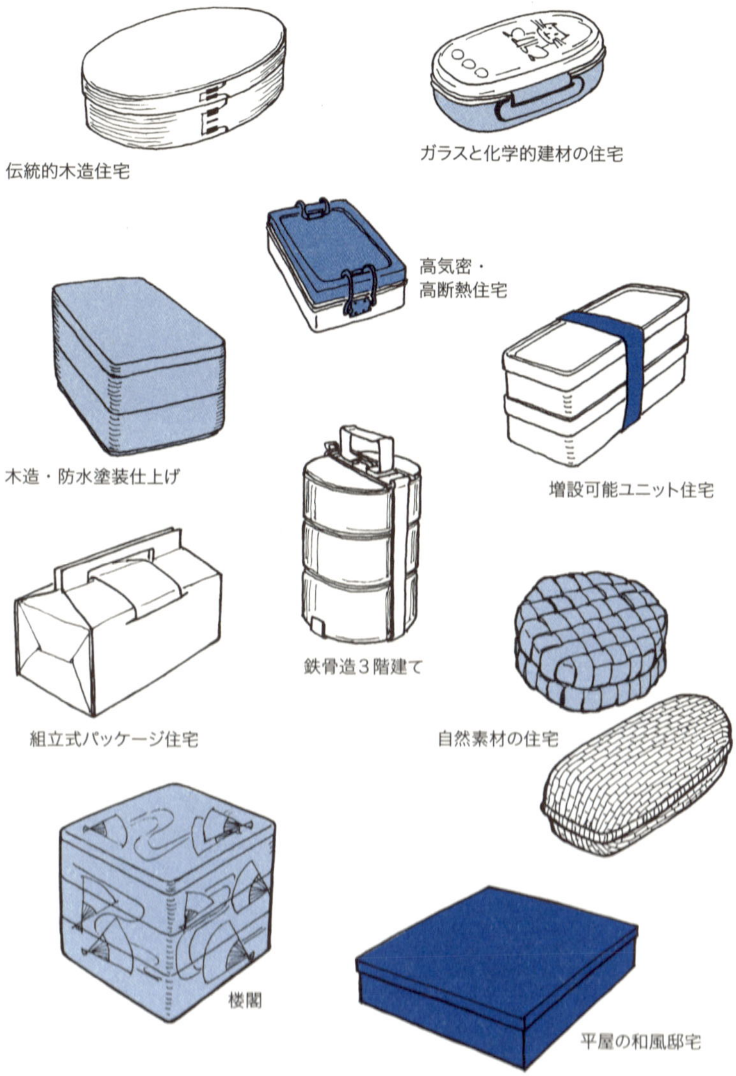

いろいろありますが、どの箱にするかはあなたの自由です。

弁当箱の中と住まいの間取り

弁当箱の中も住宅に似ています。特に間取りという点で。

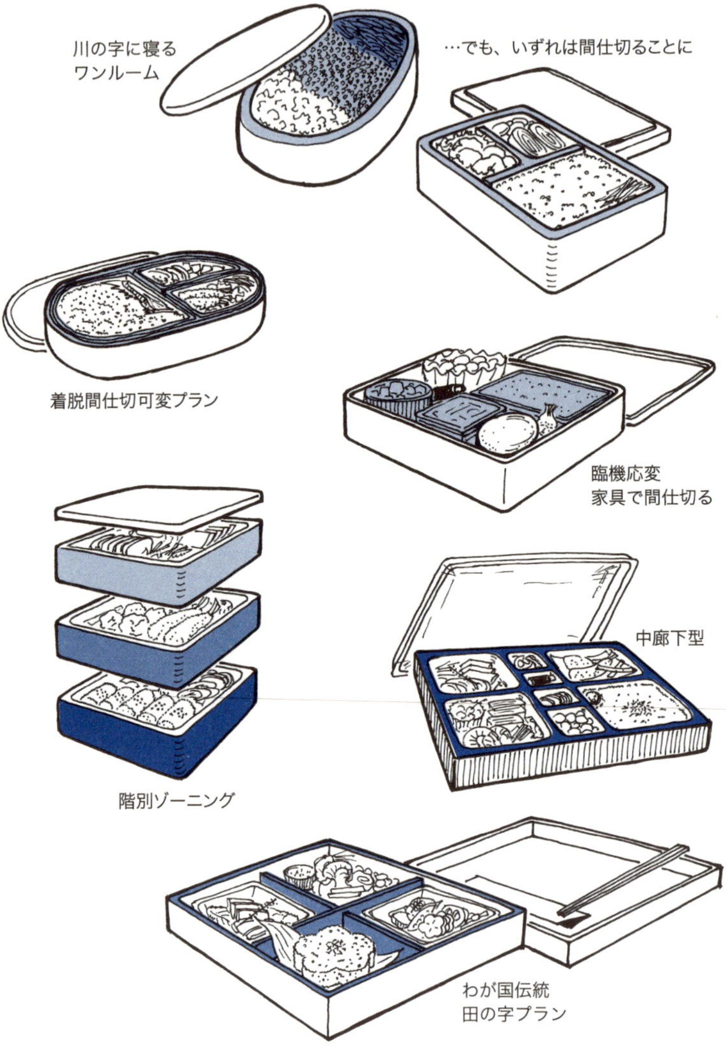

こちらもいろいろありますが、やはりどれにするかは
あなたの自由です。

お弁当の味と住まいのテイスト

どんなに小さな住まいでも、2つとして同じものはありません。お弁当にさまざまな種類があるように、住まいのテイストにも無限の回答があるのです。

定番の卵焼き弁当　そぼろ弁当
シャケ弁当　トンカツ弁当
稲荷弁当　海苔巻弁当
これからつくるお弁当　あなごちらし弁当

ただし、手にできるお弁当はたったの1つ。たくさんあると目移りしてしまいますが、お弁当も住まいも最終的にはどれか1つに決めなくてはなりません。

と、いうわけで…

住宅設計とはかけがえのない1戸の完成を目指すものです。最高の1つをGETするためには、そのほかのすべてをCUTする決断が必要になります

ポーチ

ソトとウチのあいだで、誰でも気持ちのギアを入れ換えている。

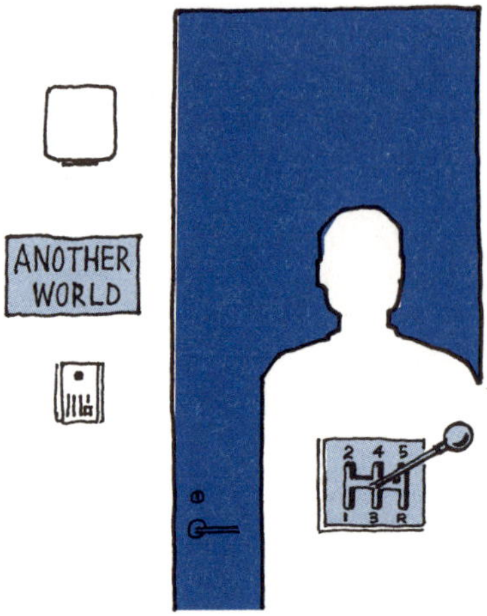

飛行機には滑走路が必要です。長い長い滑走路で少しずつ加速していきながら、やがて飛び立ちます。コンサート会場にはロビーやホワイエが必要です。待ち合わせスペースとしてはもちろんのこと、これから始まるお楽しみに備え、少しずつ気分を高めていく空間としても大切な役割を果たします。

住宅も同じこと。それが自宅であれ、友人の家であれ、初めて訪れる営業先のお宅であれ、玄関のドアを開く前にはちょっとした〝間〟がほしい。「道路からいきなり玄関」では、心の準備ができません。そのためのスペースがポーチです。雨の日に傘を差したり、たたんだりするときにも、そのありがたさを感じられることでしょう。

ディナーの前に食前酒を、食後にはコーヒーを飲むように、住宅にも気持ちを切り換える何かが必要なのです。

出すもよし、引くもよし

♬ RAINDROPS KEEP
FALLIN' ON THE PORCH

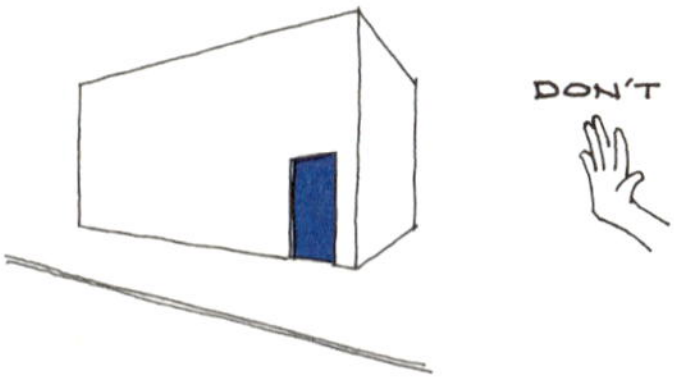
DON'T

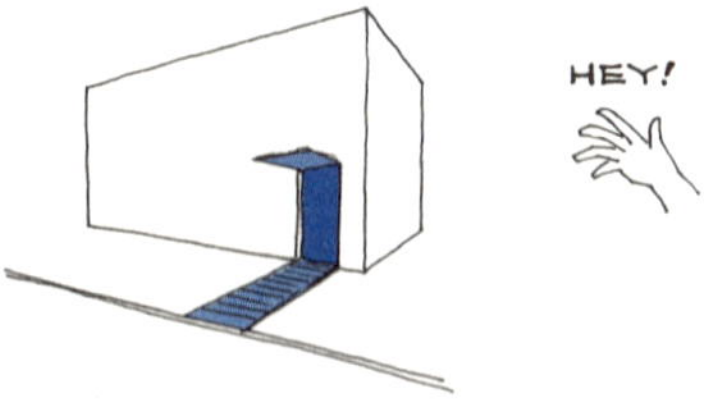
HEY!

♬ I'M SINGIN' IN THE PORCH

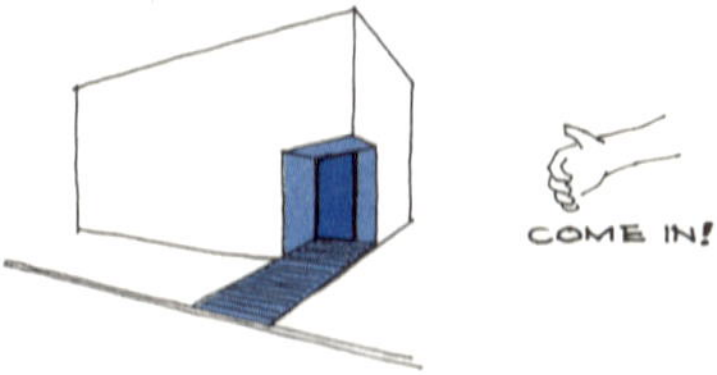
COME IN!

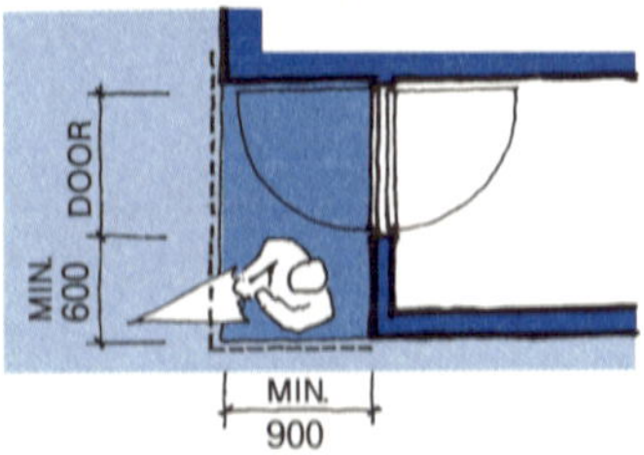
DOOR
MIN.
600
MIN.
900

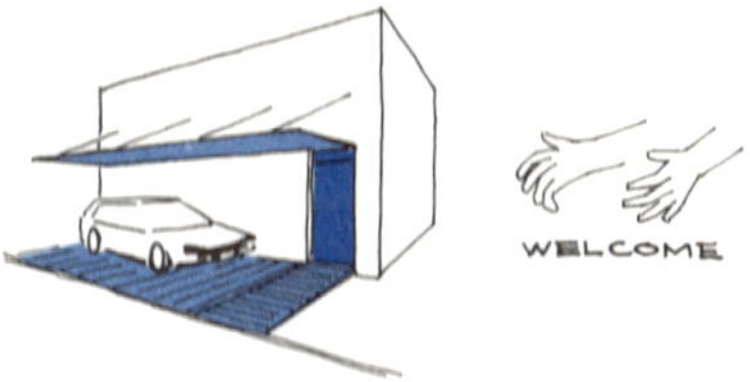
WELCOME

900㎜あれば濡れません

ポーチには奥行きが必要。傘を差すためには少なくとも900㎜の奥行きが必要になります。玄関ドアが外開きの場合は、ドアの横に600㎜程度の幅があればより一層使いやすくなります

出しても引いてもOK

ポーチは庇を出すだけでもその役割を十分果たせます。反対に、玄関ドアごと壁の奥に引っ込めてもOK。ポーチのさまざまな工夫が、玄関前に豊かな表情をつくり出すのです

ポーチのいろいろ

大屋根がポーチをつくる

南北それぞれに設けた玄関と、その横のガレージを1つの屋根で覆うことで、自然にポーチが生み出されます

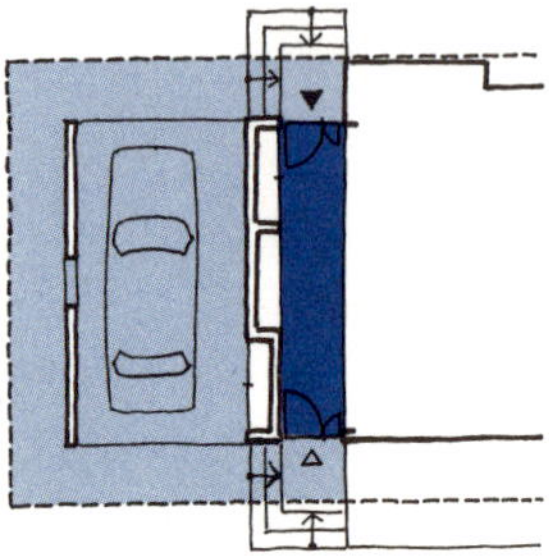

兼用できる

道路に沿った三角形のポーチから、玄関と倉庫、どちらにも入ることができます

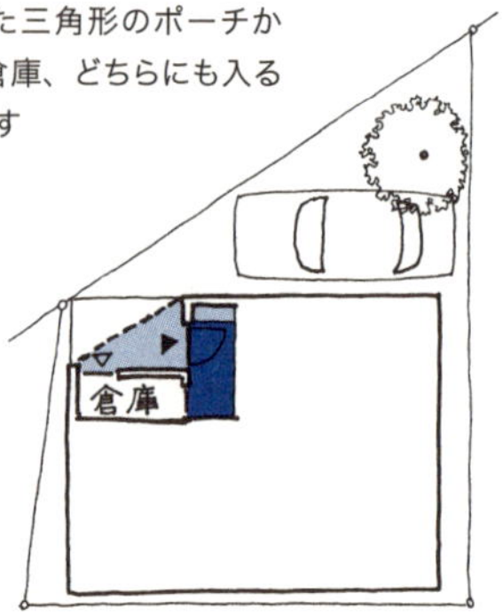

ガレージと玄関を結ぶ

ガレージと玄関をスロープでつなぎ、その上を庇で覆っています。ガレージから勝手口に直接入ることもできます

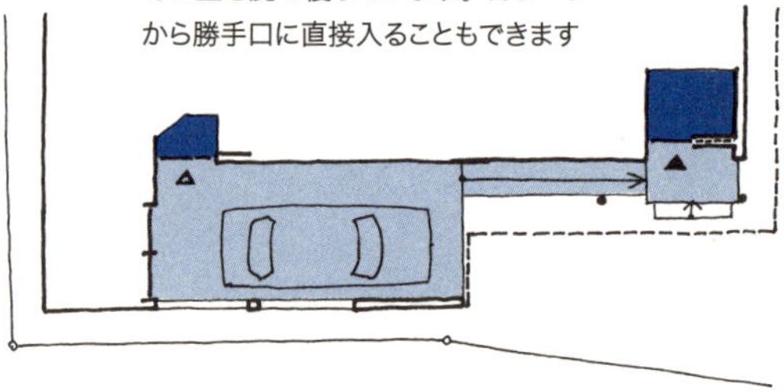

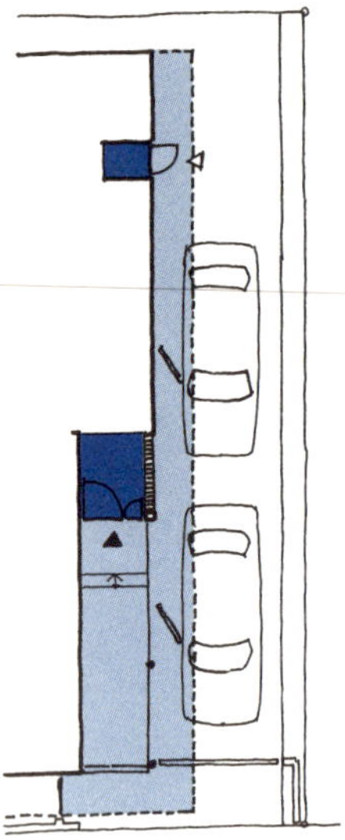

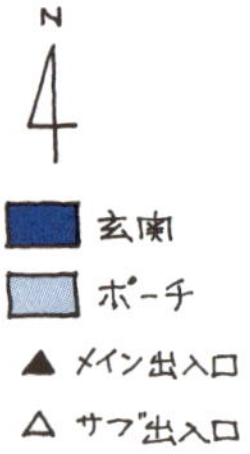

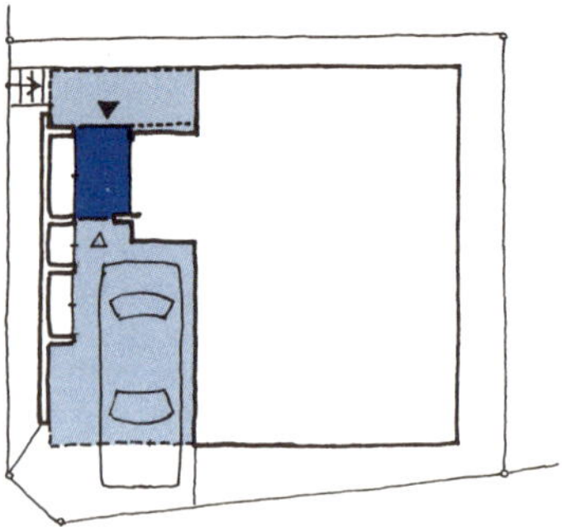

クルマの乗降を助ける

クルマの側面が軒下に入るだけでも、雨の日の乗り降りには助かります

1つとは限らない

北と南、2つのポーチから同じ玄関に入ることもできます

ピロティは究極のポーチ

玄関の両サイドにピロティ

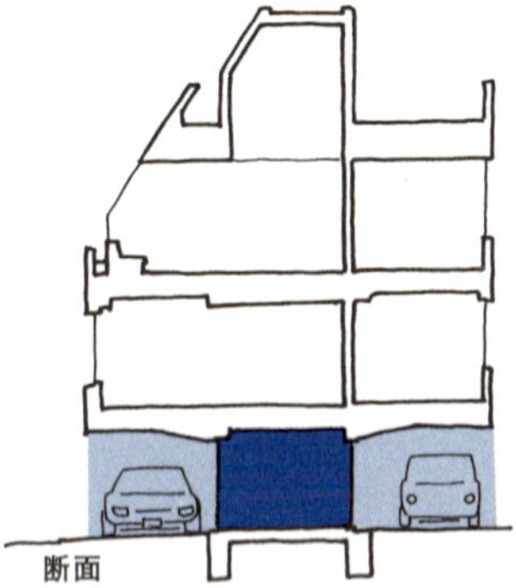

断面

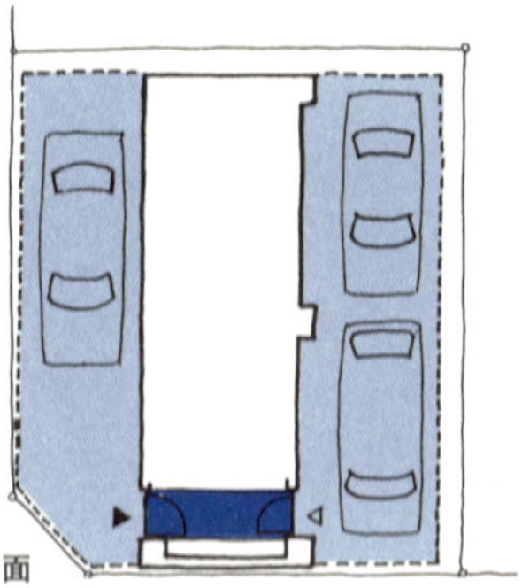

平面

道路に面した幅広いピロティ

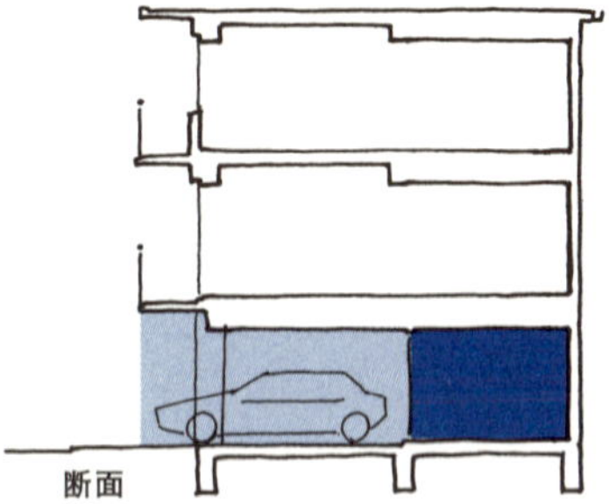

断面

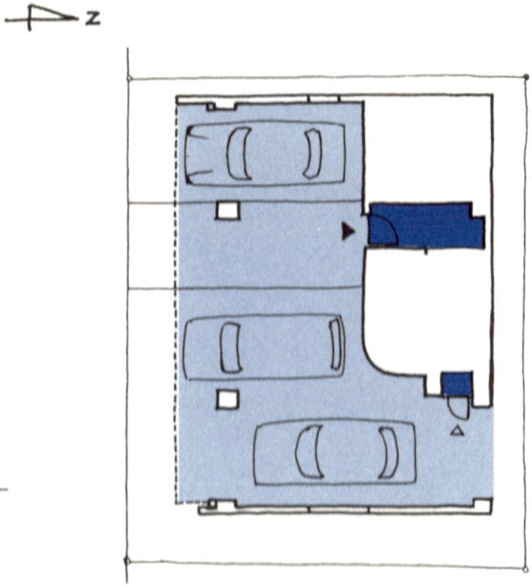

平面

外なのに室内!?

建物全体を浮かせるように持ち上げて生まれる1階の半外部空間を「ピロティ」といいます。ピロティは人やクルマを抱え込んでしまうばかりか、外部でありながら室内の雰囲気も醸し出す、魅力的なスペースをつくり出します

と、いうわけで…
ポーチは雨の日に重宝するだけでなく、気持ちの切り換えにも役立ちます

玄関

入口で靴を脱ぐのは、なぜ？

突然ですが、旅館とホテルの違いって何でしょうか？　和風と洋風、畳と絨毯、ふとんとベッド、大浴場とユニットバス……数え上げれば切りがありませんが、私が思うに、それは「靴を脱ぐ・脱がない」にトドメをさします。靴を脱ぐ日本人と、脱がない欧米人。これは、玄関の設計を考えるうえで決定的な彼我の相違をあらわにします。日本の設計者にとって玄関の設計とは、「どのように靴を脱がせるか、脱いだ靴をどこにしまうか」など、想像以上に問題山積の世界なのです。

ところで、靴を脱ぐと「気心を許し合える」雰囲気になりますね。旅館の畳の上で行う宴会と、ホテルのホールで行うパーティーでは、旅館のほうが一歩踏み込んだ間柄になれそうな気がします。日本の玄関は、一緒に住む人たちの関係をより親密なものにする装置なのかもしれません。

靴脱ぎラインはホッとライン

家感覚、街感覚

旅館の廊下では、浴衣を着た宿泊客がスリッパを履いて歩いています。けれど、同じ格好でホテルの廊下を歩いたら、怪訝な顔で見られるか、場合によっては叱られるかもしれません。

旅館は建物全体が「家感覚」、ホテルは客室以外「街感覚」なんですね。

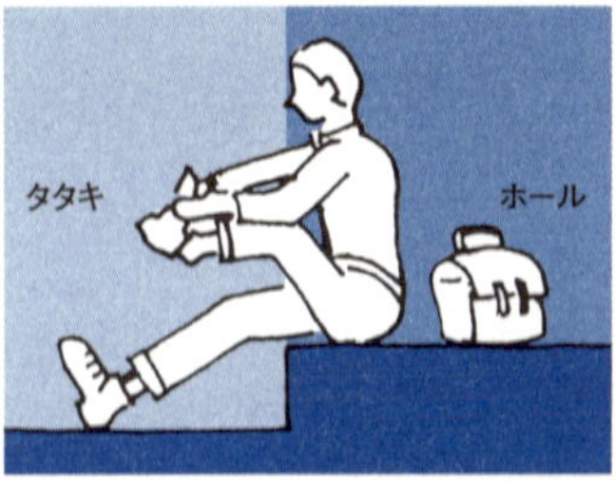

気持ちを切り換える場所

私たちは外出するとき、玄関で靴を履きながら無意識のうちにモチベーションを高めています。

反対に、自宅であれ、訪ねた先のお宅であれ、靴を脱ぐと少しホッとした気持ちになります。

もちろん、必ずしも玄関で履きものを脱ぐ必要はありません。欧米の住宅では自分の部屋に入ってはじめて靴を脱ぐのですから、同じスタイルの住宅が日本にあってもよいでしょう。要は、住宅のどこまでを「街」としてとらえるかですね。

ラインの形には意味がある

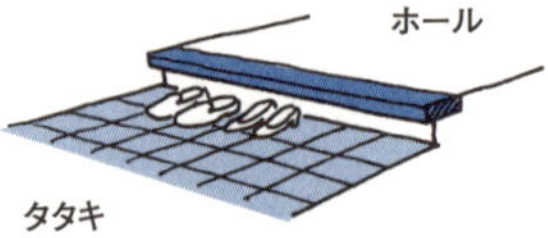

上がり框（あがりがまち）
タタキとホールの境界で、ホール側の床の端部にある1本の材を上がり框といいます

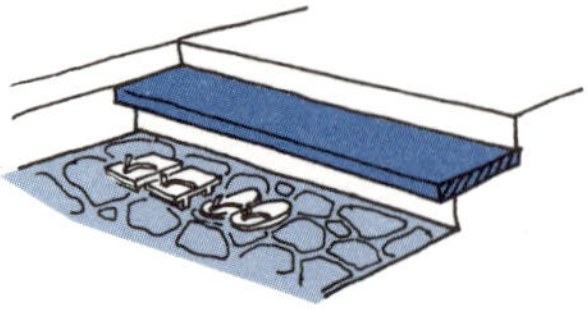

式台（しきだい）
上がり框の奥行きが300㎜程度、あるいはそれ以上ある場合は、そこを式台といいます。通常はホールの床面から1段下げた位置に設けます

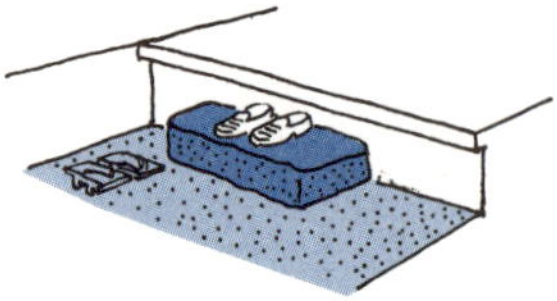

沓脱ぎ石（くつぬぎいし）
タタキと上がり框の段差が大きいときは、タタキに石を置いてその上で靴を脱ぎます

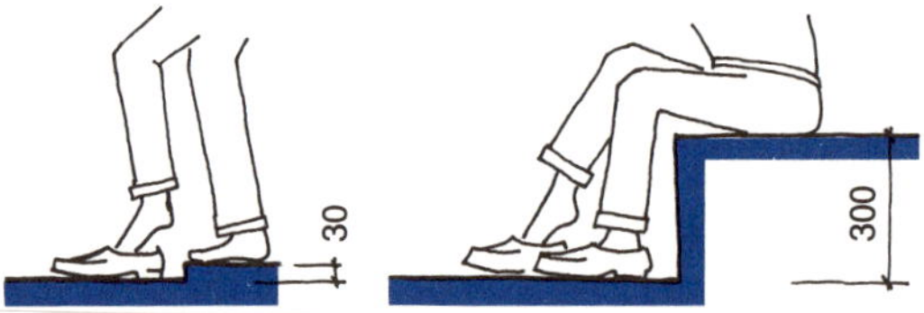

段差があってもバリアフリー
ホールへのあがりやすさを優先してタタキとの段差を小さくしたければ、30㎜にしてもOKです。ホール側に腰かけて靴を履きたければ、300㎜にしても構いません。どちらがよいかではなく、どちらにしたいかの問題です。300㎜の段差も靴の履きやすさを考えれば、立派なバリアフリーと考えられます

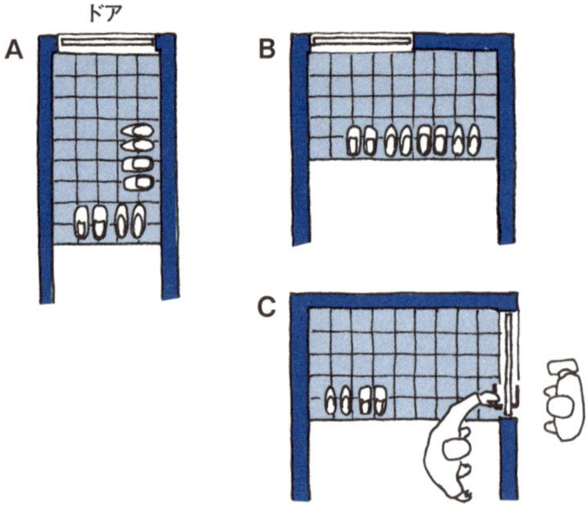

タタキの寸法と位置
左の3つの玄関、どれもタタキのサイズは同じです。
Aは、奥行きが深いタタキ
Bは、上がり框が長いタタキ
Cは、Bとドアの位置が違います
私はAよりBを好みます。横に長い上がり框は空間として気持ちがいいし、靴も横一列にきれいに揃えられます。できれば、BよりCのほうがもっといい。ホールからドアノブに直接手が届くので、タタキに降りなくてもドアを開けられるからです

タタキに置くもの、ホールに置くもの

姿見はタタキへ

傘立て、コート掛け、認印などの小物…。玄関には、いくつも置きたいものがあります。そのなかで気をつけたいのが姿見。姿見というくらいですから、全身を映すカガミでなければなりません。特に女性は靴を履いた全身の姿を見たいもの。姿見はタタキに置くようにしましょう

履き物のしまい場所

では、下駄箱やシューズクローク。これらはどこに置くべきでしょうか？

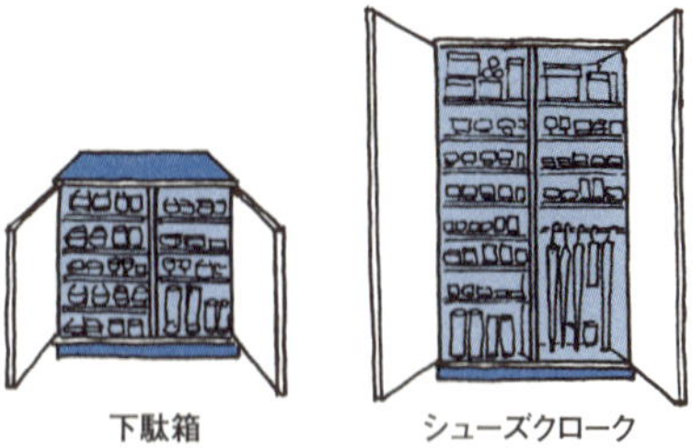

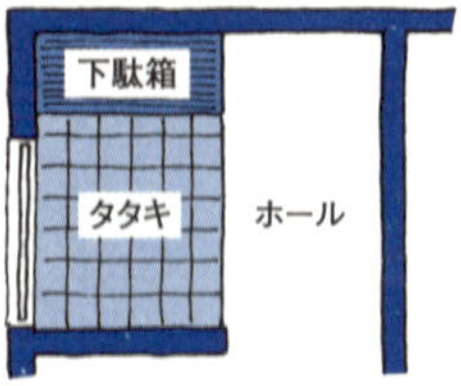

タタキ派

履き物は泥で汚れがち。下駄箱をタタキに置いておけば、ホールの中まで泥で汚されずにすみそうです。けれど、これではタタキに一歩降りないと履き物を取り出せません

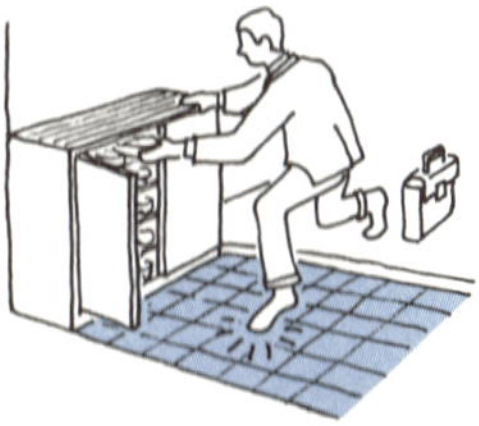

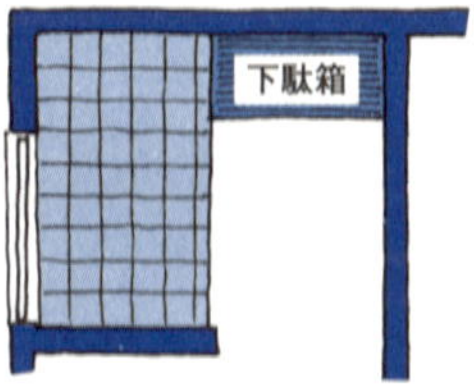

ホール派

そこで、下駄箱はホール側に置くべきだという反対派が出てきます

どちらも一理あり

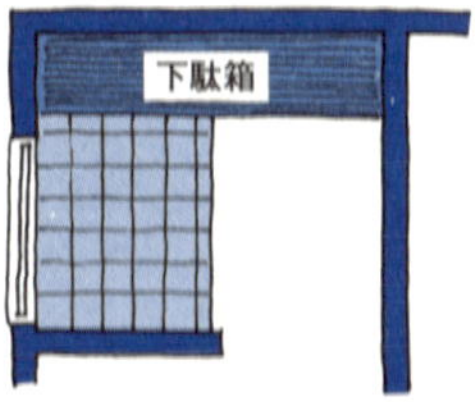

両方またぎ

私はどちらかといえば「ホール派」ですが、玄関スペースに余裕があれば両方にまたいでつくるようにしています

と、いうわけで…

玄関を設計するときは、靴を脱ぐことの意味を理解したうえで、それをどのような形に落ち着かせるか考えなければなりません

階段

その部屋が狭いのは、階段の演出をミスしたせいかもしれません。

才能あふれる映画監督たちは、階段という舞台装置を巧みに使い、印象的なシーンを演出します。古くは、「戦艦ポチョムキン」のオデッサの階段、オードリー・ヘップバーンが愛らしい「ローマの休日」のスペイン階段、「蒲田行進曲」における銀ちゃんとヤスの階段落ちも、名場面の一つといってよいでしょう。

住宅においても、設計の上手な人ほど階段の使い方が巧みです。ともすれば余計な面積を取る無駄な空間として嫌われる階段ですが、実は階段こそ、プランニングの隠れた主役だとご存じだったでしょうか。どんな階段をどこに設置するかで、その住宅の住み心地は大きく左右されるのです。なかには部屋の広さにまで影響する場合も……。

使い方によっては畢生の名演技を見せてくれる階段。どのように演出するかは、監督であるあなたの腕次第です。

もとをただすと、上階の床でした

階段は昇るもの？

階段といえば「昇るもの」というイメージを抱きがちです。その連想から、段を積み上げていくのが階段だと思いがちですが…

階段は降りるもの！

実は、階段は「降りること」をイメージしたほうがよいのです。床が突然抜け落ちたみたいに。なぜかというと…

行き止まり
下階の床がせり上がっても、上階に昇ることはできません

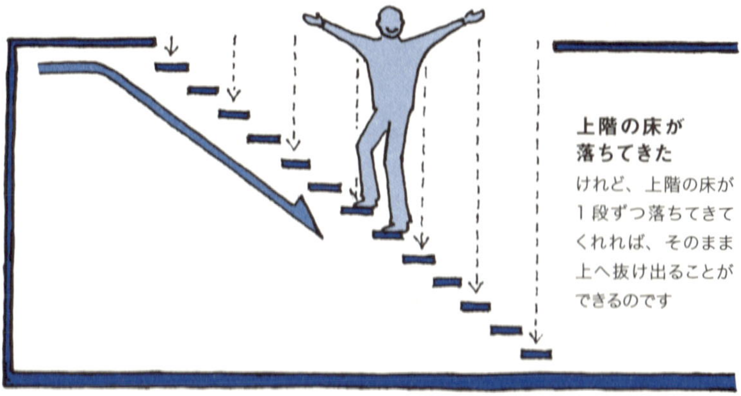

上階の床が落ちてきた
けれど、上階の床が1段ずつ落ちてきてくれれば、そのまま上へ抜け出ることができるのです

垂直移動は水平移動

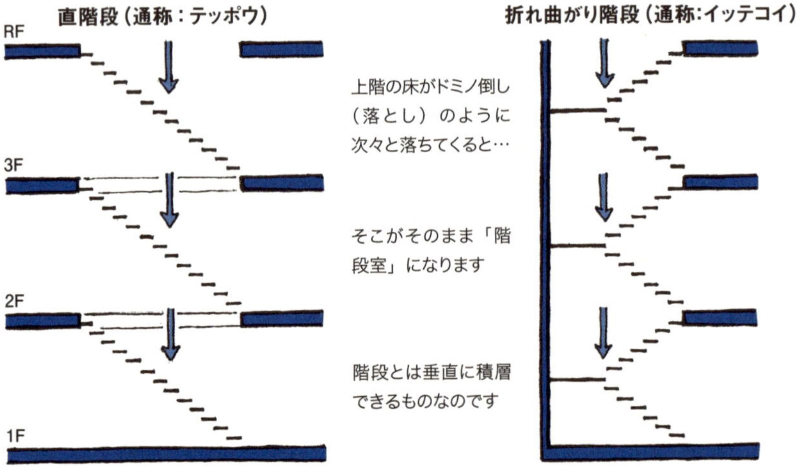

ズレる階段、ズレない階段

人は、階段を使って垂直移動をしながら、同時に水平移動もしています（1つ昇るたびに水平にも1つ移動）。そのため、直階段タイプの階段であれば、最後まで昇りきったら廊下を水平に移動して、スタート地点の真上からあらためて昇り始めなければなりません。

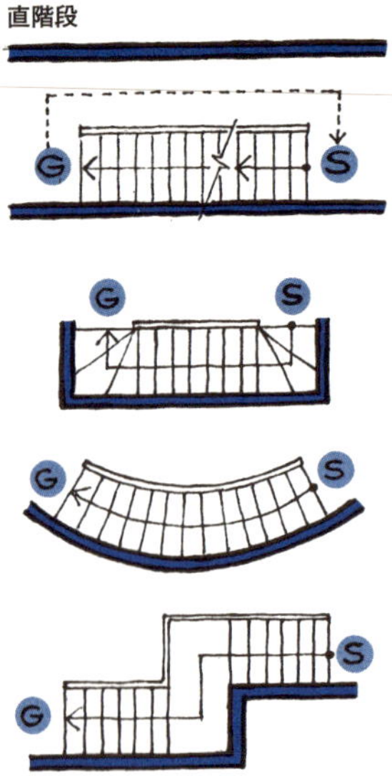

その手間を省いたのが折れ曲がりタイプの階段です。昇りながらUターンすることで、平面的なズレを打ち消してくれるわけです。

かたちの種類はいろいろありますが、結局のところ階段には2つのタイプしかありません。スタートとゴールが平面的にズレるのか、ズレないのか。これは階段の“クセ”のようなものです。

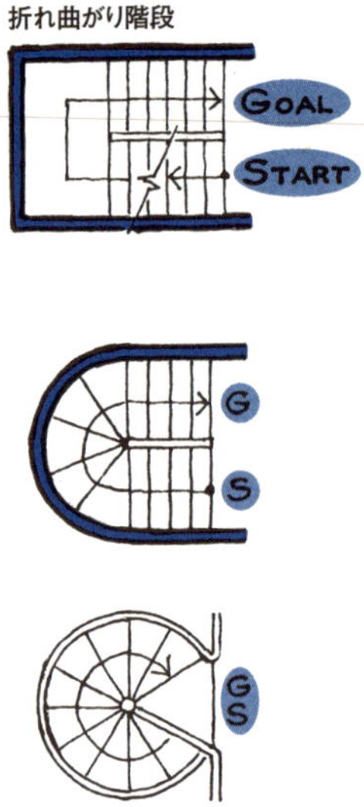

階段を笑うものは階段に泣く

階段のクセは住宅の平面設計に大きな影響を与えます。ここでは、標準的な個室×3＋トイレという2階平面を例に、その影響を見てみましょう。

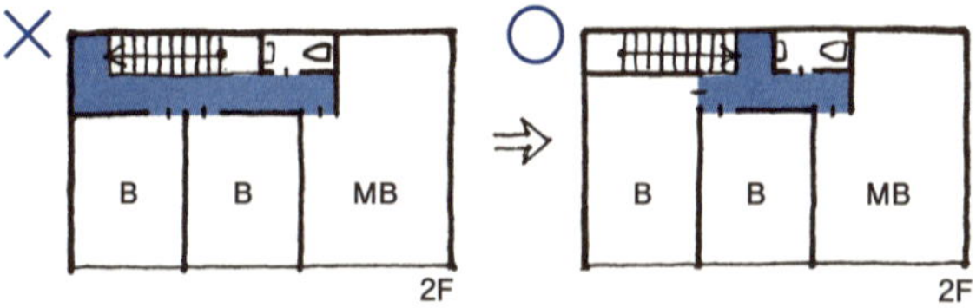

方向のミステイク

左は直階段の方向を間違えた初歩的なミス。中央に向って昇るようにすれば、部屋の面積を大幅にロスしないで済みます

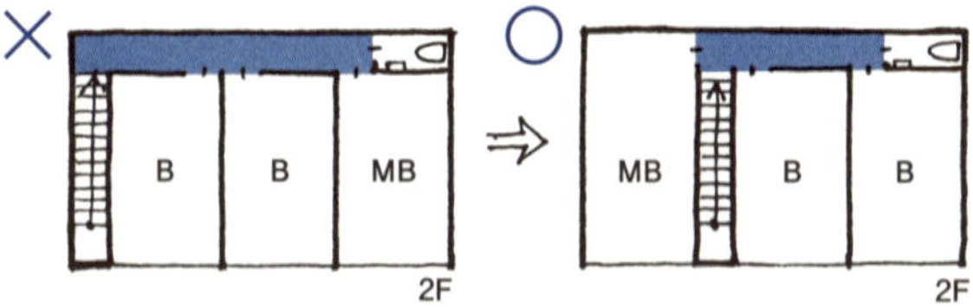

位置のミステイク①

方向はよくても位置が悪ければ、廊下による同様のロスが発生してしまいます

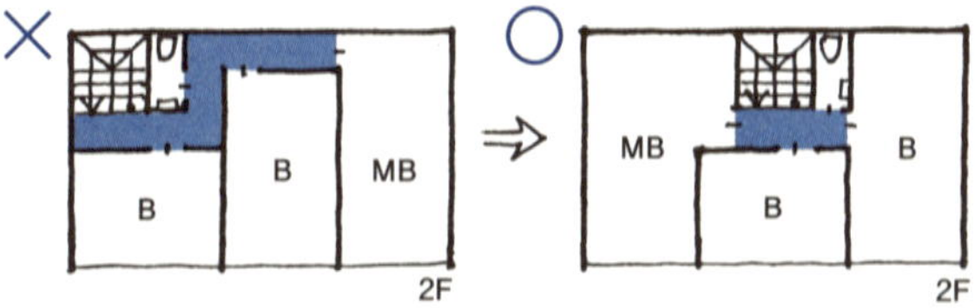

位置のミステイク②

位置の影響は、折れ曲がり階段でも同じこと。どこに配置するかで部屋の面積が変わります

都市住宅の例

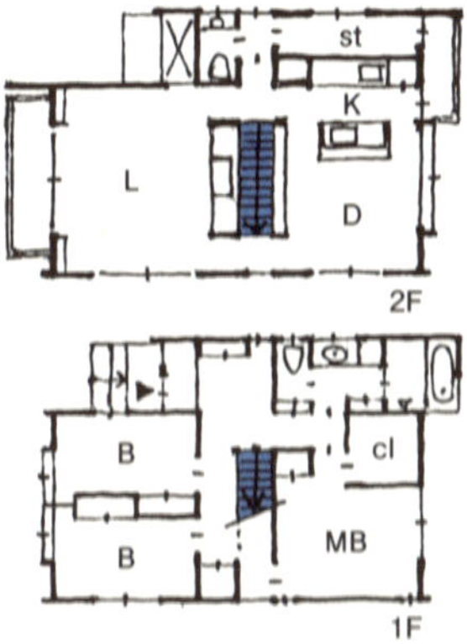

週末住宅の例

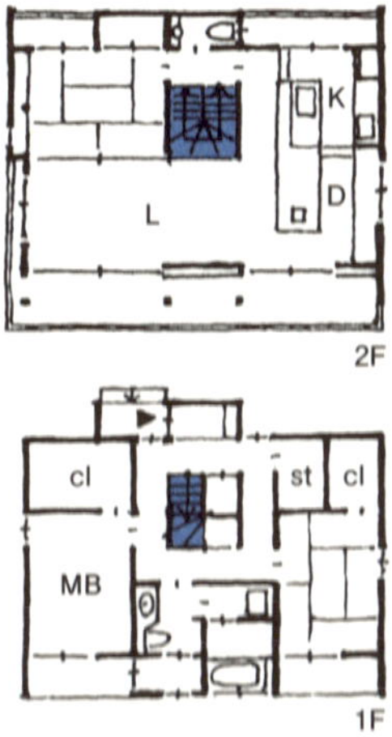

階段は住宅のヘソである

もうお気づきでしょう。階段と廊下はセット（グル）なのです。階段は住宅の“ヘソ”だと考えると分かりやすいかもしれません。

名作の陰にヘソ階段あり

建築史上の名作住宅に注目してみると、階段はやはり平面の中心に配置される例が多いようです。

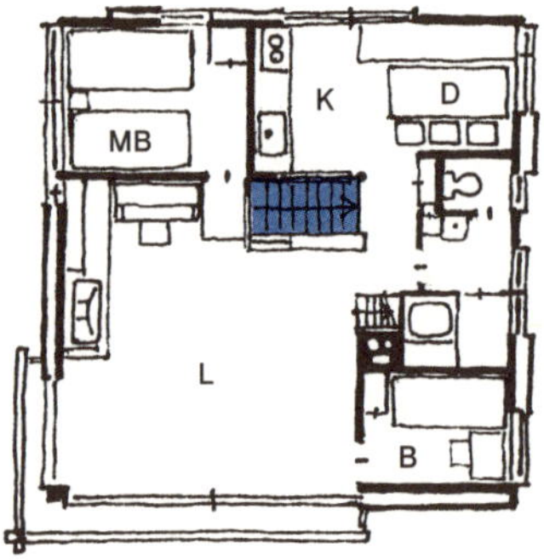

森の中の家（1962）

吉村順三

24尺角（4間角）の小さな平面に16尺角の大きなリビングを配す

1981年改築時の2階平面図（S＝1:200）

シュレーダー邸（1924）

ヘリット・トーマス・リートフェルト（Gerrit Thomas Rietveld）

建具だけで仕切られるワンルーム空間

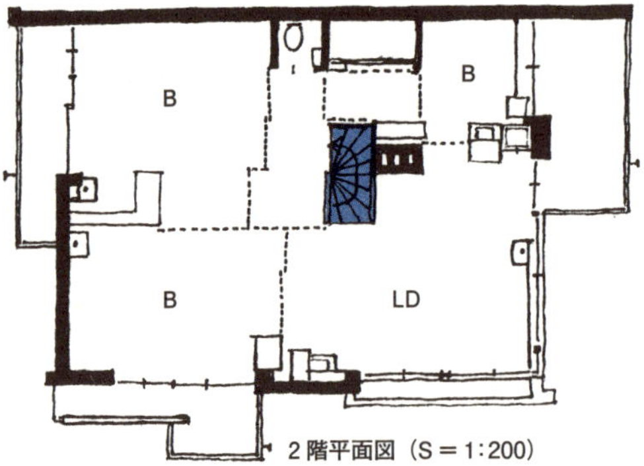

2階平面図（S＝1:200）

マーガレット・エシェリック邸（1961）

ルイス・カーン（Louis Isadore Kahn）

平面だけでなく、断面も立面も階段を中心にデザインされている

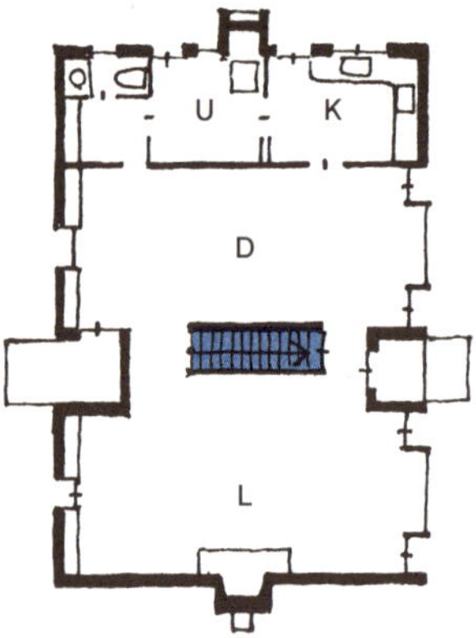

リヴァ・サンヴィターレの住宅（1973）

マリオ・ボッタ（Mario Botta）

日本で最初に紹介された氏の住宅作品。衝撃的なデビューでした

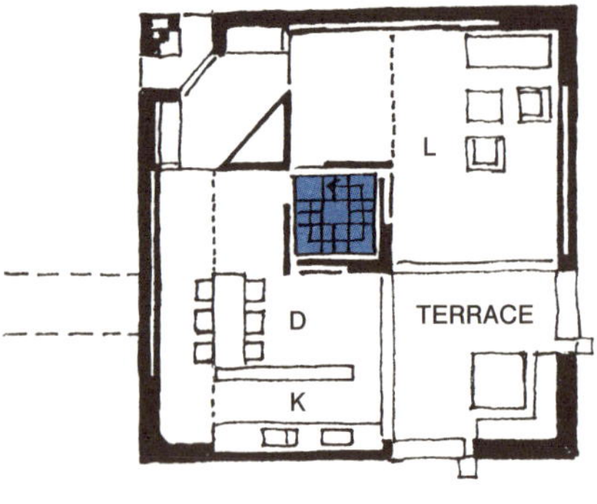

1階平面図（S＝1:300）

交差階段という特殊解

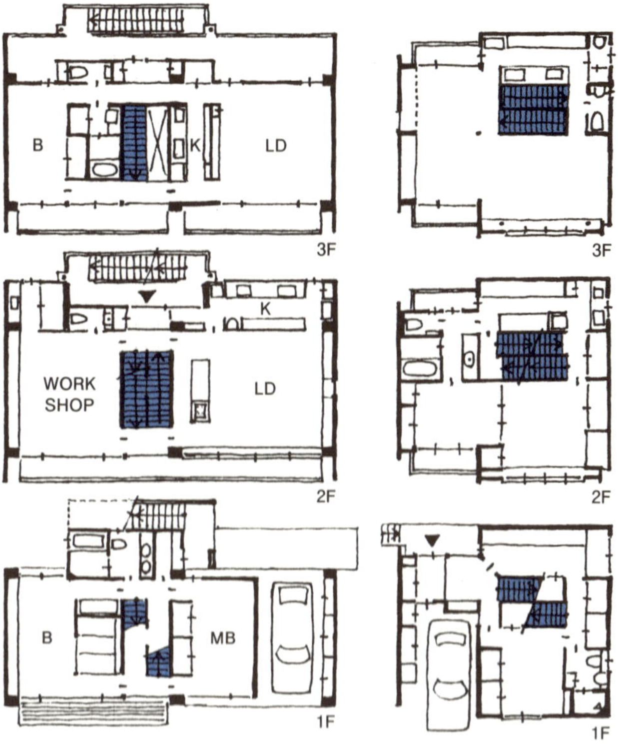

個性を強みに
クセの強い階段も、その特徴をうまく活かしてやれば、意外な妙手を披露してくれます。その1つが「交差階段」というワザです。

2組の直階段を交差させると、各階の床上で折り返す折れ曲がり階段となり、廊下が不要になります（デパートのエスカレーターはこのタイプですね）。交差階段は断面的に回遊性をもち、「二重らせん階段」と同じ垂直移動空間を構成します。

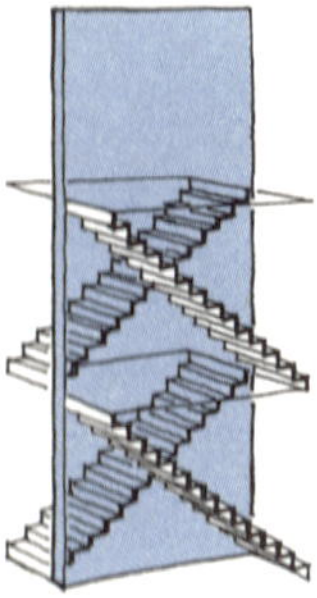

と、いうわけで…
階段を設計するときは、階段のクセを見抜き無駄のない配置を心がけなくてはなりません

ドア

人は滑らかに移動したい。ドアはそれに従います。

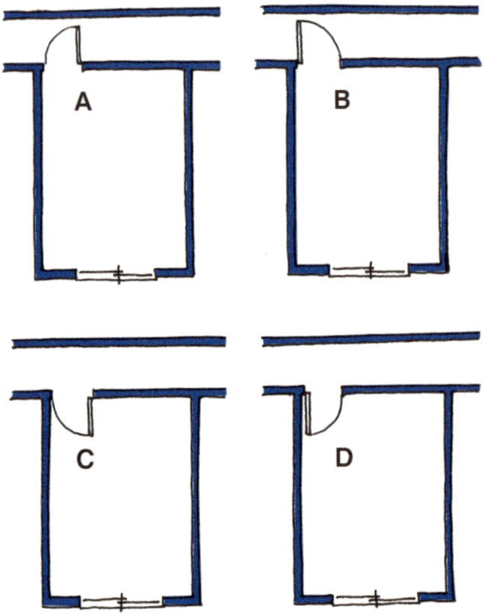

部屋に出入りするドアについて考えてみましょう。上の四つの部屋をご覧ください。同じ大きさのドアを同じ位置に取りつけています。ドアのタイプは開き戸。ただし、それぞれ開き方が異なります。

同じドアでも四種類の開き方が考えられるわけですが、残念ながら正しいものは一つしかありません。どれが正しいかは、普段みなさんの廻りにあるドアを思い出していただければすぐにお分かりでしょう（けれど、学生たちの図面を見ると意外と間違えている人が少なくありません）。では、なぜこのように開かなければならないのか。ここでは、その理由をあらためて考えてみたいと思います。

たかがドア、されどドア。ドアの開き方一つをとっても、人間は常に心地よく、ストレスのない暮らし方を望んでいるのだと分かるはずです。

ドアは身体の動作に合わせて

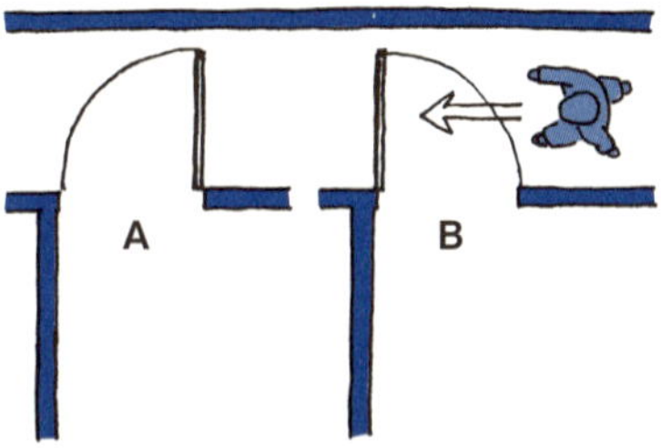

内開きが原則

４種類の開き方のうち、ＡとＢのドアは外開きです。これはいけません。ドアを開いたとき、廊下を誰かが歩いているとぶつかって危ないからです。
この部屋に限らず、ドアは基本的に「内開きが原則」と覚えておきましょう。
では、ＣとＤではどちらがよいでしょうか。なんとなくＤのような気がします。なぜでしょう？

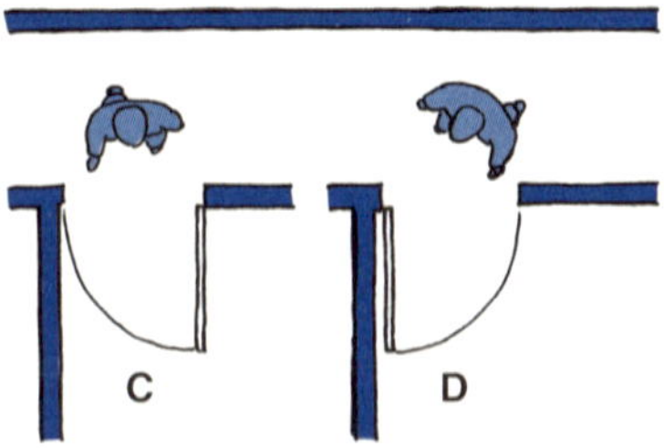

ドアを開くとすぐに照明のスイッチに手を伸ばせるから？
ドアを開け放すためのドアストッパーを壁につけられるから？
いいえ、違います

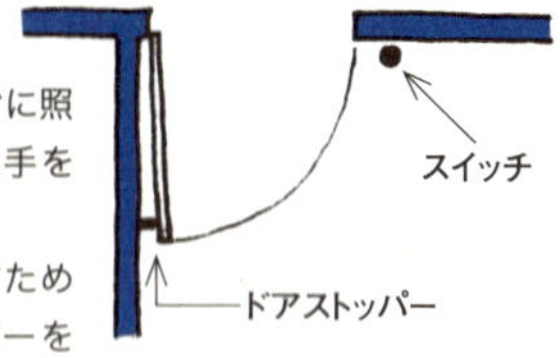

ドアは人間の動きに素直に従わせる必要があるからです。

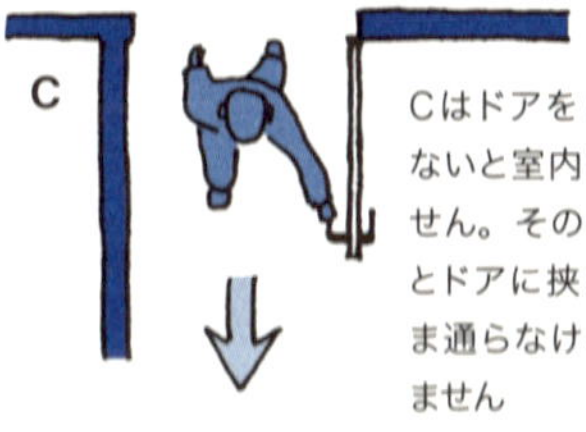

Cはドアを90°開かないと室内に入れません。そのうえ、壁とドアに挟まれたまま通らなければなりません

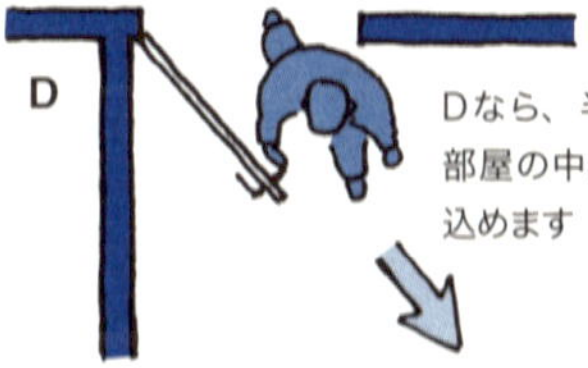

Dなら、半開きでも部屋の中央にすべり込めます

人の動作は美しい

ドアの開閉のみならず、立つ・座るなどの日常的な動作においても、人は実に美しい一連の動きをします。「見事な身のこなし」といってよいでしょう。ですから、もしＣのようなドアがあれば、あなたは無意識のうちにイラッと感じるはずです。ドアは壁に向って開くようにしてください。

すべて内開きならよいのか？

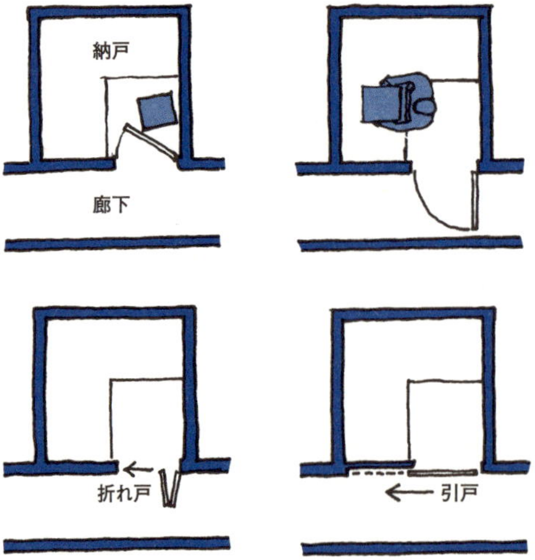

納戸の扉

ドアは内開きが原則とはいえ、いくつかの例外があります。たとえば、納戸の扉。納戸は内開きだと、中に置いてあるものが邪魔をして開閉がしづらくなります。
納戸の中に人が入ると、おそらくドアは開け放しでしょうから、とりあえずは外開きでも構いません。
２枚にたためる折れ戸や引戸にするともっといいですね。

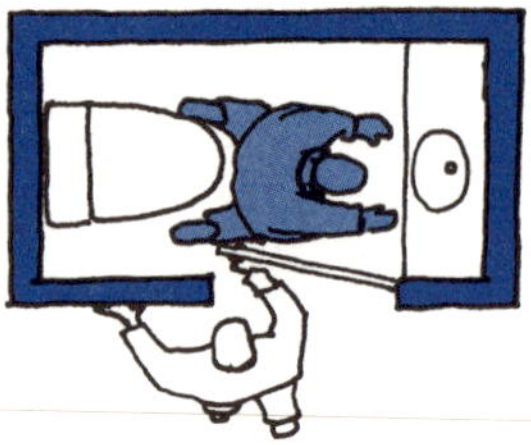

トイレのドア

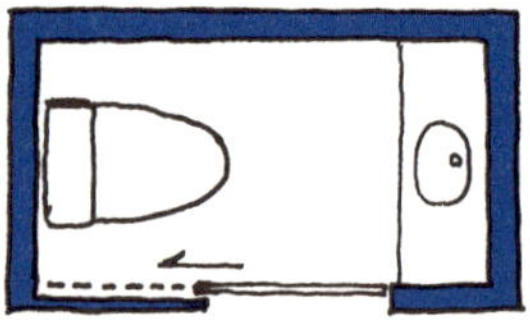

内開きの是非が話題になるのがトイレのドアです。中で具合が悪くなって動けなくなった人がいた場合、内開きでは助け出すことが困難です。そこで、ドアを外から外せるようにしたり、引戸にしたりという工夫をします。ただし、引戸は遮音の点で問題が残りますので注意してください。

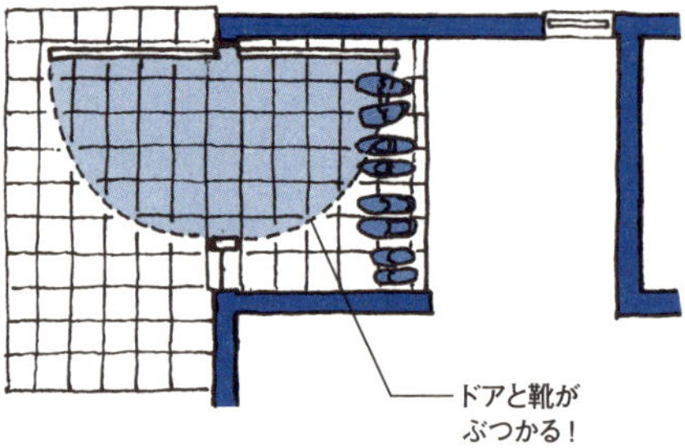

玄関のドア

来客を「招き入れる」という観点から、玄関のドアは内開きにするのが理想ですが、そのためにはある程度タタキが広くないと靴が邪魔をしてドアが開きません。欧米では内開きが原則といわれますが、それは靴を脱がない国だからこそ可能になる話です。

引戸は開口の幅が自由

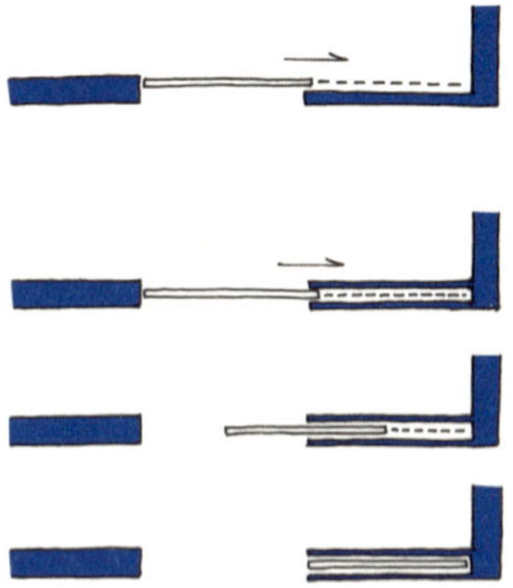

引戸は場所をとらないので、ドア（開き戸）に比べて邪魔にならないのが利点です。さらに、開き加減を自由に調整できるのも大きな利点といえます。開き戸は開けるか閉めるかのどちらかですが、引戸だったら風を通すために少しだけ開けておくといった小ワザも効かせられます。

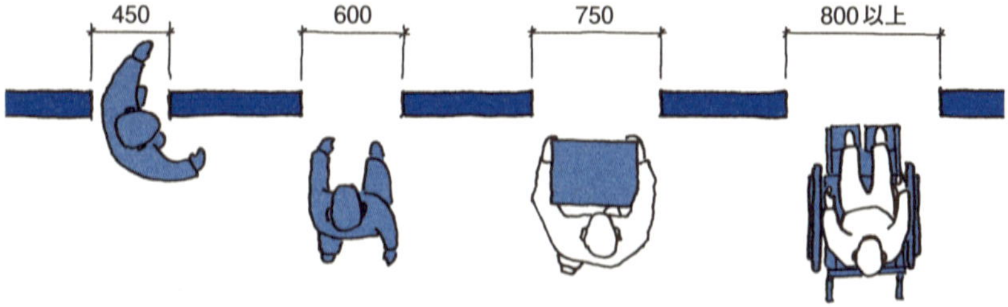

なお、ドアの開口幅は、そこを通過する人たちの目的によって決まります。

と、いうわけで…

ドアを設計するときは、人間の動きや目的を頭に入れて、常に心地よく使えるように考えなければなりません

リビング

翻訳するなら「座る部屋」。

東北地方の民話「座敷わらし」。家族で団欒を楽しんでいるとふと気づきます。「さっきまで、そこに子供が座っていたような…」

「リビングルーム」っていいますよね。でもそれって、何をする部屋なのでしょうか。あらためて考えてみると、よく分かりません。家族がみんなで集まる場所？　いえいえ、最近はダイニングルームにそのお株を奪われつつあります。「living」と書くくらいですから、生活する部屋、生きるための部屋なのでしょうが、であれば、ますますダイニングルームのほうが適当なのでは？

　リビングルームの語源は、英国庶民の生活風景に求められます。暖炉の火が赤々と燃える一室に集まり、料理をし、食べ、飲み、語らうことから、その空間をリビングと呼ぶようになったそうです。だったらやっぱり、ダイニングルームと呼んだほうがよさそうじゃない？　ならばと、和英辞典で「居間」を引いてみました。「a living room」……その横にもう一つ「a sitting room」。これですね！

リビング＝Sitting Room

そもそもリビングとはどういう部屋でしょうか。リビングでしかできないことって何かあるでしょうか。
一家団欒、家族会議、読書、新聞を読む、手紙を書く…
全部ダイニングでもできますね。

座ってくつろぐ

リビングでしかできないこと、リビングでしたいこと、それはおそらく「座ること」です。

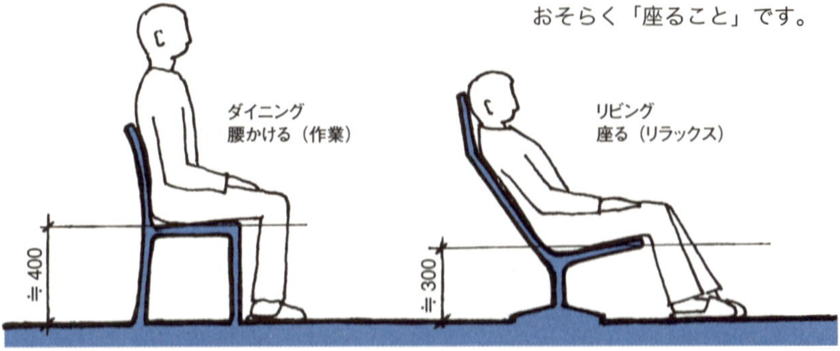

私たちが通常リビングと呼んでいる部屋は、主に英国では「Sitting Room」と呼ばれます。リビングとはもともと座るための部屋なんですね。

現代の座敷わらし

ところで、リビングにいちばん長く座っているのは、コイツかもしれません。
テレビこそ現代の座敷わらし。設計の際は、彼も家族の一員としてカウントしてあげたほうがよさそうです。

テレビを家族にする方法

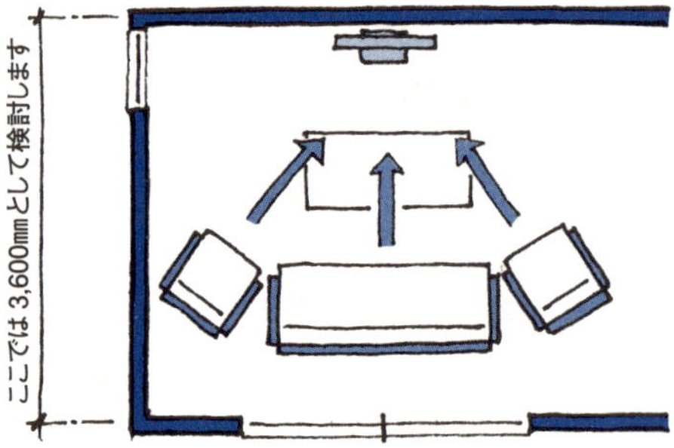
ここでは3,600㎜として検討します

シアタールームはいただけない

リビングのレイアウトを考えてみましょう。ソファ１脚、アームチェア２脚、センターテーブルにテレビ。いくらテレビが好きでも、全員がテレビに注目するレイアウトでは、家族の会話はなくなります。リビングはシアタールームではありません。

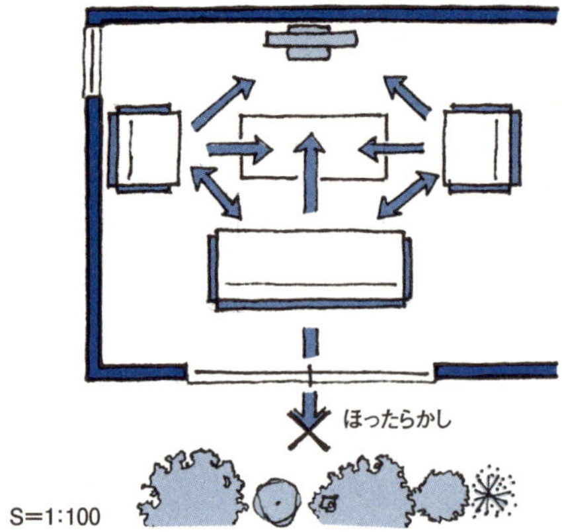
ほったらかし
S=1:100

テーブル中心もさびしい

そこで、センターテーブルを中心にしてテレビも含めた“家族”全員を均等に配置してみます。ただ、これではせっかくの庭がほったらかしになりますね。

＊リビングの奥行きについて

吉村順三先生は常々「居間は３間角がいいね。少なくとも２間半の奥行きはほしい」と言われていました。…が、現代の住宅事情ではなかなかそうもいきません（３間≒5,460㎜、２間半≒4,550㎜）

パラレルレイアウト

L型レイアウト

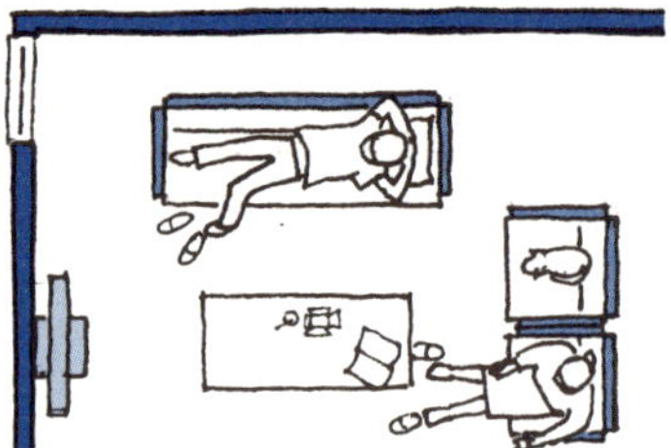

そんなわけで、こんなレイアウトに落ち着きます
（それにしてもテレビはエラそうです）

要するに座の高さなんです

船橋ボックス（1975）

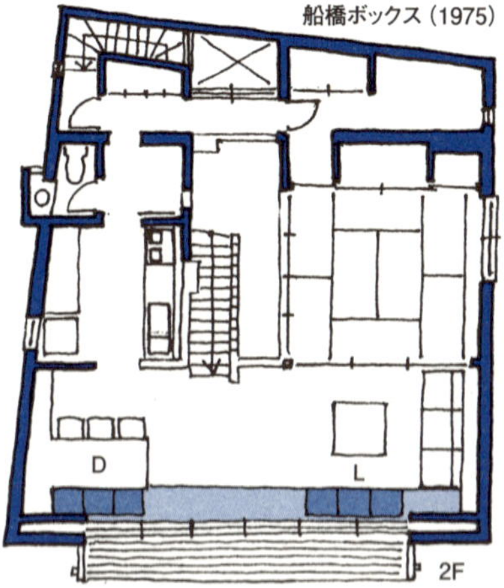

宮脇檀さんに学ぶ

建築家宮脇檀さんの数多い住宅作品のなかでも、私がいちばん好きなのが「船橋ボックス」です。階段の吹抜けを中心にぐるりと回れる２階の平面構成はいつ見ても秀逸。それはともかく…

この住宅には２階南面に長い長いベンチがあります。ここは、食卓のあたりではクッションを置いて「ダイニングチェア」に、リビングコーナーでは逆にクッションを沈めて「リビングソファ」にしています。座の高さを按配することで、連続感を保ちながらも使い勝手をよくする。シンプルですが見事な発想といえます。

私の設計（1990）

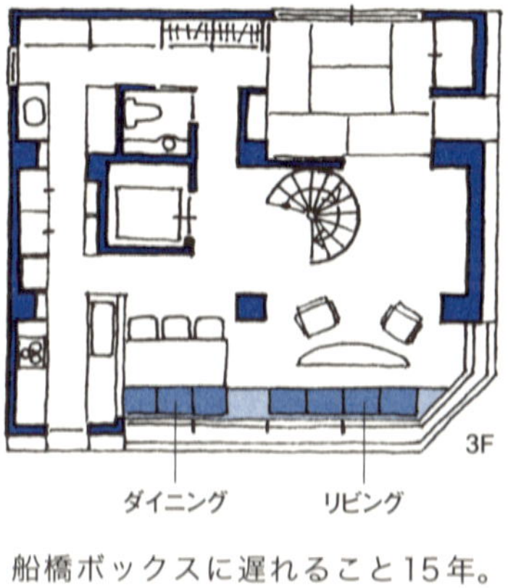

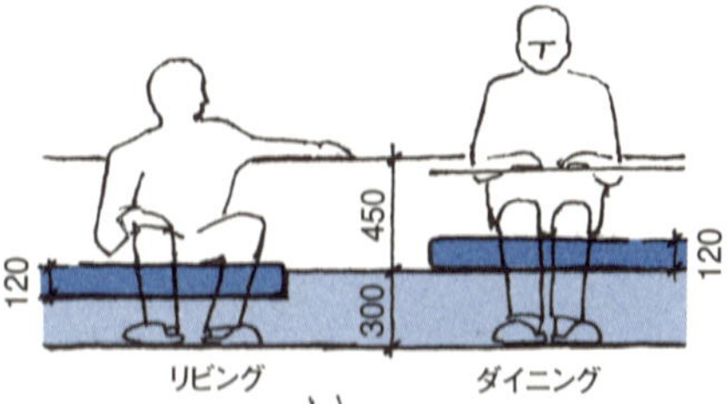

船橋ボックスに遅れること１５年。宮脇さんの頭の柔らかさに感心して、私もこのアイデアを拝借しました。

と、いうわけで…
リビングルームの設計は、「いかに座るか」を大切に考えなければなりません

畳が敷いてあれば、和室でしょうか？

和室といえば、ほとんどの人が畳の部屋を思い浮かべます。けれど、畳の敷いてある部屋がすべて和室かといえば、必ずしもそうではありません。たとえば柔道場には畳が敷いてありますが、あれは和室でしょうか。激しい稽古に耐え得る床材としていまだに畳が用いられているのか、それとも礼節を重んじる神聖な場として畳が必要なのか。いずれにしろ和室と呼ぶには違和感があります。

「やはり和室がないとどうにも格好がつかないなぁ」「ひと部屋くらい畳の部屋がないとまずいんじゃない？」。設計段階で必ず話題にのぼる「和室問題」ですが、和室という言葉から思い浮かべるイメージは人それぞれです。生活習慣まで含めた伝統的様式としての和室なのか、単に皮膚感覚として畳の肌触りがほしいのか。まずは、そのあたりからハッキリさせておきましょう。

和室のイメージは人それぞれ

キチンとした部屋
応接
法事
慶事
正月

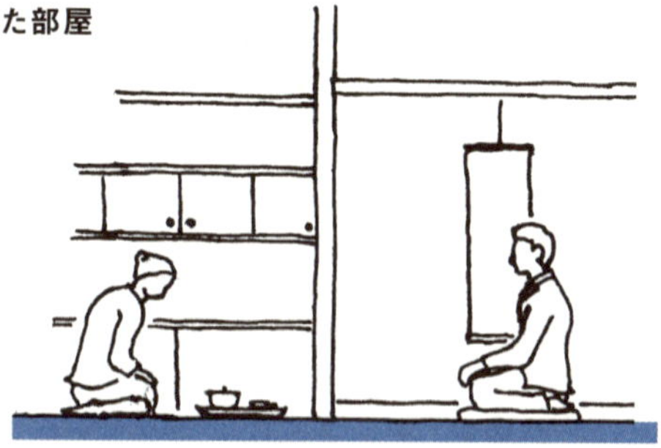

「ここぞ」というときのために、きちんとした和室が必要

団欒の場
茶の間
掘りごたつ

やっぱり畳の上でくつろぐのがいちばん気楽

横になるところ
ゴロリ
昼寝

畳の感触が好きなんだよねぇ

和室に何を求めています？

これから家を建てようという建て主さんから、「和室は絶対に必要です」「ひと部屋くらい和室がないと…」と言われたら、あなたはまず、それが何をイメージした「和室」なのかを問いたださなければなりません。
ほしいのは、格式なのか？　雰囲気なのか？　畳なのか？

「入り方」で和室の性格も変わる

和室に格式や様式美を求めるなら、数々の約束事や伝統的意匠について検討しなければなりません。ただ、そうしたウンチクに振り回される前に、もっと大切なことを考えてください。「どうやって和室に入るか」です。

完全な和風住宅でない限り、現代住宅の和室は洋室のなかに組み込まれるパターンが多くなります。そのとき、「和室へのアクセス方法」は、和室の性格を決定づける大きな要因になるのです。

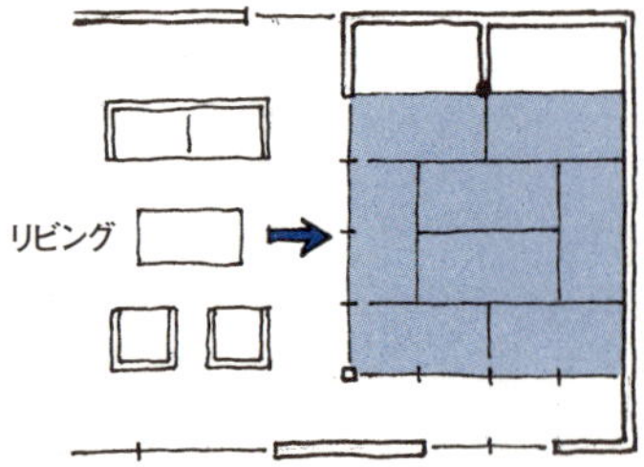

シングルアクセス

たとえば、和室とリビングを隣同士に配置して、居間を通らなければ和室に入れないようなプランは「シングルアクセス」となります。これに比べて…

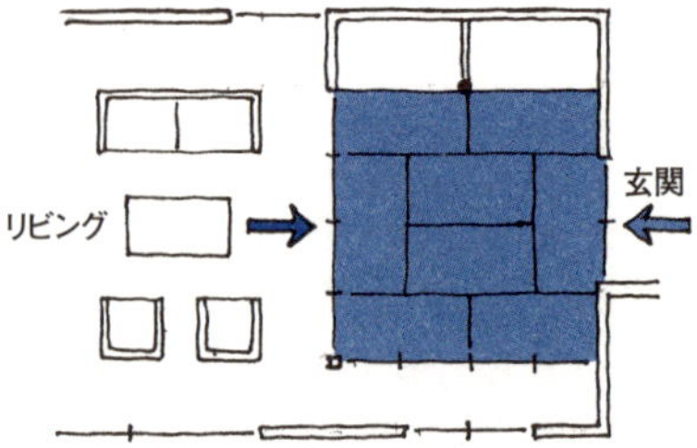

ダブルアクセス

玄関からも直接アクセスできるようなプランは、和室の性格をよりフォーマルなものに変えます。お客様は、生活の中心地であるリビングを通らなくても、和室に直接入れるのです

私の設計

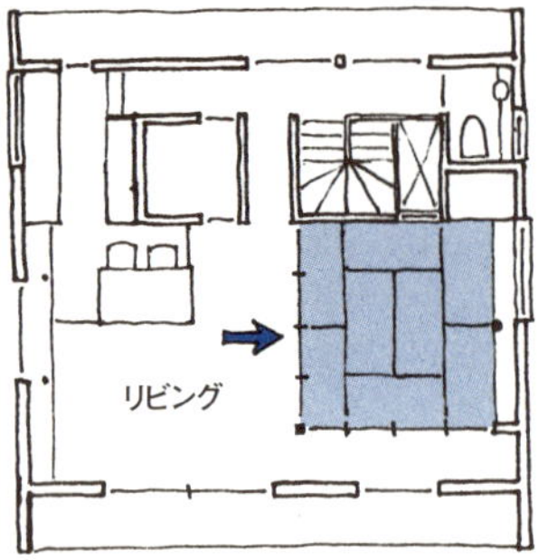

シングルアクセス

リビングの延長として畳の部屋を設けました。建て主さんはゴロ寝ができる畳を要望していました

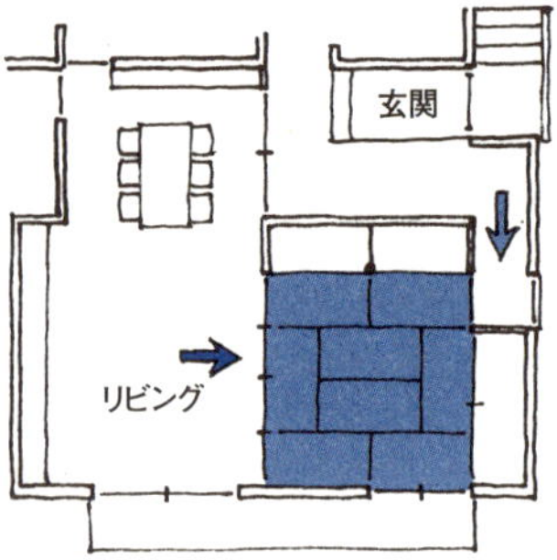

ダブルアクセス

玄関から直接入れる少しフォーマルな和室です。ここは、主に「ザシキ」として利用されています

和室と洋室の段差問題

和室の入口にある段差も、和室の性格に微妙な影響を与えます。

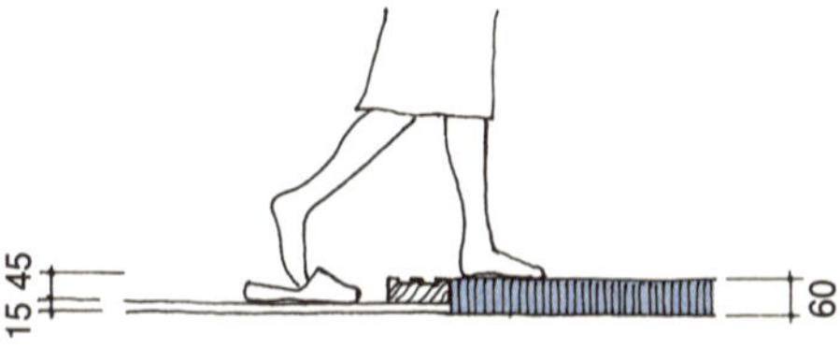

気分を切り換える

ひと昔前は、床板の厚みと畳の厚みの差（≒45㎜）が、洋室から和室へ入るときに気分を切り換えるちょうどよい区切りになっていました

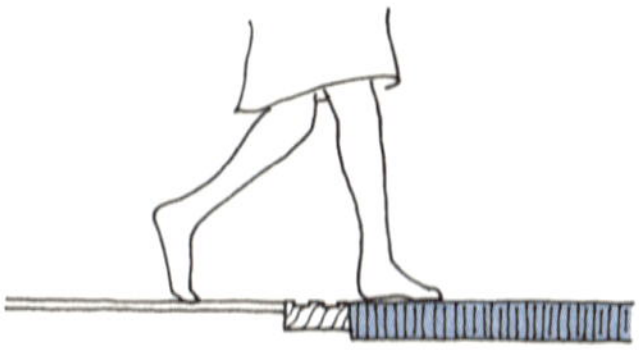

バリアフリー

最近ではバリアフリーとして段差をつくらないことも多くなっています

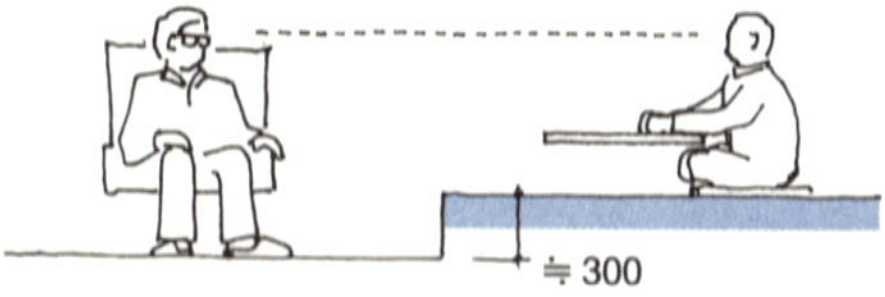

目の高さを揃える

洋室（リビング）で椅子に座っている人と、和室で畳に座っている人。互いの顔を見つめ合うと明らかに視線がずれますね。そこで、目の高さを揃えるという意味で、居間と和室の段差をわざと大きくすることがあります。この段差を「小上がり」といいます。段差がリビングと和室の連続感を高めるのです。「洋室＝椅子」の生活が一般的になってきた現代の、１つの工夫といえます

と、いうわけで…

和室はデザインを検討する以前に、隣室との関係でその性格が具体化される部屋だということを覚えておきましょう

COLUMN

1 畳の五カ条

第一条　一畳の大きさ　畳の寸法には地方差がある。京間、中京間、江戸間の三種類は憶えておきたい。茶室で使われるのは京間。江戸間は四寸角の柱における八畳が基準。

第二条　二通りの間取り方　畳の寸法を優先的に確保することで、柱の間隔が二次的に決まるものを「畳割り」、柱の間隔を優先することで、畳の寸法が微妙に異なってくるものを「柱割り」という。畳割りは足し算的、柱割りは割り算的な考え方（197頁参照）。

第三条　最近流行の縁なし畳　縁《へり》なしの畳を「琉球畳」と呼ぶのは間違い。琉球畳は縁なしである以前に琉球畳表を使用する。最近の縁なし畳は普通のイ草で、通常の織り方である「引き目織り」よりも目が詰んだ「目積《めせき》織り」のものを畳表として使用する。縁なしは畳表の四辺を折り込むので、目が詰んでいるほうがエッジが立つのである。

第四条　敷き方　「祝儀敷き」と「不祝儀敷き」の区別がある。畳の隅が集まる突き合わせ部分が、T字型になるか四つ角になるかで見分ける。通常は祝儀敷きだが、葬儀などの際には不祝儀敷きに敷きかえた。縁起もあろうが、T字型なら隅がきれいに納まる。

第五条　五枚目の半畳　中央に半畳をおく四畳半を「切腹の間」と呼んだ。かつてはこの敷き方の部屋で切腹が行われたためらしい。四畳半切の茶室で炉を中央に切る場合は、中央が半畳の炉畳になる。半畳以外の残る四枚は、「本勝手」なら「人」の字になるよう右回りに敷く。「逆勝手」なら「入」の字になるよう左回りに敷く。炉を閉じて風炉《ふろ》を使うときは、半畳を隅に置く祝儀敷きとする。
以上。分からないことは、謙虚に畳職人に聞くべし。

四畳半切の茶室　**敷き方（6畳の場合）**　**サイズ**

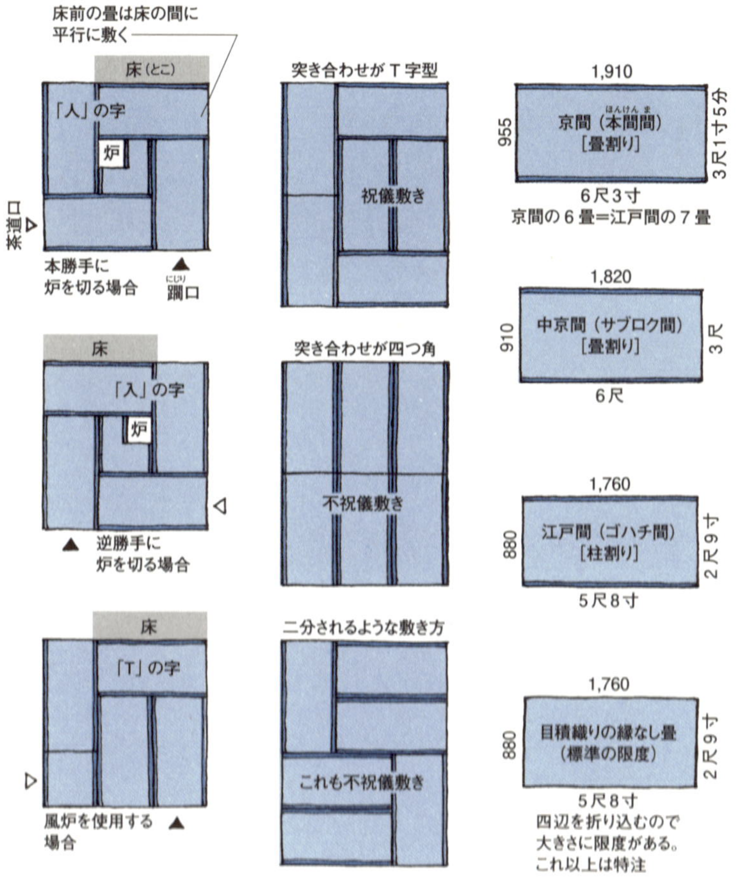

詳細は流派ごとに異なるので要確認！

ダイニング

ダイニングテーブルは、見かけよりずっと大きい。

家具選びはとても楽しい作業です。特に新しく家を建てるときは、建て主さんにも気合いが入ります。なかでもダイニングテーブルは別格の存在。毎日の食事だけでなく、友人を招いたパーティーで囲んだり、ちょっとした書きものに使ったり……その家の中心として機能するだけに、より一層慎重になります。「ナラのムク板がいいかしら？」「メープルを使った北欧風デザインも捨てがたいわね」と悩みはつきませんが、ちょっとお待ちください。サイズのほうは大丈夫でしょうか。

ダイニングルームは、住宅のなかで最も人が集まる場所です。それだけに、テーブルの周りには人が動けるだけの空間が十分確保されていなければなりません。どのようなテーブルをどのように置くつもりかで、ダイニングルームの設計は大きく変わってきます。

人はダイニングでじっとしていられない

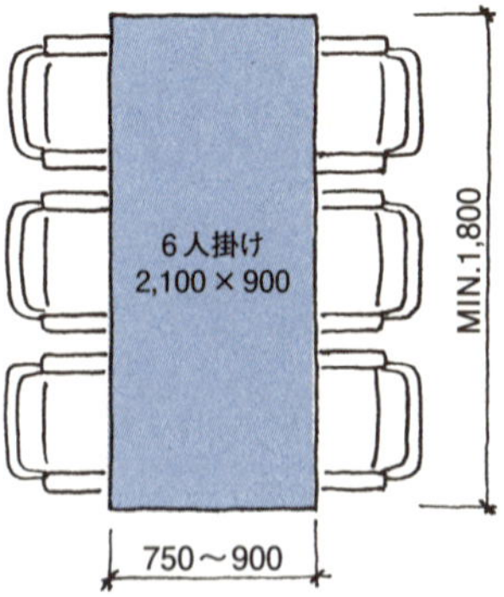

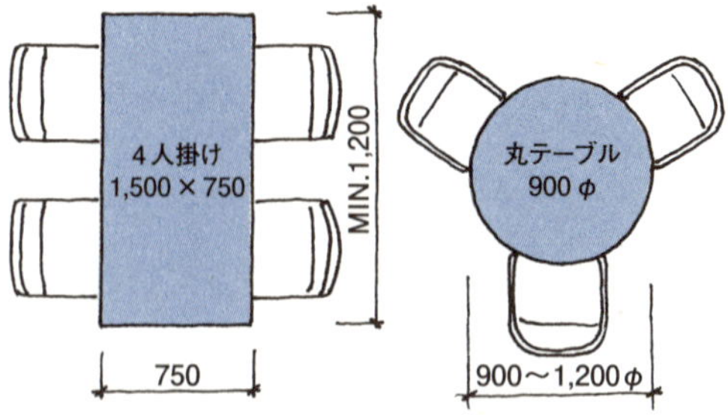

テーブルと椅子

ダイニングルームに置かれるテーブルと椅子。小振りなテーブルもあれば多数席のテーブルも。角形もあれば円形も。アームのある椅子もあればない椅子も…さまざまです

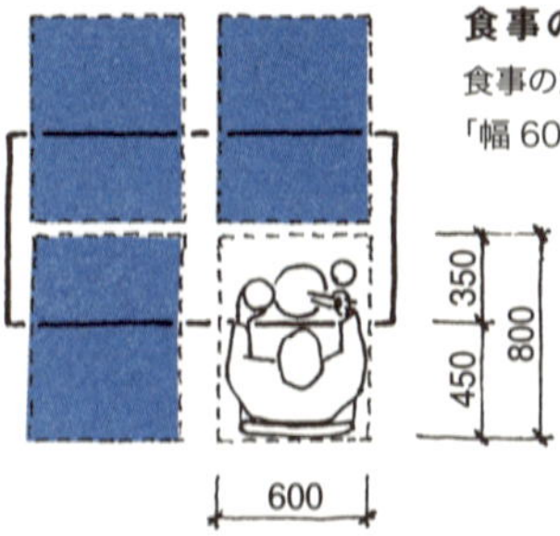

食事のスペース

食事のために必要な広さは、一人当たり「幅 600㎜、奥行き 800㎜」程度です

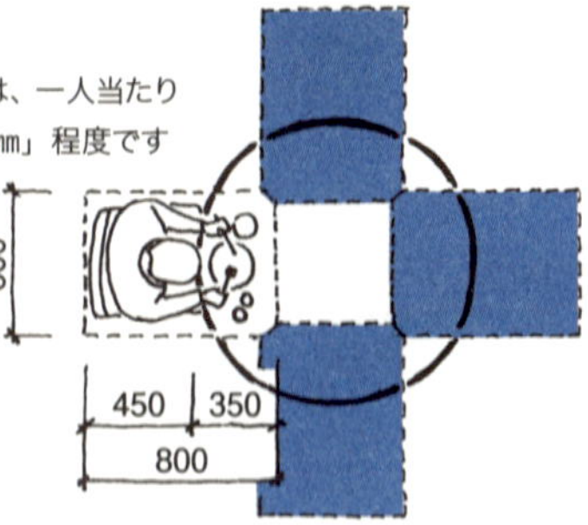

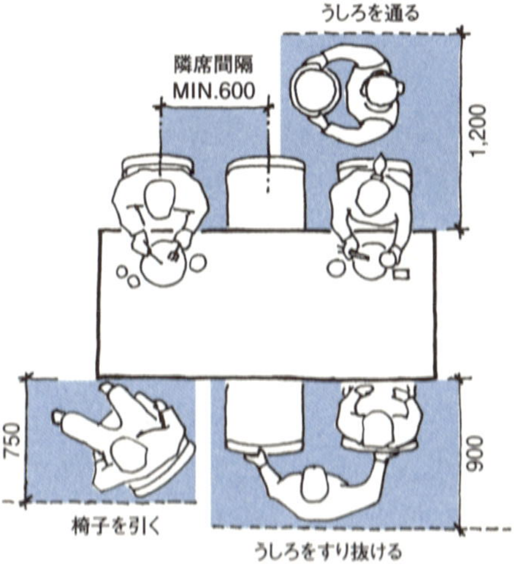

人は動く

ただし、人は椅子に座って食事をするだけでなく、あれやこれやと動き回ります。ダイニングテーブルの周囲には、そのためのスペースが必要になることを覚えておきましょう

卓の高さ・座の高さ

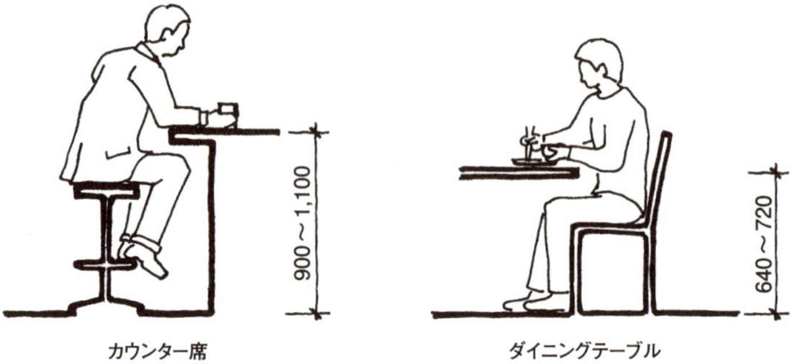

高さもいろいろ

テーブルの大きさがいろいろあるように、テーブルの高さにもいろいろあります。

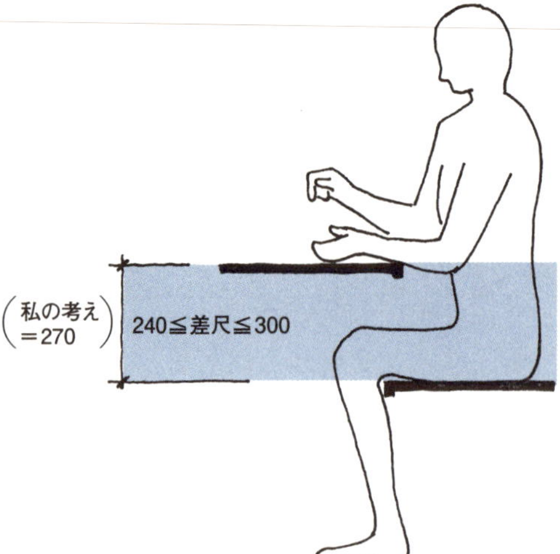

差尺は同じ

ところが、卓の高さと座の高さの相対的な差は、どんな高さの卓であろうとほぼ一定です。この差を「差尺」といいます。

差尺は体格によっても微妙に異なります。また、和食か洋食か（箸かナイフ・フォークか）によっても微妙に異なります。ただ、専門料理店でもないかぎり、差尺は270㎜前後と覚えておけばよいでしょう。

スペースは絶対に確保すべし

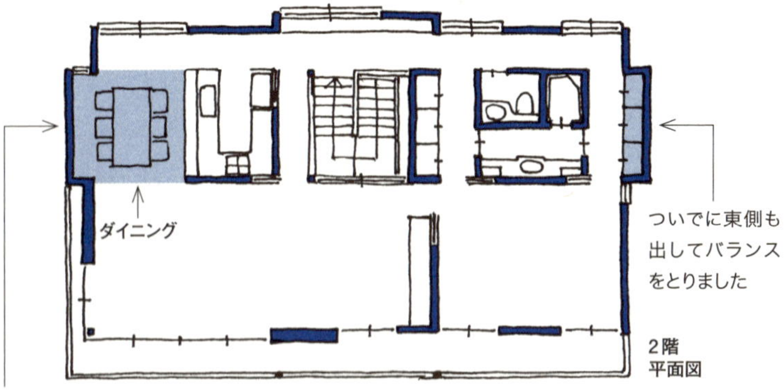

壁を出してしまえ

これは、私が設計した住宅の2階平面図です。大きな住宅であるにもかかわらず、ダイニングテーブルの周りに適当なスペースをとることができず…。ならばと、西側の壁をエイッ！と突出させました

上から見ると…

臨機応変というか、苦肉の策というか…。けれどこのスペースがなければ、とても使いづらいダイニングになっていたことでしょう

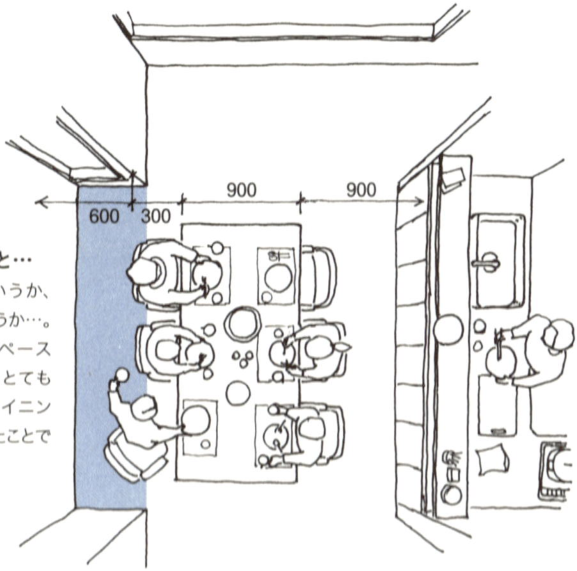

と、いうわけで…

ダイニングの設計は、テーブル廻りの前後左右、そして上下の寸法を確保する必要があるのです

キッチン

設計のプロでも、機器の配列はアヤシイ。

「手際のよい人がつくった料理はたいていおいしい」。個人的な格言ですが、多くの人にご賛同いただけるのではないでしょうか。その逆もまた真なり。

今夜のディナーの出来栄えは、レシピ選びもさることながら、調理する人の手際のよさにも左右されます。冷たく冷やして食べたいものは先にこしらえて冷蔵庫に、熱々で出したいものは出来たてをそのまま食卓に。狭いスペースで材料や調味料が目まぐるしく行きかうキッチンは、空間のデザインはもとより、できるだけ機能的であることが求められます。

もし、わが家のキッチンであなたが必要以上に目を回しているとしたら……。もしかしてその原因は、キッチンの設計にあるのかもしれません。料理上手なあなたの段取りを、キッチンがしっかりサポートできていないのです。

次のキッチン機器を並べなさい

キッチンに納める機器はいくつもありますが、その代表格といえば、冷蔵庫、コンロ、シンクの3つでしょう。そこにまな板を置くスペースを加えたものを、私はキッチン機器四天王と呼んでいます。

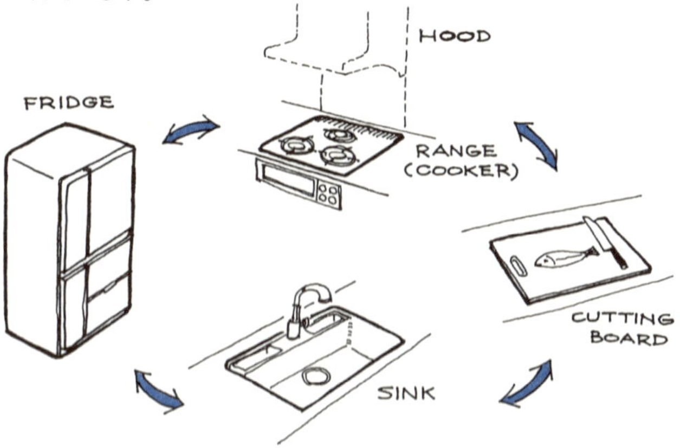

ご機嫌な並べ方

では、四天王の並べ方を考えてみましょう。通常、冷蔵庫は端に置きますから、ここでは仮に左端に置いておきます。そこから右一列の直線配列を考えると、6通りの並べ方が出てきます。

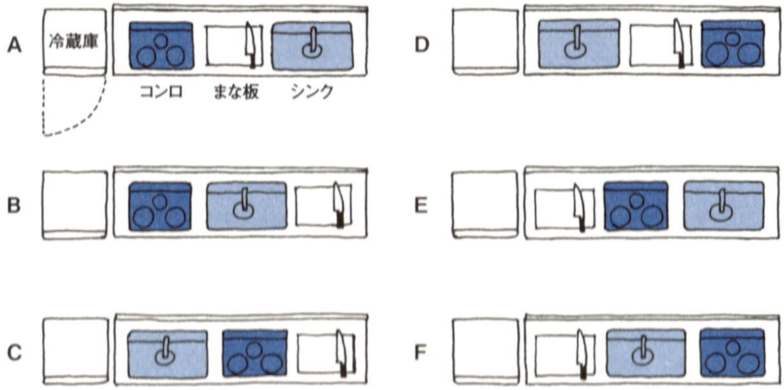

さあ、あなたはどの並べ方を選びますか？
ちなみに、私が選ぶのは1つだけ。

整列！　冷蔵庫にならえ

私が選ぶのは D

おそらく、あなたもこれを選んだと思います。
熱いコンロは冷蔵庫から離して置きたいから？　コンロとシンクが隣どうしだと油と水がハネて危ないから？
いえいえ、そうではありません。

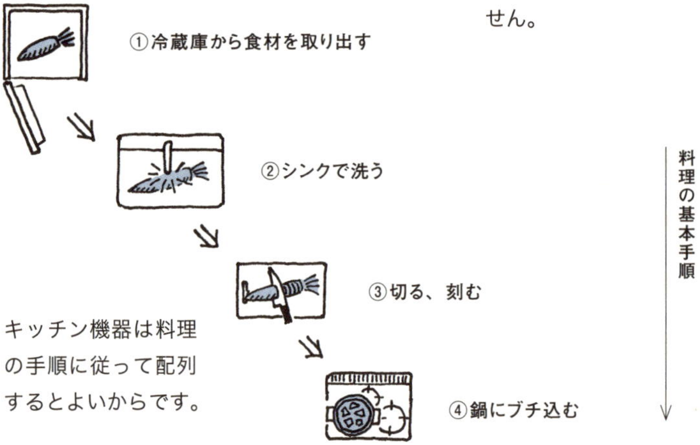
①冷蔵庫から食材を取り出す
②シンクで洗う
③切る、刻む
④鍋にブチ込む
料理の基本手順

キッチン機器は料理の手順に従って配列するとよいからです。

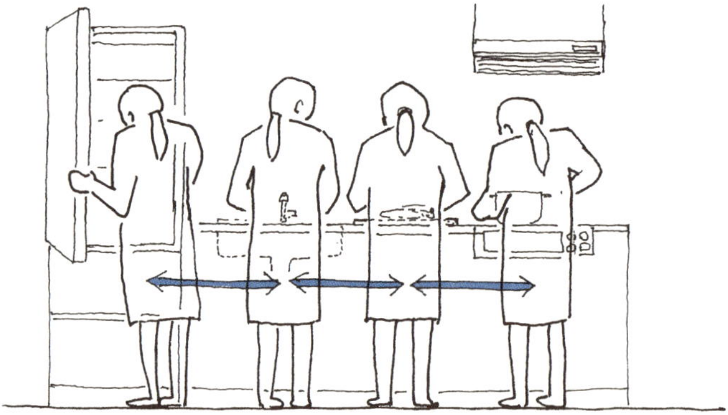

キッチンの設備は、料理のためにあるのですから！

番号〜！　イチッ・ニッ・サンッ・シッ

冷蔵庫が右端でも

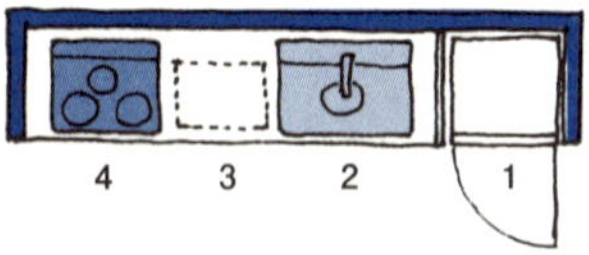

長いキッチンでも

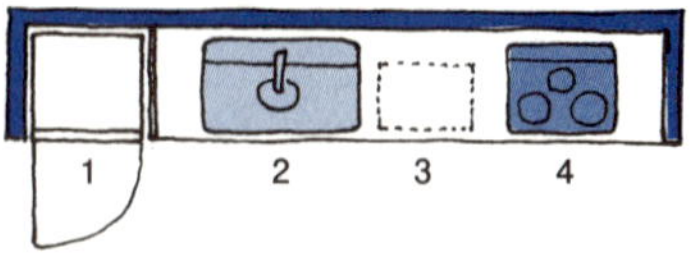

冷蔵庫が後ろでも

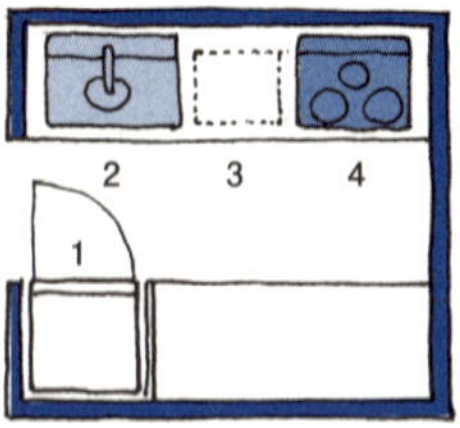

シンクとコンロがパラレルでも

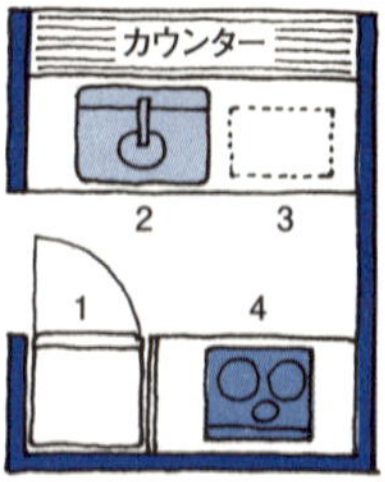

U字型でも

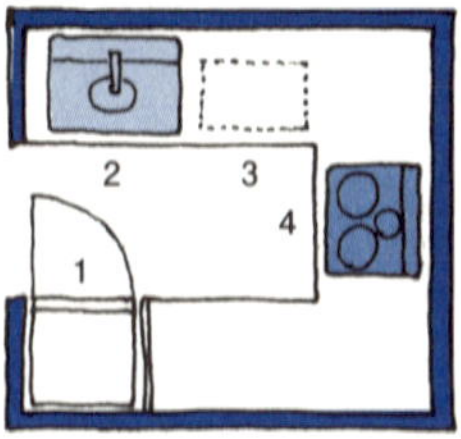

この1・2・3・4のリズムを守れば、どんなかたちのキッチンでも使いやすくできるのです

もひとつU字型でも

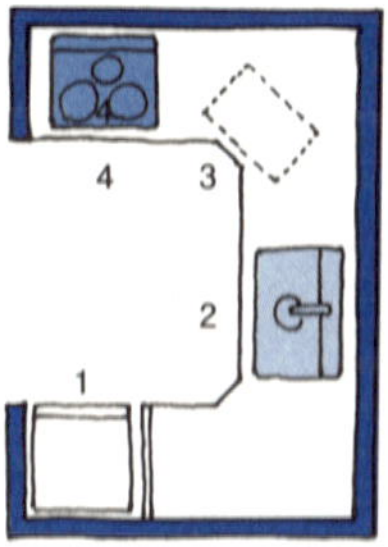

アイランド型でも同じこと

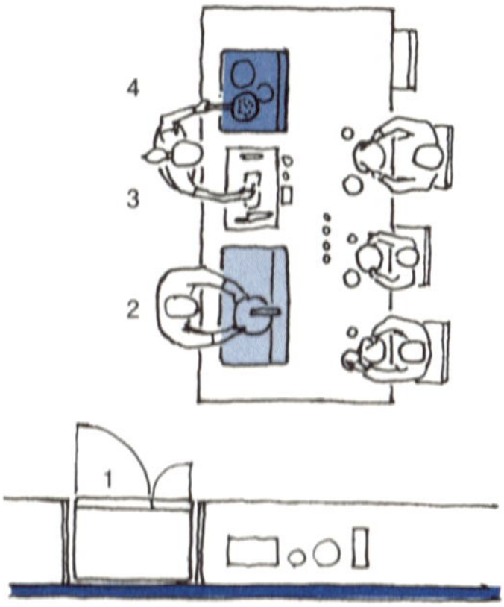

と、いうわけで…
キッチンは、料理の手順を意識して設計しないと使いづらくなります

キッチン＋ダイニング（平面）

冷蔵庫は八方美人。誰かれかまわず呼び寄せる。

キッチンとダイニングの関係は、時代、様式、規模などによりさまざまに変化します。変化はしますが、互いに切っても切れない縁であることは周知の事実。

とはいえ、かつてはダイニングと一線を画して裏方に徹していたキッチンも、ここにきて、意気投合しているオープン型、仲が良すぎて一緒になったアイランド型など、新しい関係性を見せ始めています。

両者の関係は、キッチンを料理のための専用スペースととらえるか、食事にかかわる家族全員の共有スペースととらえるかで変わってきます。それを具体化するのがキッチンとダイニングの配置計画。現在の、そして未来の家族の在り方をも左右する大切な設計テーマの一つです。特に冷蔵庫の位置はとても大切。みんなが大好きな冷蔵庫をどこに置いてやるか、まずはそこから考えていきましょう。

冷蔵庫は奥か、手前か

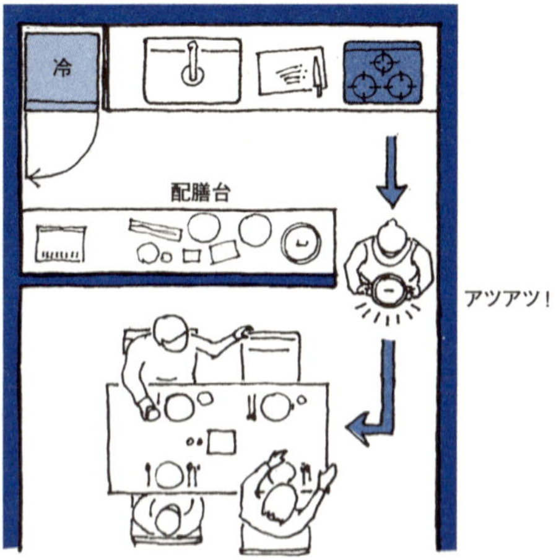

冷蔵庫を奥に置く理由

キッチンとダイニングがはっきり分離されているレイアウトを例に、冷蔵庫とコンロの位置について考えてみましょう。左図はキッチンの入口から見て、左奥に冷蔵庫、右手前にコンロが置かれています。この配置は、私が勤めを始めてすぐ、設計事務所の先輩から教わりました。曰く、「料理とは出来たてのアツアツを出すものだからだ」。(ナルホド!)

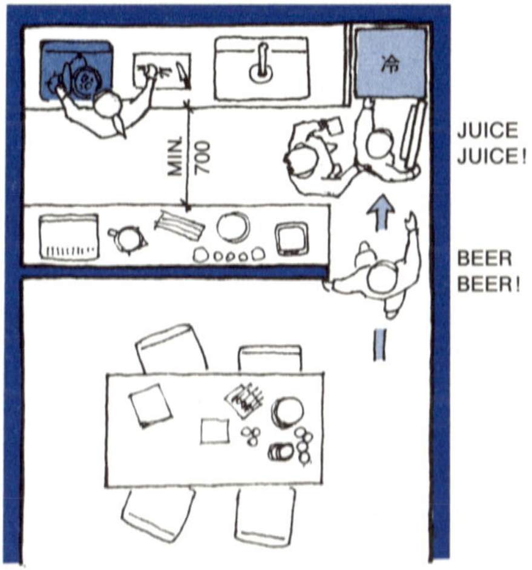

冷蔵庫は手前がよい

ところが、いま私は冷蔵庫を手前に、コンロを奥に置くレイアウトに変更しています。なぜなら、今日キッチンには家族の誰もが勝手気ままに入って来るからです。といっても、みんなのお目当ては冷蔵庫の中身だけ。そうなると、コンロは奥に置いたほうが安全ですね。冷蔵庫はキッチンとダイニングをつなぐ大切な中継点になるのです。

魅惑のダブルアクセス

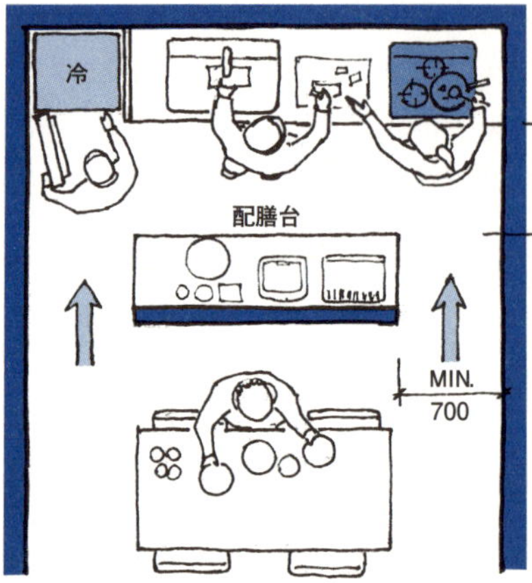

家族が積極的に料理に参加するのなら、左右両側からキッチンに入れるダブルアクセスが有効になります。配膳台の大きさや収納スペースの量は減りますが、それを差し引いても、キッチンとダイニングが連続するプランは十分魅力的です。

これをさらに「オープンキッチン」に変化させると、下図のようになります。このとき、ダイニングに面するキッチンカウンターには、コンロとシンク、どちらを置くのがよいでしょうか。

コンロは油はねを覚悟

キッチンカウンターにコンロを置いて、その上にレンジフード（換気扇）をぶら下げるのは、いかにも対面式オープンキッチンらしい流行りの佇まい。けれど、揚げ物をするときなどは、周囲に油がはねるのを覚悟しなければなりません。少なくとも、コンロ前には300㎜の立上りをつけましょう

シンクまでが現実的

私がオープンキッチンにする場合は、キッチンカウンターにはせいぜいシンクを入れるだけにとどめます。コンロの四方がオープンになっているのは、やはり「排気」という観点からは心配があるのです。どんな場合でも、コンロの背面には壁があるようなレイアウトを心がけています

ダブルアクセスの方法

キッチンへのダブルアクセスといっても、その方法はさまざまです。

（テーブル・キッチン）並列型

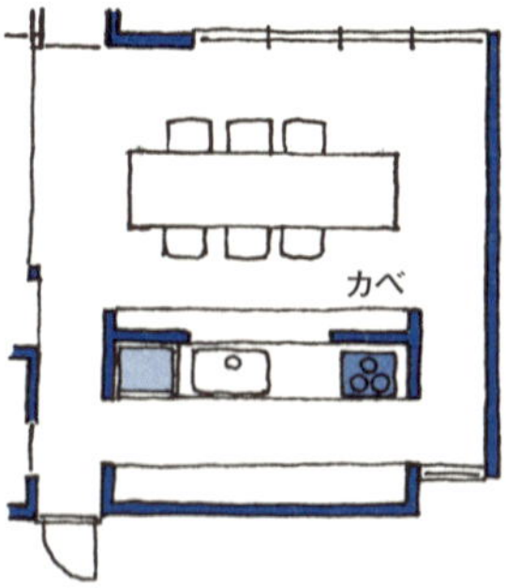

直交型

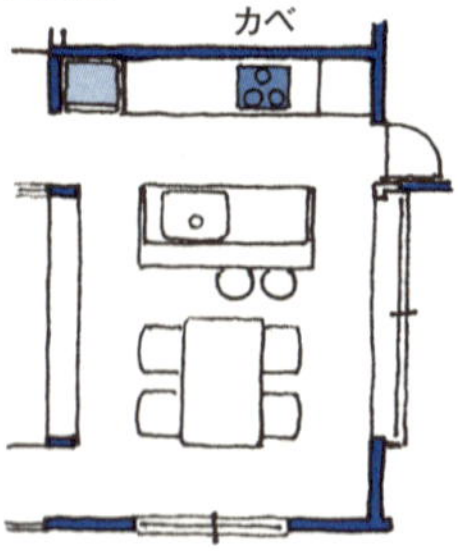

隣接型

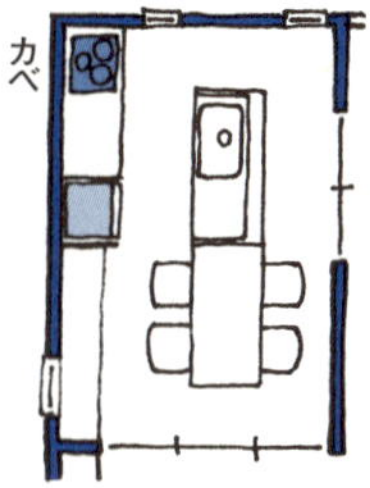

それぞれ主張型

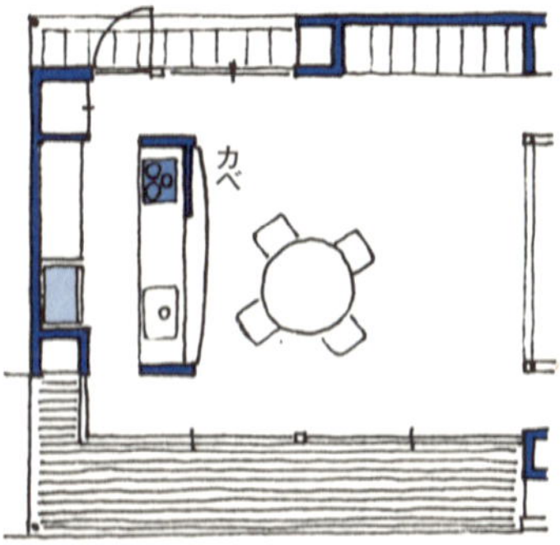

アイランド型

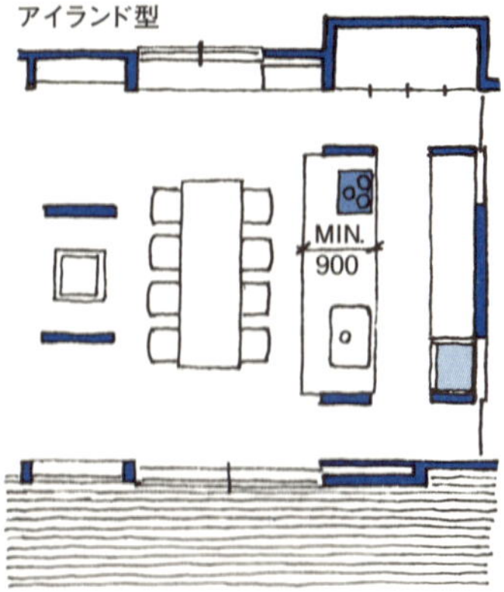

アイランドキッチンのクックトップは、少なくとも奥行き900㎜はほしいですね

連続型

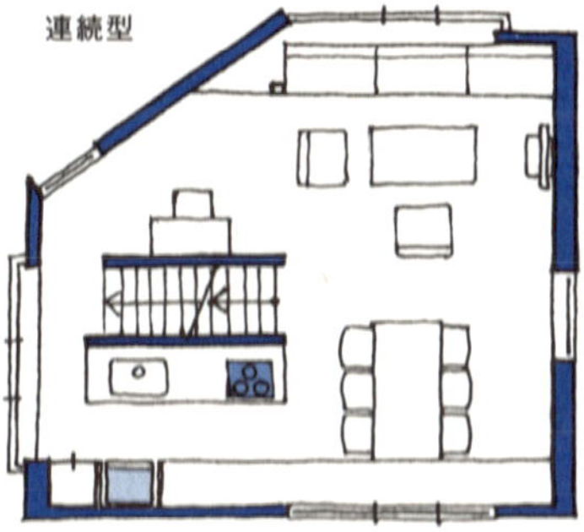

これは、私がまだ「アツアツ型レイアウト」を踏襲していた頃のものです

と、いうわけで…

キッチンとダイニングの関係は、見た目の格好よさよりも、人の動きを優先して考えなければなりません

キッチン＋ダイニング（断面）

「アイランド役」を、演じきるのは難しい。

「男子厨房に入らず」――今日ではひと昔前の格言となりました。いまやキッチンは誰もが自由に出入りする場所となり、住宅内での位置づけも地味な楽屋裏から明るい表舞台へと変わりつつあります。なかでも、壁から独立した「アイランドキッチン」は最近の流行で、さながら舞台の主役に抜擢された新人スターのようです。

ところが、よくよく考えてみると、アイランドと名乗る人気役者はどこにも存在しません。アイランド、オープン、対面……呼び名はいろいろあれど、これらはキッチン自体の名称ではなく、状態を表す言葉です。言ってみれば舞台上の「役名」のこと。演じる役によって呼び名が変わるだけで、設計の基本はみな同じです。ただし、アイランドとダイニングテーブルを同時に演じさせるときはご注意ください。この二つ、思いのほか相性が悪いのです。

キッチンの配役

かつてキッチンといえば、壁際に沿って設けられた「ガスレンジ、シンク、冷蔵庫、以上！」という、いたってシンプルなかたちが主流でしたが、近頃はダイニングのほうに出てきてその存在をアピールしています。ただ、相変わらず地味な脇役に徹するか、華やかな主役を演じるかは、ダイニングとの関係によって大きく変わります。

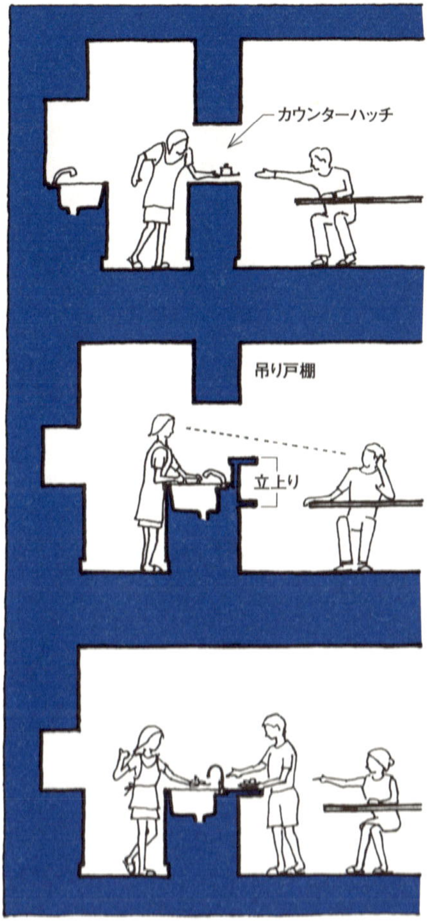

カウンターハッチだけ（脇役）
楽屋裏のゴチャゴチャを見せたくないのであれば、キッチンとダイニングの境にカウンターハッチを設けて、料理の受け渡しに使う程度とします

セミオープン（準主役）
調理は隠れてするものではない。オープンにすれば家族との会話はもっと弾むはずだ！という人には、こんなかたちがよいでしょう。それでも、吊り戸棚やちょっとした立上りを設けることで、ダイニングとはなんとなく仕切っておきます

フルオープン（主役）
調理と飲食を別々のものとは考えず、本質的には同じ行為だととらえて一体化すると、こうなります。ただし、キッチンのすべてをさらけ出す覚悟が必要です（洗い物がたまったりすると悲惨なことに）

キッチンとダイニングの関係は「断面」で切ってみると、その親密度がよく分かります

キッチンとダイニングの越えられない一線

ところで、キッチンとダイニングの間にはどれだけ互いを尊重し、深く愛し合っても、生まれながらにどうしても越えられない「差」が横たわっています。

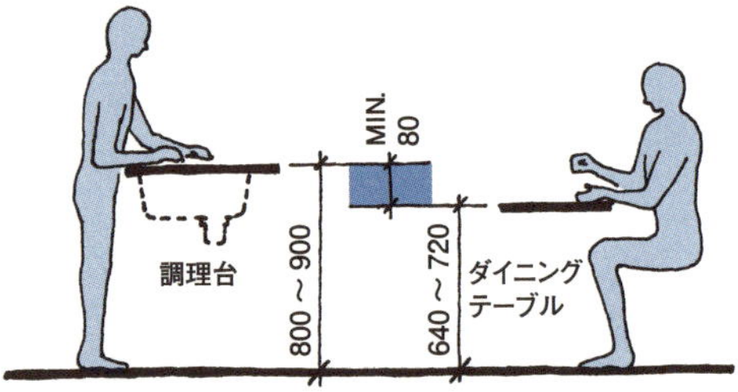

高さの違い

調理台の高さは使用者の身長、姿勢、クセなどによっても違いがありますが、どんなに低くても「800㎜」は必要です。一方、ダイニングテーブルの高さは椅子の高さにもよりますが、せいぜい「720㎜」程度。たった80㎜の差ですが、両者はこの差を妥協できません

アイランドキッチンとダイニングテーブルを組み合わせる場合は、この差を解決してやる必要があります。とりあえず考えられるのは、2つの方法です。

①互いの差を認め合う

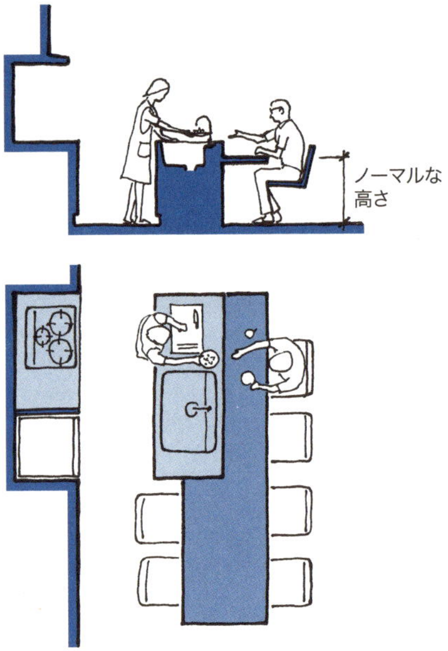

②ハイチェアを使う

目の高さ、卓の高さ、床の高さ

さらにもう1つ、大胆なワザがあります。

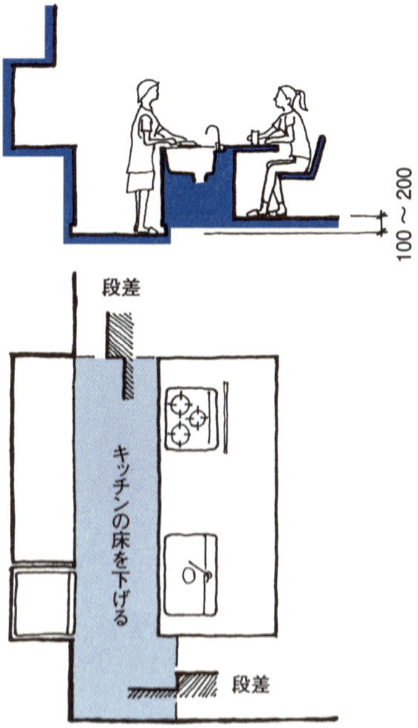

③床のレベルを変える

キッチンの床レベルを下げてしまえば、このジレンマは一挙に解決します

段差のリスク

もちろん、床の段差は安直につければよいというわけではありません。バリアフリーの問題を指摘されるまでもなく、熱いものを扱ったり運んだりするキッチンは、安全面について慎重に検討しておく必要があります。左図の場合も、段差をどこから設けるかについて、周囲の状況と併せて考えなければなりません。
アイランドキッチンにはたくさんの魅力と可能性がありますが、その分さまざまなリスクも抱き合わせて引き受けなければならないのです

室内における視線の高さに配慮した断面

と、いうわけで…
キッチンをオープンにする場合は、断面のバランスを十分に検討しておきたいものです

目の高さまで考えられれば一人前

なお、高さという観点からは、目の高さも重要な要素となります。ここまで配慮できる人はなかなかいませんが、いつかはものにしたいテーマの1つです

ベッドルーム

ベッドの置き方を間違えると、真夜中にダイビングするはめになる。

寝室、個室、客室など、ベッドの置かれる部屋にはさまざまな呼び名がありますが、ここではベッドの置かれる部屋をベッドルームと総称しておきましょう。

ベッドは家具の一つです。ですから書棚のように、部屋のなかの好きな場所に好きなように置いてよさそうなものです。けれど現実には、そういうわけにもいきません。ベッドの配置によって、まず窓の位置が変わります。コンセントの位置も変わります。照明の位置も変わります。それ以前に、もっとたいへんなことが起こります。

上のスケッチは、設計を始めて間もない学生たちがよくやる間違い。左側にダブルベッド、右側にクローゼット。静かで落ち着いた雰囲気です。でも、よく考えてみてください。壁際に寝る人は、どうやって横になったらよいのでしょうか。

ダイビングとメイキング

ベッドにはサイドスペースを

ダブルベッドを壁際に置くと、あなたが先に寝たあと、パートナーは毎晩枕めがけてダイブしなければなりません。ベッドに横たわるには、サイドからすべり込むのが原則。ベッドには「サイドスペース」が必要なのです。

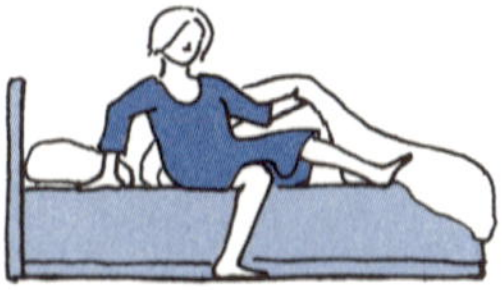

サイドスペースの位置

ダブルベッドは両サイドから

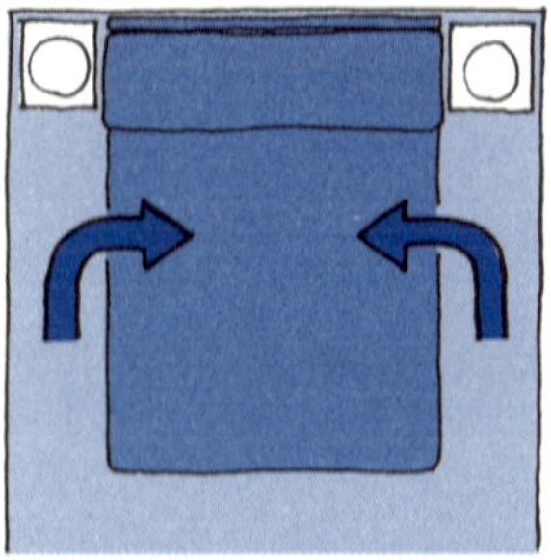

ツインベッドはセンターから

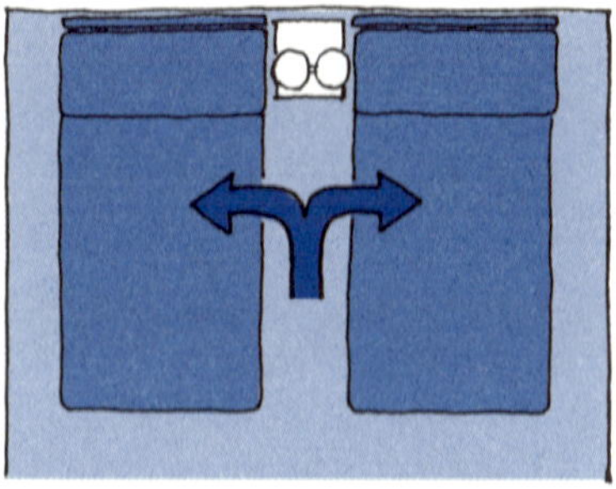

個室で一般的な
レイアウト

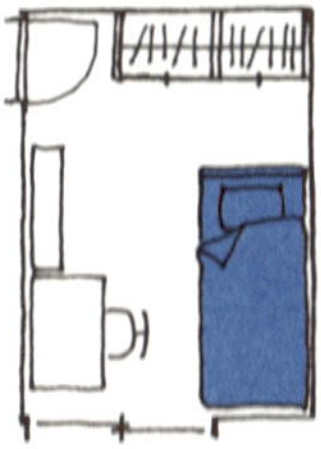

ベッドメイキング
できるレイアウト

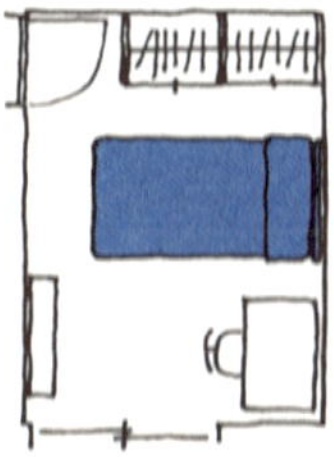

きちんとベッドメイキングしようと思えば、両サイドと足元の三方にスペースを確保する必要があります

サイドスペースはどれくらい？

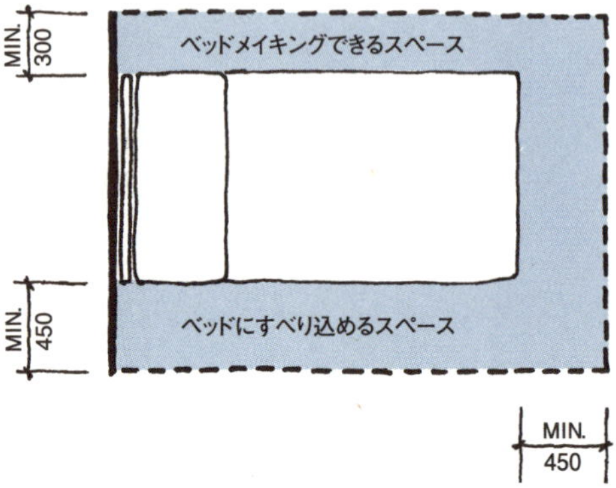

ベッド廻りの基本寸法

これくらいあるといいですね。

サイドは狭くてもOK

ベッドサイドはベッドの上部が大きくあいているので、比較的狭い通路でも大丈夫です。

動く扉に気をつけて

ただし、出入口のドアやクローゼットの扉は、しっかり計算に入れておいてください。

ベッドサイズの目安

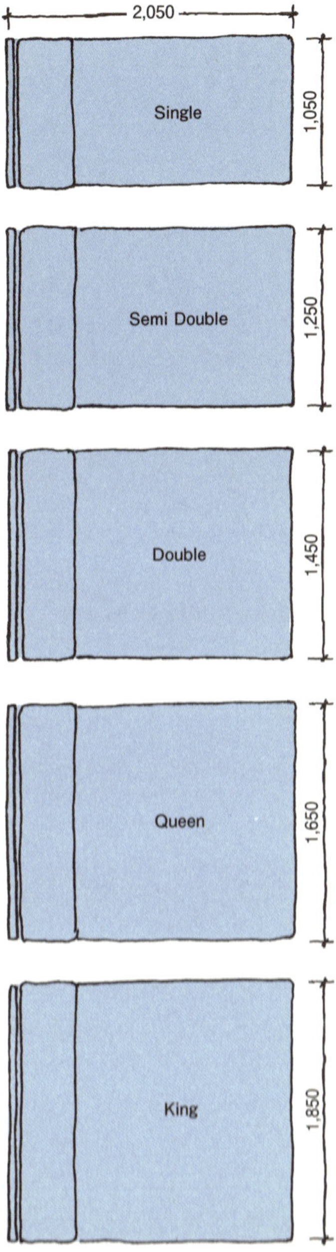

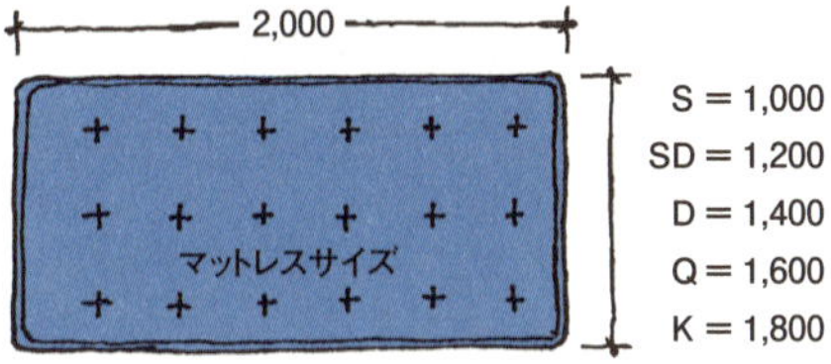

ベッドのサイズはメーカーやデザインによってまちまちなので、これはおおよその目安です。

プラス50㎜がポイント

まず、マットレスのサイズとして…

S：シングル	2,000×1,000（㎜）	幅は200㎜ピッチ
SD：セミダブル	2,000×1,200	
D：ダブル	2,000×1,400	
Q：クイーン	2,000×1,600	
K：キング	2,000×1,800	
	長さは同じ	

ベッド本体の寸法は、マットレス廻りのフレームやヘッドボードの厚みも考慮して、マットレスサイズに長さ・幅とも50㎜を加えます。

と、いうわけで…

ベッドルームの設計では、ベッドのサイズだけでなく、その位置やサイドスペースも検討しておく必要があります

収納

モノは生きている。とても出たがり・夜行性。

世界各国の平均的な家庭を訪ね、「家の中にあるものを全部おもてに出してください」とお願いするプロジェクトがありました。その模様は、『地球家族』(TOTO出版)という写真集にまとまっていますが、恐ろしいのは日本の家庭の圧倒的なモノの多さ。「収納スペースはできるだけたくさん」という奥さま方の願いは、実はモノがあり過ぎるわが国特有の要望なのかもしれません。

モノは、その量もさることながら、しまってもしまっても、気がつけばそこらじゅうに出ています。けれどそれは、片付けられないあなたのせいではありません。そもそもモノとは、とても出たがりな生き物なのです。コソコソ、ゾロゾロ。朝になるとそこらじゅうが散らかっているところをみると、彼らは夜行性なのかもしれません。本当の収納設計は、彼らの生態を分析するところから始まります。

モノにはそれぞれ性格がある

部屋がちらかって困っているのは、あなた…

ではなく、自分たちのことを分かってもらえないモノたちのほうかもしれません

モノの性格・3兄弟

モノにはいろんな種類がありますが、それとは別に「出たがりか、そうでないか」という性格の違いがあります。さらに、出たがりにもジョージ（常時）、ズイジ（随時）、イチジ（一時）という3兄弟がいます。

ジョージ（常時）

・いつも出てきちゃう
・やたらと動き回る

ズイジ（随時）

・なるべく見られていたい
・存在をアピールする

イチジ（一時）

・引っ込み思案
・隙をみて隠れたがる

収納はモノの性格に合わせて

常時、随時、一時の３タイプは、収納装置のかたちにも反映されます。たとえば、いちばん分かりやすいのが戸棚です。

オープン棚（常時）　ガラス戸棚（随時）　戸棚（一時）　三段棚（兼用）

衣装戸棚

洋服などを収納する戸棚では、常時、随時、一時の区別が内部で行われます。奥行きに少し余裕があると、収納方法に自然と区別ができるものです。

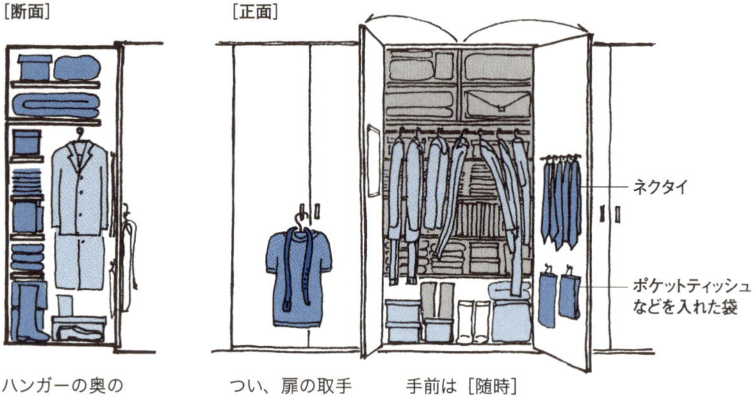

ハンガーの奥の棚は［一時］

つい、扉の取手にかけてしまう［常時］

手前は［随時］
扉の裏側も［随時］利用されます

ウォークインクローゼットは万能か

ここで、寝室のクローゼットについても再考してみましょう。同じクローゼットでも壁で囲まれたウォークインクローゼットに憧れる人は多いようですが、これは外から中が見えないだけに、何年か経つとモノが入り乱れてジャングルのようになりがちです。しかも、実は期待するほど収納量は多くありません。

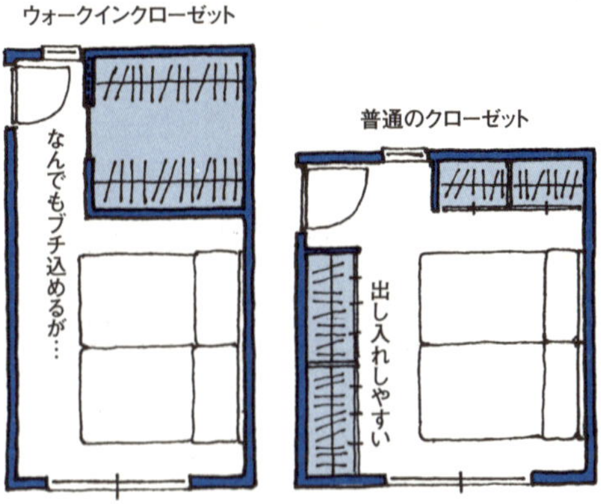

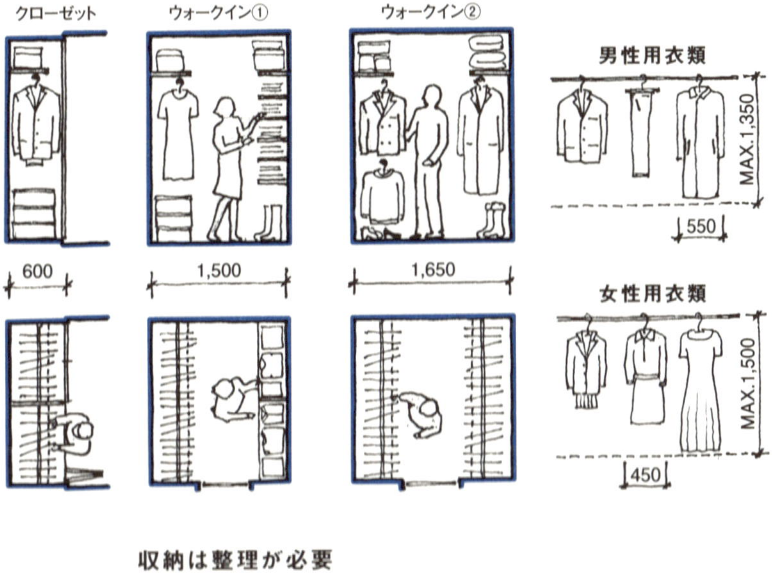

収納は整理が必要

収納の救世主のように思われているウォークインクローゼットですが、使い方によってはそれほど万能ではありません。やはり、常時、随時、一時の区別をキチンとつけて、こまめに整理する必要があります。

出たいヤツは出てなさい

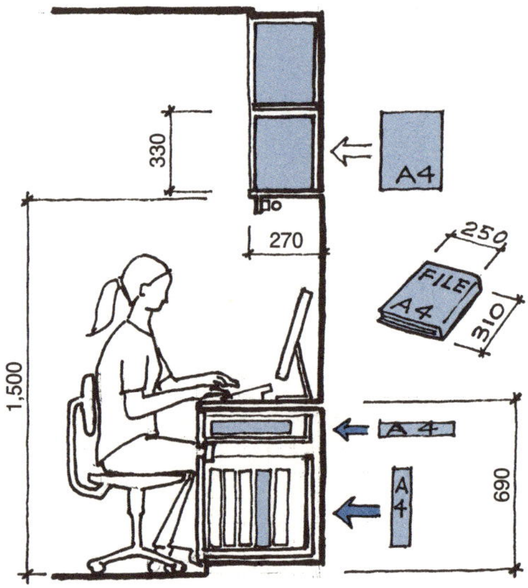

デスク廻りを片付ける

モノの大きさはマチマチですから、完璧な収納法などというものは存在しません。とはいえ、収納設計の参考になる手がかりくらいはほしいもの。

たとえばデスク廻りであれば、A4サイズのファイルを基準にしてみたらどうでしょうか。

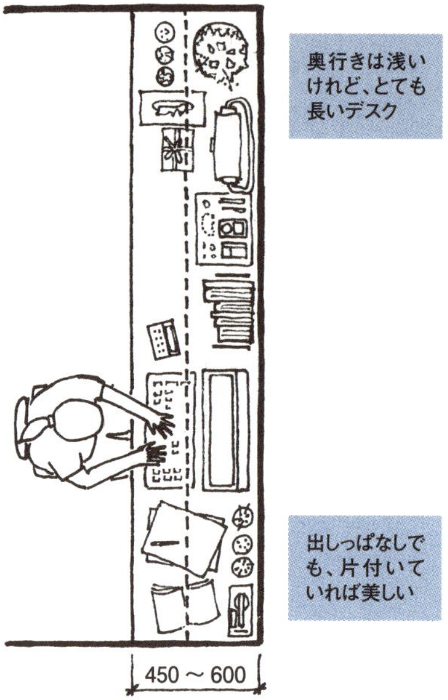

しまわない収納設計

「片付いている」ことと「しまわれている」ことは、イコールではありません。いつも使うものは出しっぱなしにしていてもOK。それでも美しくなるような設計をしてあげればよいのです。

みんな吊るしあげろ！

常に使う調理器具

吊り戸棚の下に細いパイプを

毎朝、毎晩使う洗面室

洗面台の下にハンガーパイプを

明日も着ていくコートなど

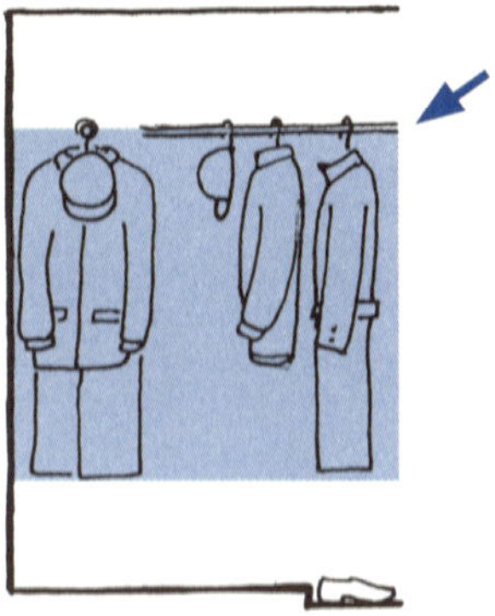

玄関内に丸棒を 1 本

解決！ ぶら下げ収納法

常時使うものはぶら下げておくのが便利です。「吊るす」というのは力学的にも安定する固定方法。だいいち、吊るしておけばこれ以上モノは逃げられません。

と、いうわけで…

かしこい収納設計は、モノの性格を分析して、その生態に逆らわないところから始まります

COLUMN

2 家族のタイムテーブル

左の図は、一般的な家族構成を仮に想定して、現在から四〇年後までの年月と年齢の関係をグラフ化したものである。

当たり前だが、誰でも四五度の角度で歳を重ねていく。このとき、自分自身や家族一人ひとりの将来についてはおおよそのイメージがあり、それぞれの将来を、希望や不安を抱きながらも予測するものだ。ところが、家族全員の「旅程」を同時にイメージできているかと言われると、ほとんど無理ではないだろうか。住宅の在り方、特に家づくりという観点からは、家族構成の移り変わりを考えずにはいられない。「子供室」と呼ばれる部屋に、いつまでもその「子供」がいるわけではないのだ。ある時点だけに限定した「空間構成＝間取り」ではなく、家族の変化にいつでも柔軟に対応できる計画。それこそがこれからの住宅に求められるものだと私は考えている。

そのために作成したのがこのグラフである。私が家づくりのお手伝いをする方には、なるべくこのグラフを描いてもらっている。ご覧のように、グラフにすればはっきり見えてくるではないか。「何年後にどうなっているか」が？　いいえ、「数年おきにあれもこれもいっぺんにやってくる」ことが！　だ。

グラフの中の丸印が、家族のエポックになるだろう。何もない年のほうがむしろ少ない。あなたもあなたの家族について、ぜひこのグラフを描いてみてください。

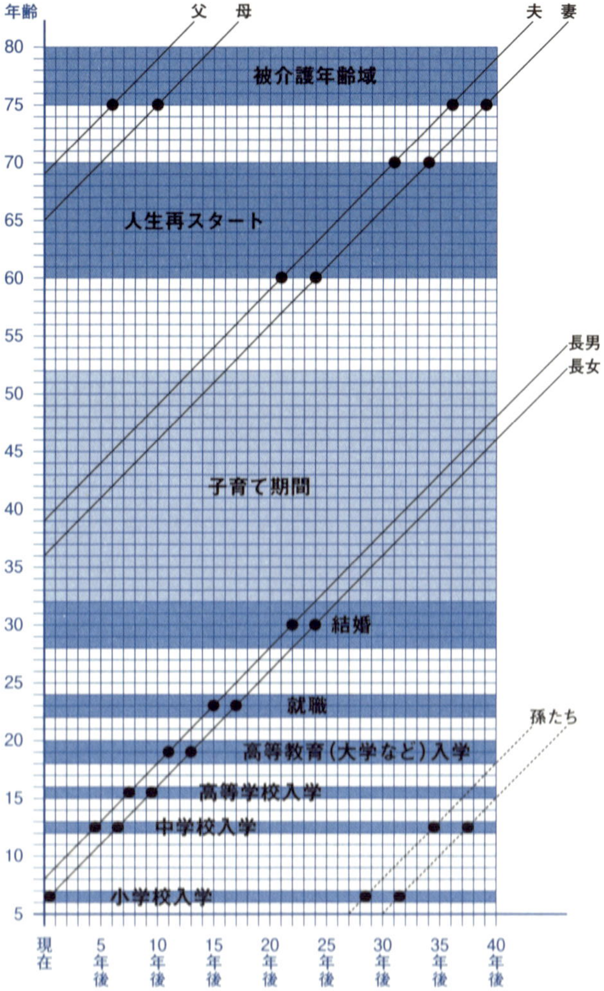
年齢
父
母
夫
妻
被介護年齢域
人生再スタート
長男
長女
子育て期間
結婚
就職
孫たち
高等教育（大学など）入学
高等学校入学
中学校入学
小学校入学
80
75
70
65
60
55
50
45
40
35
30
25
20
15
10
5
現在
5年後
10年後
15年後
20年後
25年後
30年後
35年後
40年後

トイレ

手洗いは、お手洗いの中で。

誰が考えたんでしょうね、手洗い付きロータンク便器。開発した人は「これぞ世紀の大発明！」と拳を突き上げたかもしれませんが、これでチョビチョビ手を洗っていると、どことなく哀しい気分が漂ってきます。

とはいえ、トイレで用を足したらまずは手を洗いたいもの。トイレは別名「お手洗い」というくらいですから、手が洗えなければ話になりません。ある調査によると、最近は手を洗わない人も増えているそうですが、トイレを使うのはそういう人ばかりでもないでしょう。基本的には手を洗える仕掛けが必要になります。

ならば、どこで手を洗うか——できれば、トイレの中にしてください。小さな手洗い器を付けるだけでいいのです。どこにどんな手洗い器を付けるかはあなたの自由。でも、レイアウトと寸法には十分気をつけてくださいね。

手洗い器があれば哀しくならない

手洗い付きロータンク便器は確かに便利。けれど、なんだか哀しいものがありますね。

手洗い器いろいろ

小さくてもいい。トイレには手洗い器を付けましょう。

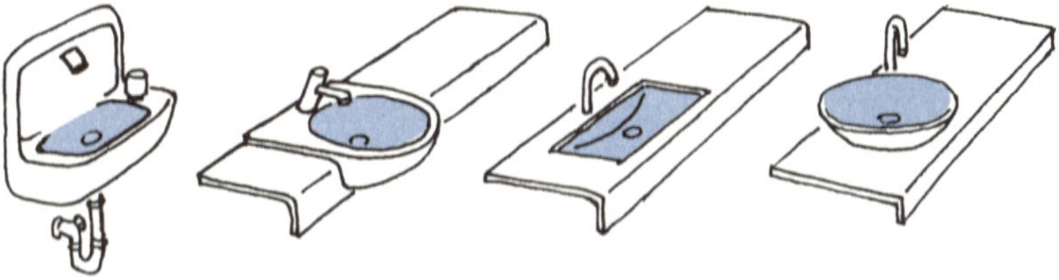

壁付けタイプ　オーバーカウンタータイプ　アンダーカウンタータイプ　ボウルタイプ

壁付けタイプの配置例

奥行きがあるトイレ　ちょっとだけ奥行きがあるトイレ　ちょっとだけ幅が広いトイレ

パウダールームの標準装備

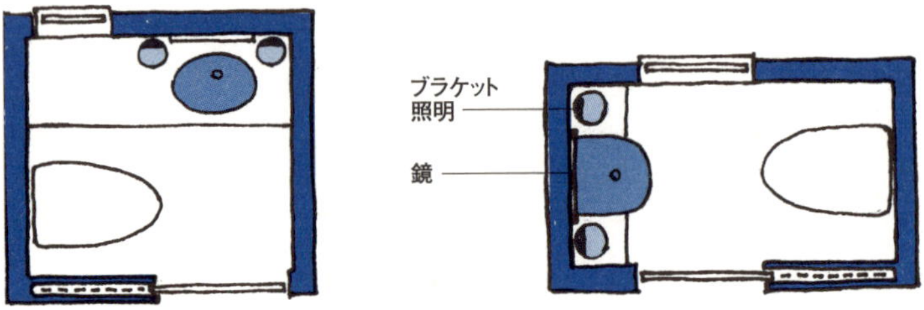

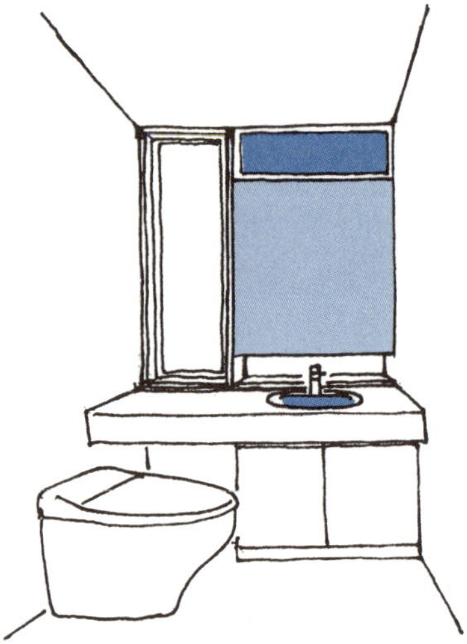

化粧室への昇格

手洗い器だけでなく、鏡やブラケット照明を取り付ければ、トイレ[TOILET]は化粧室[POWDER ROOM]に昇格します。お客様が化粧直しできるスペースになるのです。

便器廻りの寸法

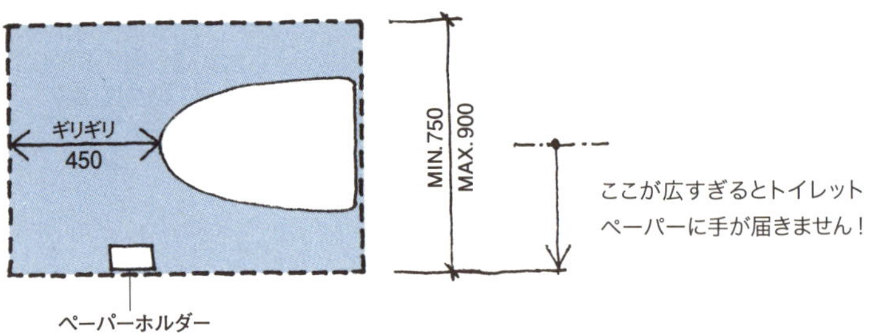

レイアウトはデリケート

便器と手洗い器のコンビネーション（すべて、平面図右上からトイレに入る場合）

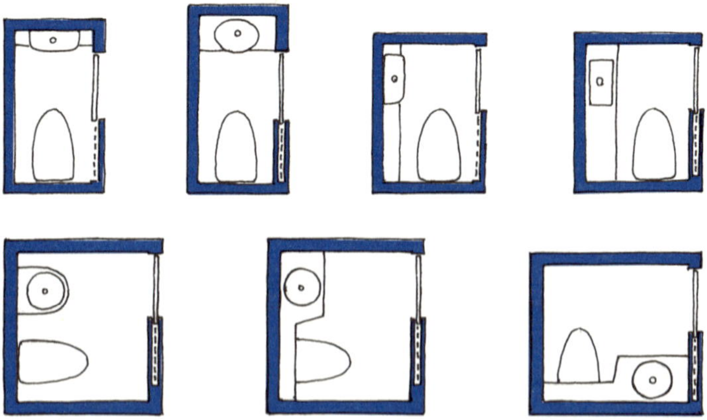

これらのレイアウトには、私のあるこだわりが込められています。

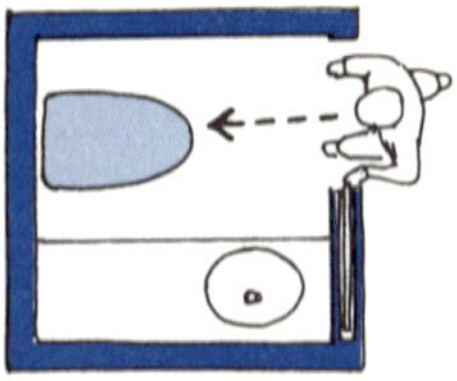
A

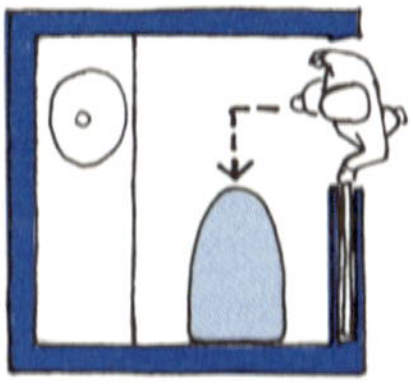
B

便器と入口の優しい関係
同じ広さのトイレでも、内部のレイアウトは何通りか考えられます。左の2つは広さもドアの位置も同じですが、私はBをおすすめします。ドアを開けたときに便器と直接対面しなくても済むので。ただし、右の2つだったらCを選びます。

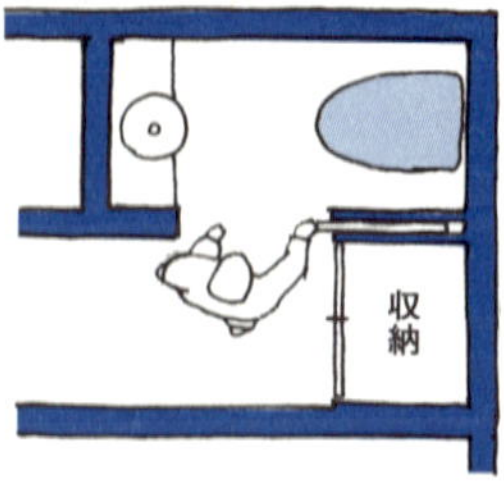

C

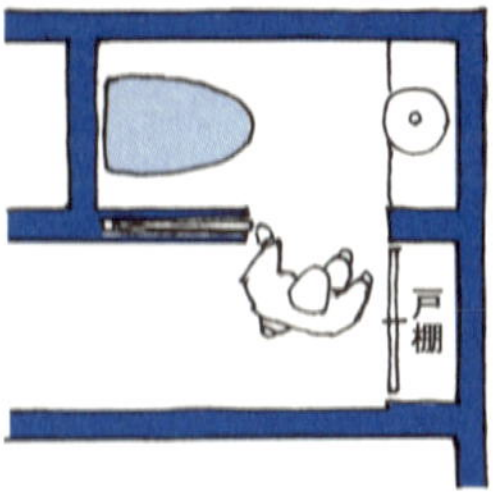

D

と、いうわけで…
トイレの設計は、手を洗う方法とレイアウトについて考えなければなりません

浴室

日本のお湯は、みんなのものです。

モ

コモコに泡立った湯船に直接身体を沈めるバブルバス。片足を上げて鼻歌なんか歌っている姿を米国映画で観たりしますが、いかにも気持ちよさそうですね。でもアレって、次に入る人はどうするのでしょうか。おそらくお湯を全部入れ換えるのでしょう。彼らにとって湯船のお湯は、自分だけのものだからです。それに、「湯船につかる」という習慣があまりないので、仮に湯を入れ換えたとしてもたいして問題にはなりません。

そこへいくと、われわれ日本人はお風呂が大好き。たぷたぷの湯船に肩までつからないとお風呂に入った気がしないというお父さんは多いはずです。もちろん、自分以外がつかったお湯でも平気。

「日本人は湯船につかる」。これが、浴室設計の大切なキーワードです。

湯船のお湯は共有物

哀しいことに…

欧米のバブルバスはとても楽しそうですが、残念ながら、入浴後は毎回バスタブを洗わなければなりません。

ジャパニーズ方式

一般に、日本人は浴槽のなかで身体を洗いません。湯船のお湯は家族の共有物だからです。

そうなると、浴槽のほかに身体を洗う「洗い場」が必要になります。

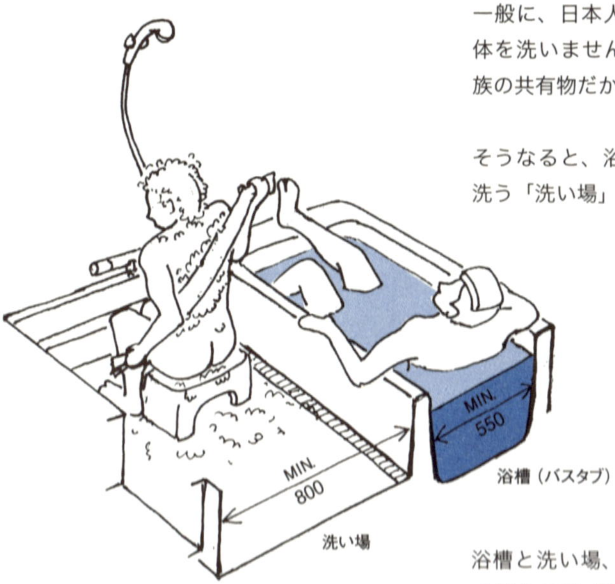

浴槽と洗い場、これをセットにして日本では「浴室」といいます。ただ、最近の住宅事例を見ていると、洗い場のない浴室も増えているようです。「どこで身体を洗うのだろう？」と、ちょっと心配になったりもします。

共有しない浴室は兼用される

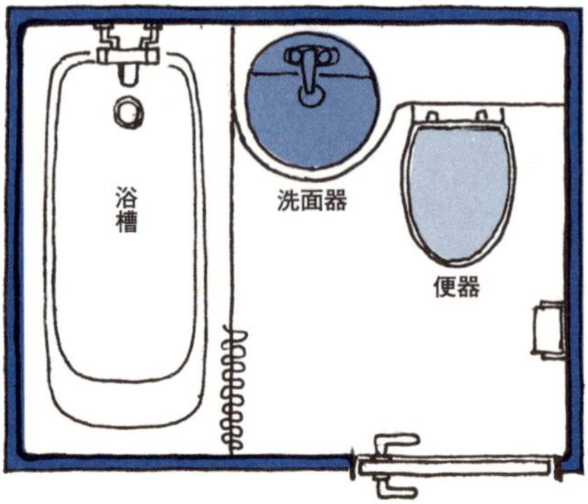

ユニットバスって…

浴槽に便器や洗面器が併設されているユニットバスは、単身者用の賃貸マンションやビジネスホテルなどではおなじみの「浴室」です。病院の個室でも使われていますね。この浴槽のお湯は1人しか使わないので、洗い場はいらないというわけです。浴室を共有しないのなら、便器や洗面器を置くスペースとして兼用してしまえということです。

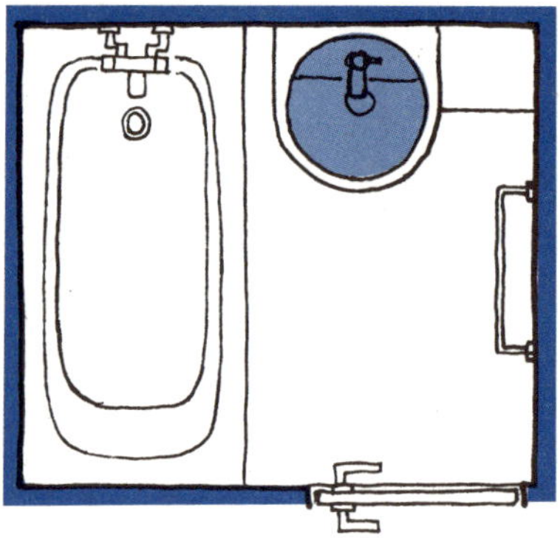

なかにはトイレだけ別室にして、洗面器だけを兼用するパターンもあります（実際にこのタイプのユニットバスもあります）。

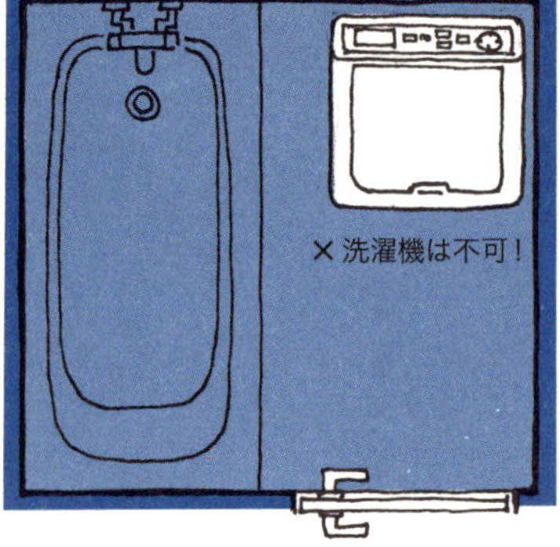

洗濯機はNG

ただし、浴室を洗濯機置き場として兼用することはできません。感電の危険から、浴室にコンセントはつけられないのです。設備業者さんに怒られてしまいます。

浴室をどこに配置するか？

浴室は住宅のどこに配置すべきか？　これは、ベテランでも悩むなかなか奥の深い問題です。たとえば、2階建ての住宅で1階がリビング中心のゾーン、2階がベッドルーム中心のゾーンだとします。すると、浴室はどこに置くのがよいでしょうか。

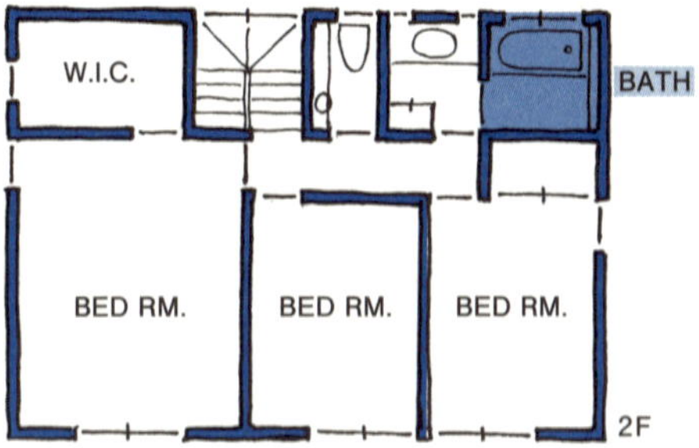

「浴室＝プライベート」論

2階に浴室を配置する場合、その根拠は「浴室＝プライベート」論です。浴室は裸になるところだし、着替えはたいてい寝室にあるのだから、浴室は寝室に隣接させるのが基本ではないかという考え方

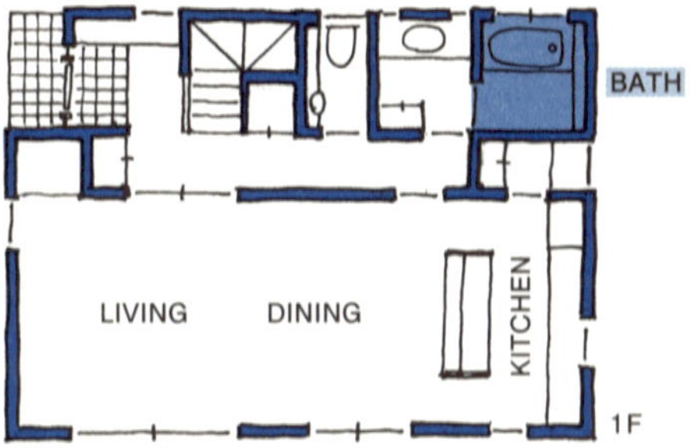

「水廻り集約」論

浴室はキッチンと隣接させたほうが、設備設計上も家事をするうえでも有効だろうという考え方が、「水廻り集約」論です。お風呂は家族で共有するものだし、日本には銭湯という文化もある。家のなかで浴室を隠す必要はないではないかという意見

どちらも一理ありますね。
正解はありませんので、あとはあなたが好きなほうを選んでください。ちなみに私は、どちらかといえば「浴室＝プライベート」派です。

と、いうわけで…
浴室の設計は、「共有」と「配置」についてじっくり考えなければなりません

洗面室と水廻り

洗濯機の居場所が決まらないと、洗面室の中身も決まらない。

洗面室というのは、実に曖昧な空間です。もちろん手や顔を洗ったり、お化粧や身づくろいをする場所であることは間違いありません。しかし、プランによっては浴室への入口になることがあります。このときは、洗面室でありながら脱衣室も兼ねます。あるいは、トイレを二つ設けようとすると、もう一つはたいてい洗面室に設置されます。このときはトイレも兼ねるわけです。

そう、洗面室は兼用されることが多い場所なのです。ただし、兼用できても併用はできません。誰かが服を脱いでいたり、トイレを使っていたりすると、ほかの人は使うことができないからです。それゆえ、多目的に使用できる洗面室を家族でいかに共有するか――これが設計上の課題となります。カギを握るのは洗濯機の処遇。コイツをどこに落ち着かせるかで、その後の展開も大きく変わります。

さまよえる洗濯機

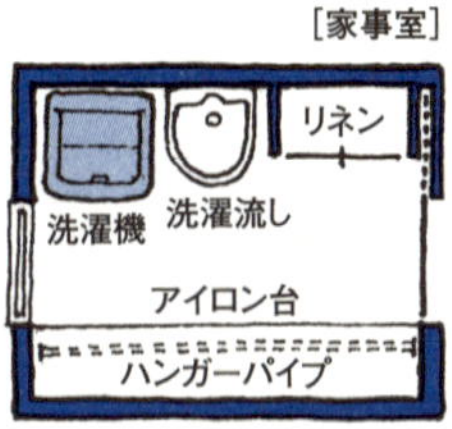

家事室という“玉の輿”

建て主さんに「洗濯機はどこに置く計画ですか?」と問われて、「家事室（ユーティリティー）に」と答えられる設計者には、何の苦労もありません。家事室は洗濯機の嫁ぎ先としては玉の輿です。ただし、敷地と予算の関係から、独立した家事室を用意するのはなかなか容易ではありません

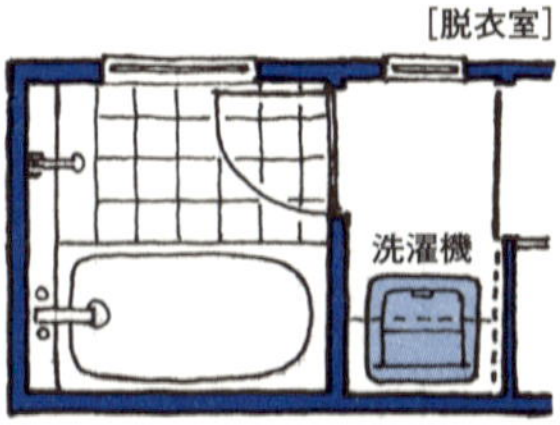

脱衣室という“実家”

ならば。洗濯物が発生するのは入浴時がほとんどでしょうから、洗濯機は「脱衣室」に置くと使い勝手がよさそうです。脱衣室は洗濯機の“実家”と言っていいでしょう

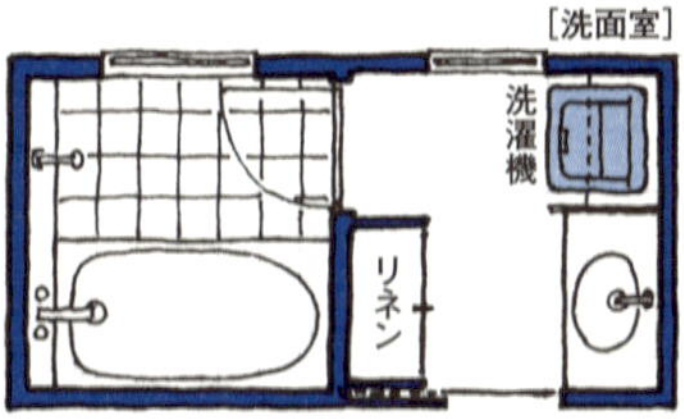

洗面室という“里親”

ただし床面積の関係から、脱衣室を設ける余裕が常にあるとは限りません。その場合は、洗面室という“里親”に預けられます

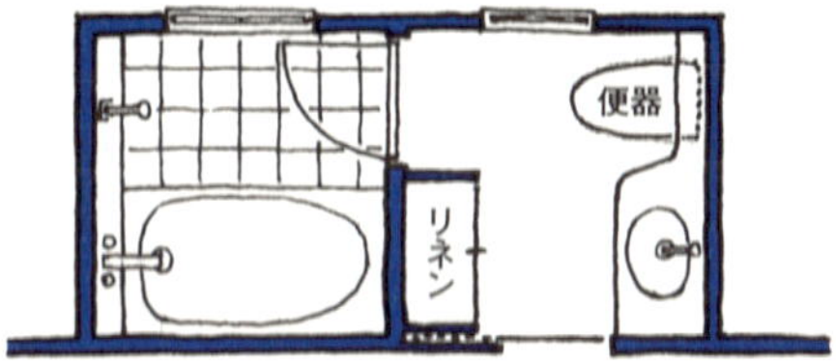

便器に追い出される

ところが、これとは別に洗面室に便器を置いてくれないかと依頼されることがあります。人のよい洗面室はこれを気安く受け入れてしまうので、洗濯機はまたまたさすらいの身となってしまいます

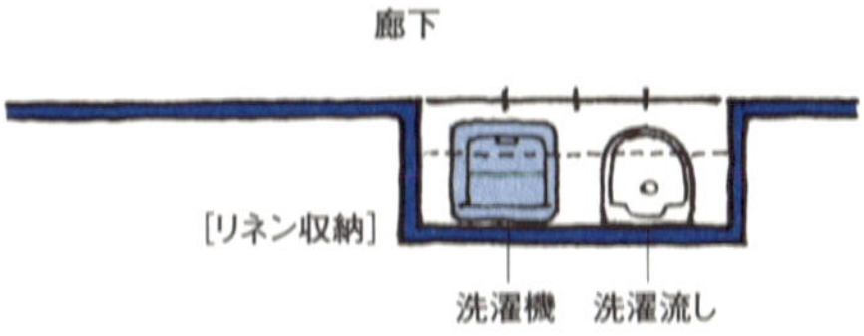

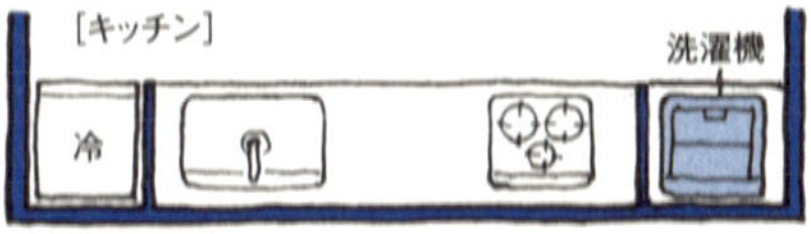

放浪先での処遇

けれど、働き者の洗濯機ですから決して見捨てられることはありません。廊下にリネン収納をつくってもらい、洗濯流しと一緒にしてもらったり、遥か遠くキッチンの片隅に囲われたり…。でもキッチンでは、「料理しながら洗濯ができるって意外といいわね」と可愛がられたりもします

水廻りのカードでポーカーを

洗濯機の置き場所もそうですが、洗面室・水廻りの設計とは、結局、必要な設備をどこにどう並べるかに尽きます。言ってみれば、変則的なポーカーをするようなもの。

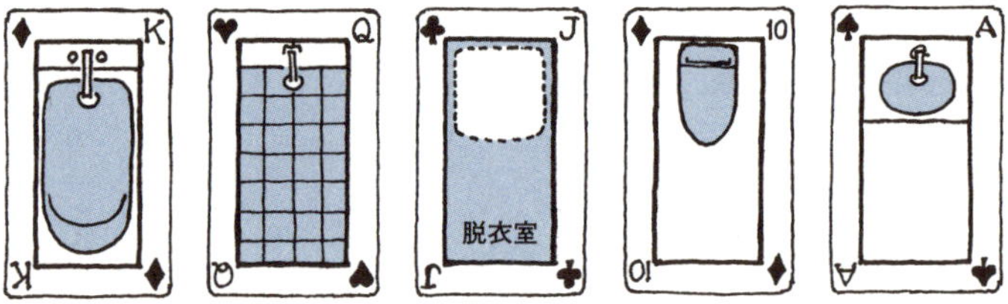

浴槽　洗い場　便器　洗面器

カードは５枚、さらにジョーカーが１枚。ジョーカーはたいてい洗濯機になり、運がよければ脱衣室に入れてもらえます

さて、この６枚のカード。どのように並べたら１つの水廻り空間としてまとまるでしょうか？

「ロイヤルストレート」はめったに出ない

水廻りに最大限の包容力（面積的余裕）があれば、たとえば６枚全部を使って図のような並べ方ができます。

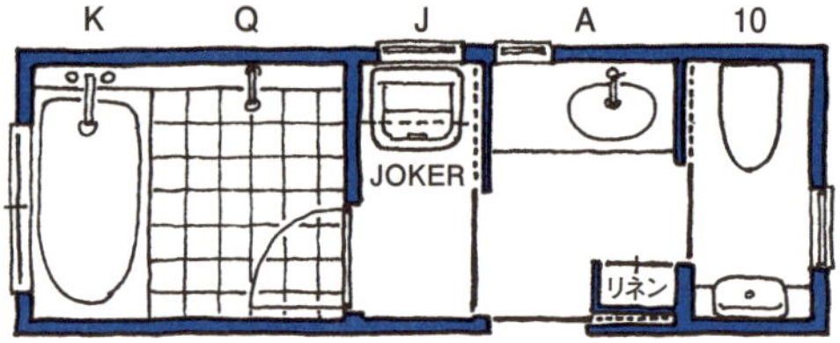

「ロイヤルストレート」！

これなら、入浴、洗濯、洗面、トイレを複数で同時に行えます。

ただ、言うまでもなく、なかなかこういうよい手には恵まれません。

ババ抜きにゲーム変更

仕方がないので、ここからは何枚かカードを切っていくことになります。ポーカーからババ抜きにゲーム変更です。

このとき、最後まで残すカードは浴槽と洗面器。この２枚は切っても切れない縁ですし、ほかの４枚は移動も消去も可能です。

浴槽　洗面器

何をCUTして、何をGETするか

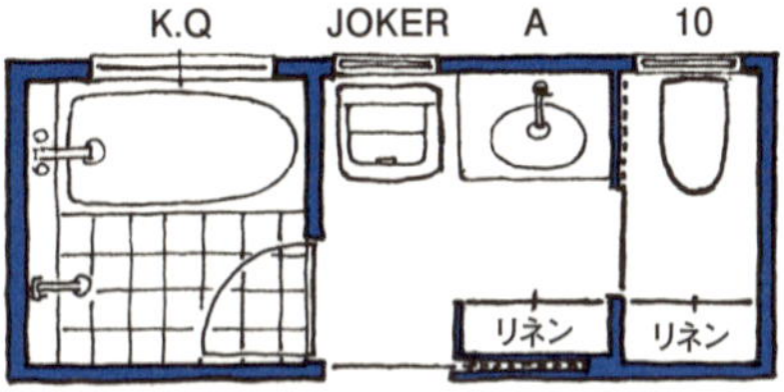

脱衣室をCUTすると

では、どのカードから切っていきましょうか…
まず、脱衣室を切って、預けていた洗濯機を洗面室に預けなおす手が考えられます。トイレの手洗器は洗面室の手洗器と兼用します

洗濯機と便器ならどっち?

次に切るとしたら洗濯機か便器のどちらかです。どちらにするかは建て主さんと要相談

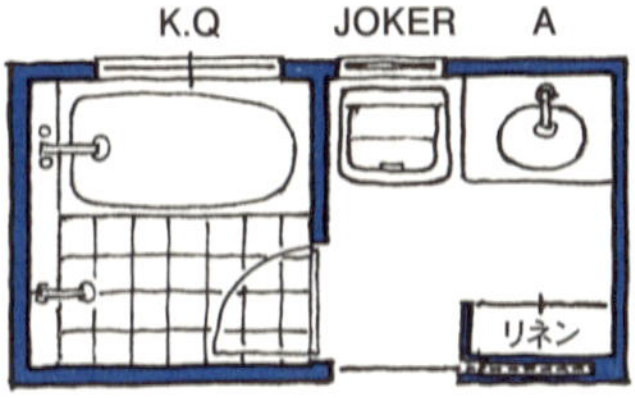

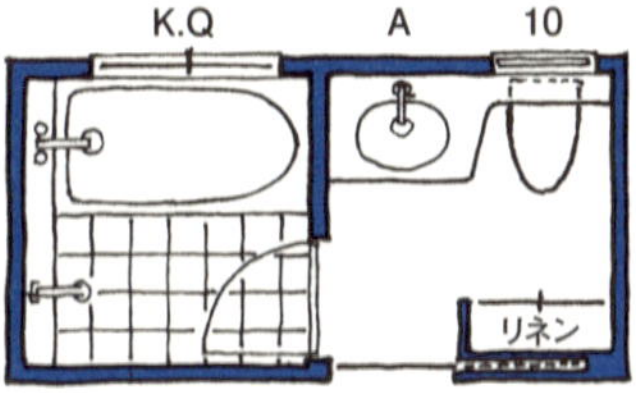

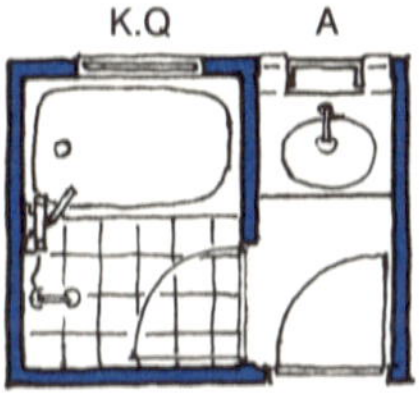

両方CUT

洗濯機と便器、両方切ると浴室と洗面器だけが残ります

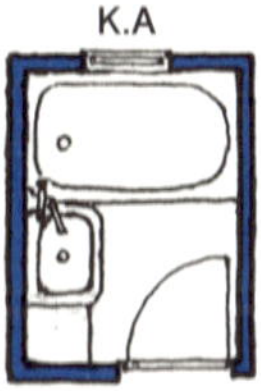

洗い場CUT

そしてついに洗面器が浴室のなかへ。洗い場が切られたわけです

便器が復活

でもまだまだゲームは終わりません。敗者復活で便器が戻ってきました。このパターンもありですね

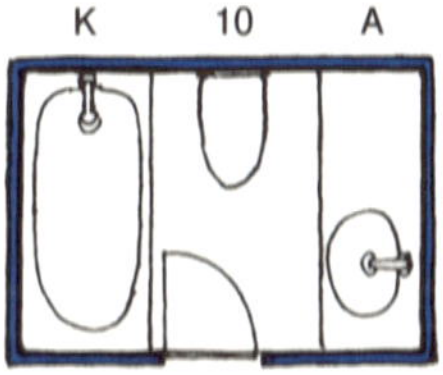

2,400×1,600㎜
リッチな3点ユニットバス

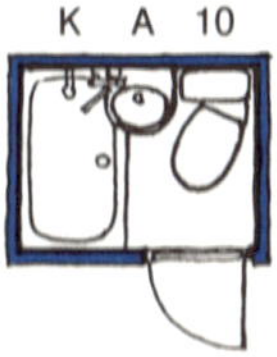

1,400×1,050㎜
すごく小さな3点ユニットバス

と、いうわけで…

水廻りの設計には、何かを得るために何かを捨てなければならない覚悟（CUT&GET）で臨むのです

給水・給湯・排水

握手するのなら、行き先くらい聞いてやれ。

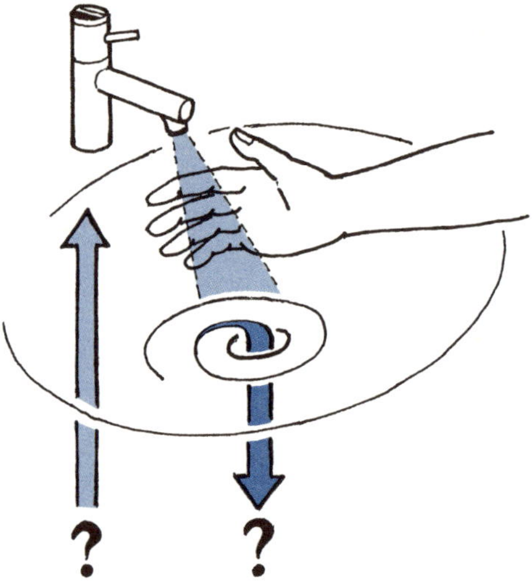

日本の一般家庭における水道の平均使用量は、一人当たり250〜300ℓ／日と言われています。親子四人の家族なら、ざっと一日に一t以上の水を使っている計算です。内訳をみると、浴室に1／4、洗面・洗濯に1／4、トイレに1／4、炊事その他に1／4。そのほとんどが、一度使ったらすぐに排水として流されていきます。飲食用の水もいずれはかたちを変えて体外に排出されていきますから、それらも排水の一種と言っていいかもしれません。

「行く川の流れは絶えずして……」。住宅とは、絶えず水が「通過」している場所なのです。だからといって、その存在を気に掛けなくてよいわけではありません。水道の引き込み方、お湯のつくり方、使った水の排出方法……。

このあたり、意外と知らない人が多い基礎知識です。お世話になるのだから、それくらい頭に入れておきましょう。

水と湯の掟は全国共通

みなさんが毎日使っている水と湯の混合栓。どっちが水でどっちが湯か覚えていますか？　これは全国共通の掟です。

シングルレバーでも

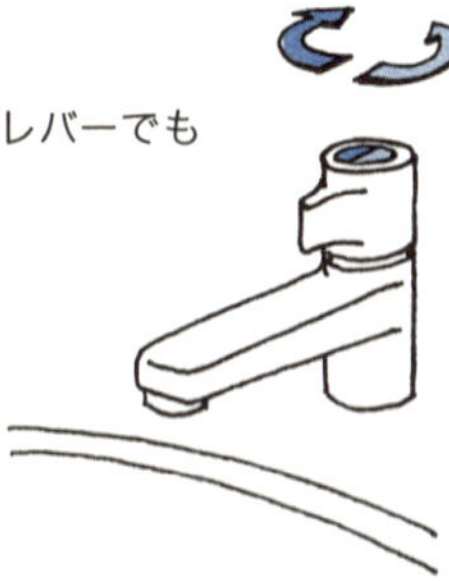

ダブルハンドルでも

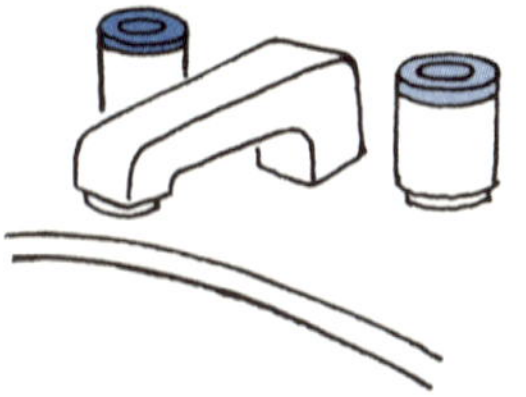

シャワー付き混合栓でも

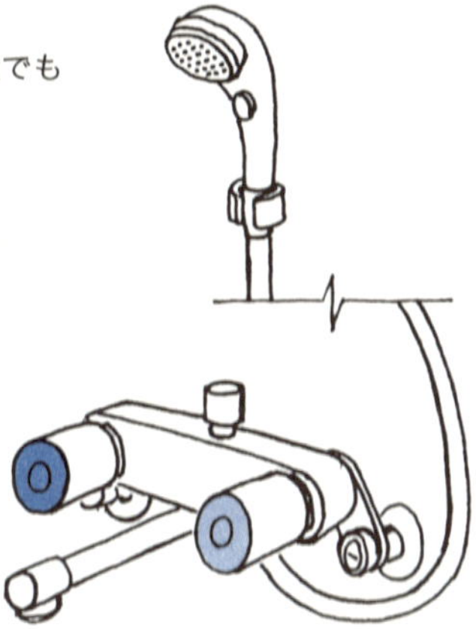

[左が湯]

[右が水]

けれど最近は、湯温調節レバーが付いた金具が普及しているので、この掟はそのうち伝説になるかもしれません。

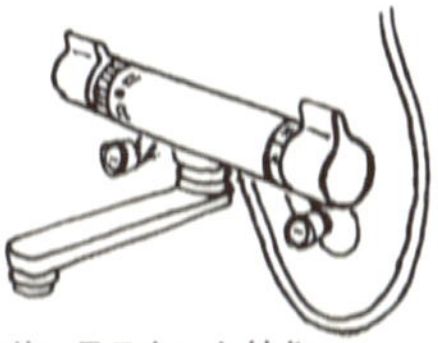

サーモスタット付き
混合栓

水は家で「分身」する

かつての教え子のなかに、湯は外の水道管を流れてくるときから沸騰した状態でやってくると勘違いしている人がいました（それは温泉ですね）。もちろん、湯（温水）は各家庭でつくられます。ガスや電気など方式はさまざまですが、ここではまず水と湯の供給経路を確認しておきましょう。

ボイラー（湯沸器、温水器）

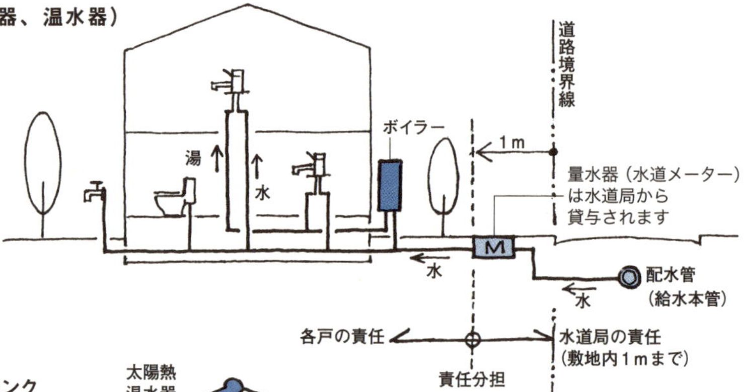

貯湯タンク

3階以上の階へ給水するには水圧のチェックが必要です

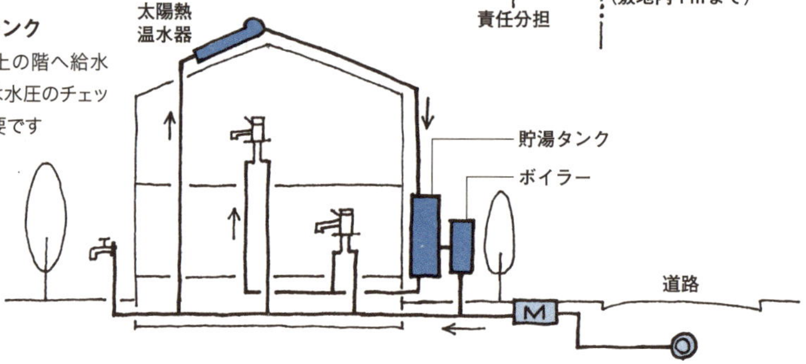

給湯循環方式

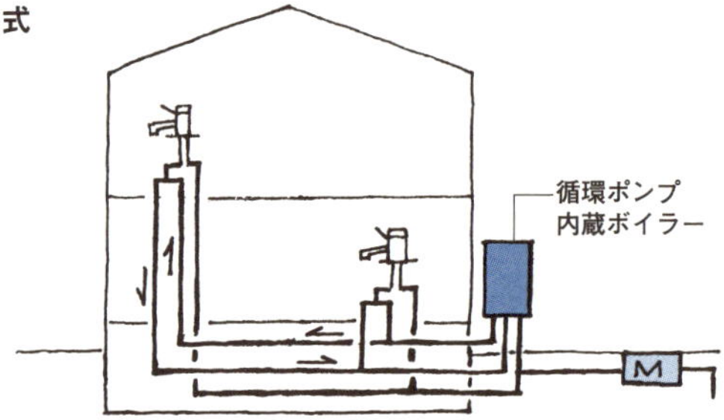

給湯する場所がボイラーから遠いと、湯が出てくるまでに時間がかかります。そこで、給湯管を「ダブル配管」にして湯を常時循環させるという方法もあります

使用済みの水は「分別」される

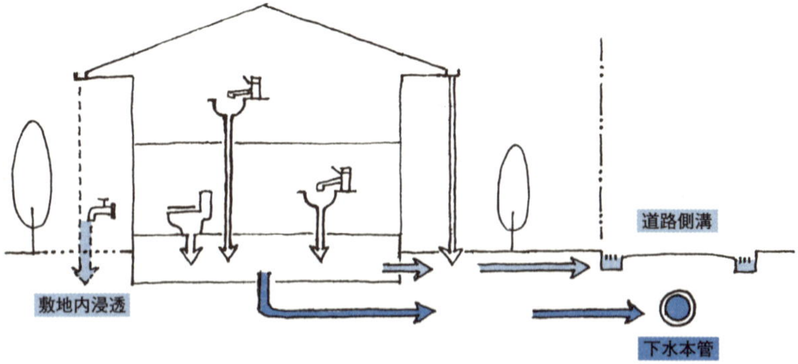

3つの排水経路

使い終わった水は地面下に排水されます。このとき、排水の経路は3通り。排水の種類によってその経路が選ばれるのです。

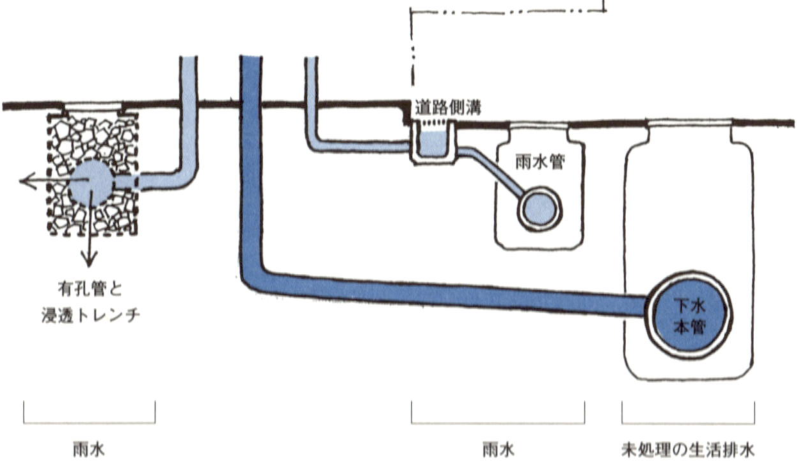

ただし、すべての地域で3通りの経路が用意されているわけではありませんのでご注意ください。

地域で異なる排水経路

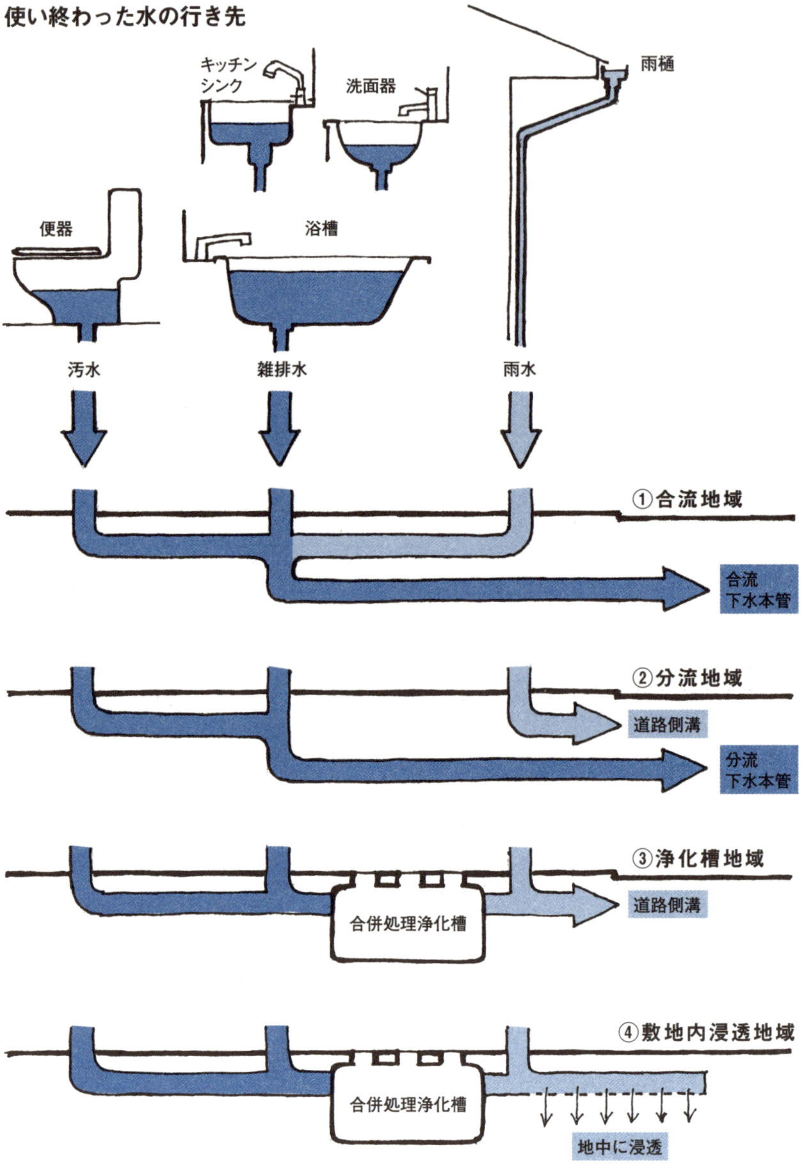

このほかにもいろいろありますが、いずれにせよ排水の処理については各自治体で慎重に扱われます。

排水のにおいは排水で抑える

排水管はそのままにしておくと、管内からにおいが立ち上ってきます。それを遮断するために設けるのが「排水トラップ」。洗面器の下でクネッとしているアイツです。常に“最新の排水”を一定量停滞させておくことで、その先からくるにおいをストップさせようという魂胆です。「毒をもって毒を制す」の要領ですね。

機器に内蔵されたトラップ

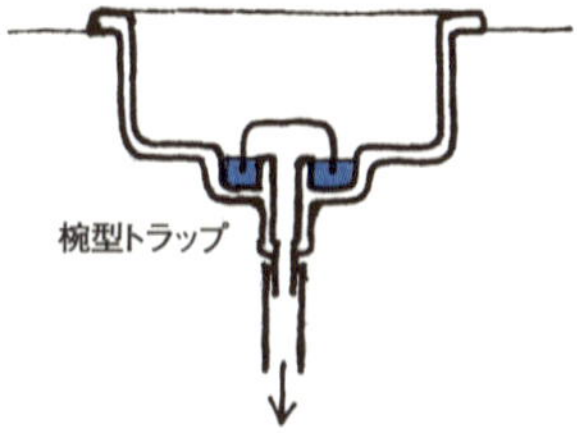

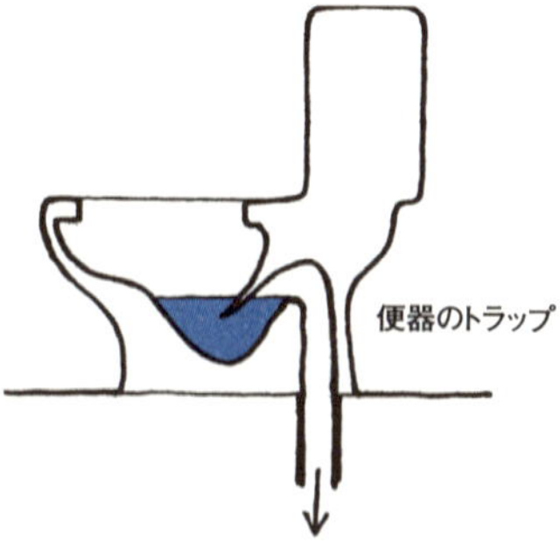

排水管を曲げた管トラップ

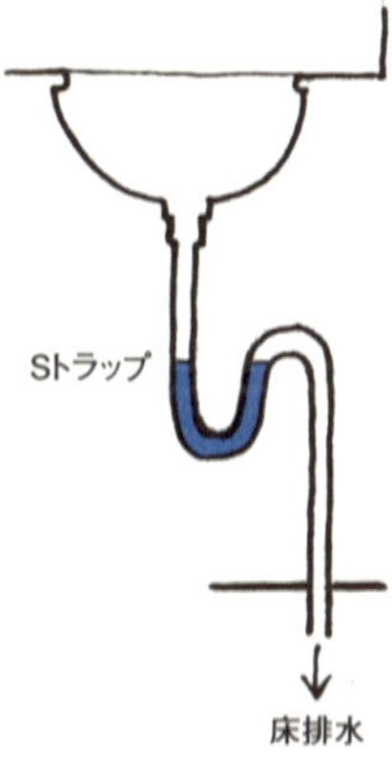

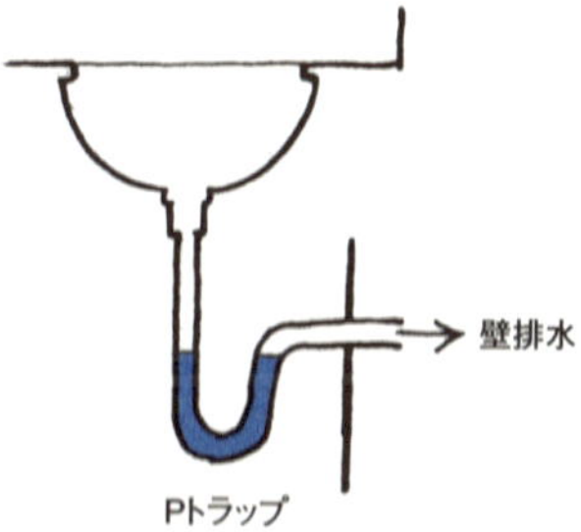

屋外のトラップ桝

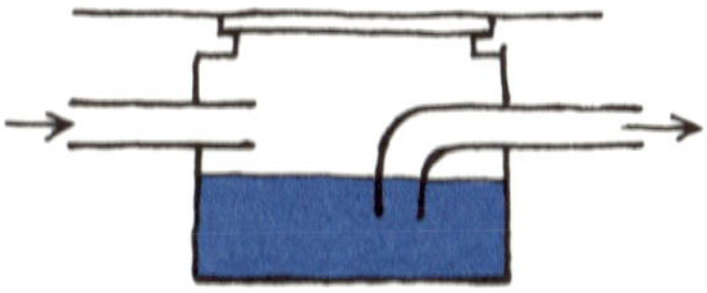

と、いうわけで…

給排水衛生設備の計画は、その地域の上下水道方式を事前に調査しておかなければなりません

ただし、同一の排水経路に2カ所以上のトラップを設けてはイケマセン。トラップ間の空気がクッションになって排水できなくおそれがあるのです。

COLUMN

3 平凡な案から

大学の建築学科に入学してすぐのこと、新入生を歓迎する合宿があった。

合宿先ではグループ単位の行動となったが、私たちの世話係となった四年生がたいへん気さくな方で、夜遅くまで新入生の期待や不安に耳を傾けてくれた。後日、その四年生にキャンパスで会うと、「うちは親父が設計事務所をやっているから、よかったら一度遊びにおいで」と誘ってくれた。さっそく友人たちとお邪魔すると、「設計事務所」とは増沢建築設計事務所で、「親父」とは増沢洵《まこと》さんのことだった。「最小限住居」などで知られる有名建築家である（ただ、私はそのような人だとはまだ知らなかった）。

それが縁で、二年生から三年生にかけて、私はしばしば増沢事務所で模型製作などのアルバイトをさせていただいた。当時、増沢さんはスタッフのいる部屋には席を置かず、階下の自宅書斎で仕事をされ、なにか用事があると書斎までスタッフを呼ばれるというスタイルをとられていた。といっても、気むずかしい頑固者といった様子は微塵もなく、息子さん同様、私たちアルバイトの学生にも気さくに接してくれた。

建築設計を志す若者にはとくに温かったのだろう。あるとき、「親父の書斎でお茶でも飲まないか」と息子さんに誘われ、おそるおそる書斎に入ると、当の建築家は実に話し好きな人なのであった。緊張してモジモジしている私に、建築家はかまわずいろんな質問を浴びせかける。話がちょうど、その頃私が取り組んでいた大学の設計課題の内容に及ぶと、建築家はこう尋ねた。
「おそらく君は、課題の提出期限ギリギリまで最良の設計案を模索する人なのでしょう？」
私はすかさず、「もちろんです」と、そのときばかりは胸を張って答えた。すると建築家は、次のように話すのであった。
「僕は、比較的早い時期に平凡な案からスタートするのが好きなんだ。そしてそれを、時間をかけてじっくりと練り上げていく。そうやって出来たものは、ギリギリまで知恵を絞った君の名案にもきっと負けないよ」
ちょっと小馬鹿にされた気がして、その場では〈フン！〉と反発した。だが、くだんの設計課題の提出期限が迫り、いよいよ具体的なかたちに描き始めなくてはならなくなると、この言葉がずしりと響いてきた。ギリギリまで必死で考え抜いたアイデアだったが、いざペンを持つとなかなかイメージするかたちに落ちていかないのである。
以来、私は増沢さんの言葉を座右の銘とした。ひたひたと迫る期限は、あれこれ考えた末にいよいよ決心するきっかけを与えてはくれるが、「あれこれ考える」こととはすなわち決定の先送りにすぎないという戒めでもある。
このことは設計実務に携わるようになってからも常に肝に銘じていたが、ではそのおりにやってこられたかと言われれば、はなはだ心許ない。むしろ、「平凡な案から」の意味するところにあらためて頭が下がったのは、大学で教鞭をとる身となり、あの頃の自分と同い年くらいの学生にエラそうにハッパをかける側に回ったときである。
「サッサと決心したらどう？……締切に間に合わなくなるゼ！」

0
1
2
3
4
5
6
7
8

CHAP.
2

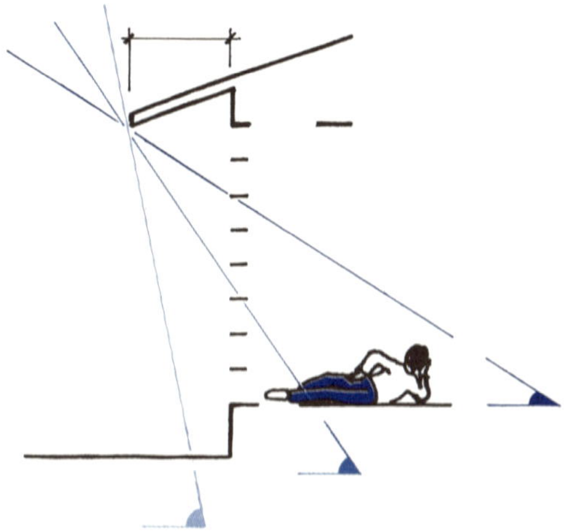

箱のかたちには
イミがある

屋根・軒

雨の日に傘を差すように。レインコートを着るように。

雨が降ってきました。傘を差しましょう。なぜって？服やカバンを濡らしたくないからです。それ以外の理由はおそらくありません。あれっ、あの人は傘を差していませんね。そうか、レインコートを着ているから傘を差さなくてもいいわけだ——。

建物になぜ屋根がついているのかといえば、人と同じ、自分を濡らしたくないからです。そう考えると「屋根の意味」もおのずから明らかとなります。軒《のき》の出が深い屋根は大きな傘を差しているのと同じですから、外壁が濡れにくく、また傷みにくくなります。ただ、「大きな傘は邪魔くさいな」という人もいるでしょう。そんなときは、レインコートを着るように防水性の高い材料を使ってください。

いずれにしろ、降る雨はひたすら下に流れ落ちます。その流れに逆らわないようなデザインが必要になります。

屋根のかたちは防水性能が決める

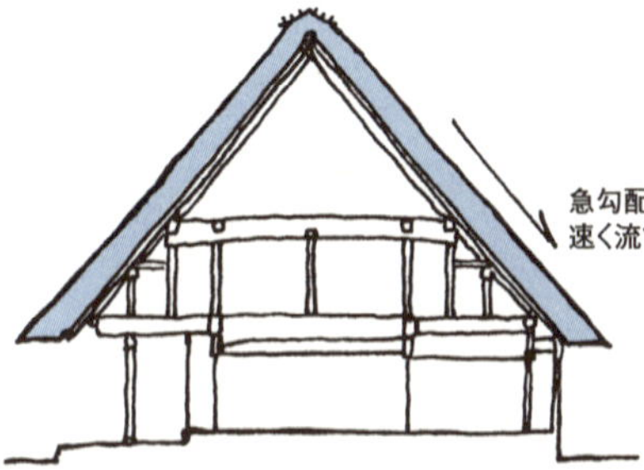
急勾配で
速く流す

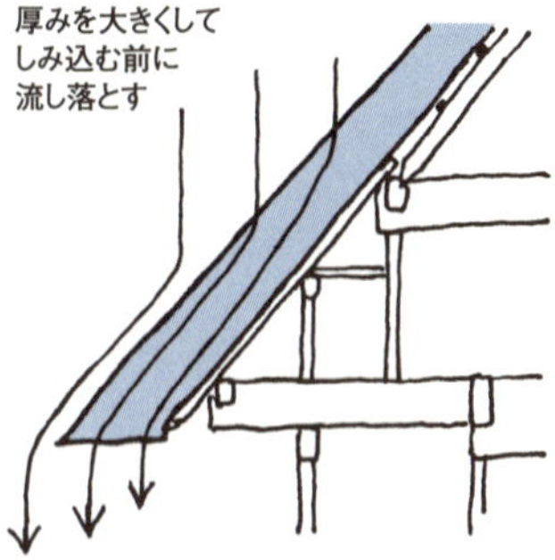

急勾配と厚みの理由

昔の住宅の多くはワラやカヤを葺《ふ》いて屋根を仕上げていました。防水性能の面からはなんとも心細い材料ですが、屋根を急勾配にしたり分厚くしたりすることで、内部にしみ込んでくる雨を軒先まで運んでいたのです。

＊屋根勾配は屋根材の防水性能に反比例します

土蔵の傘「置屋根」

古い土蔵を見ると土塗壁の上に、軽く浮いたような屋根を載せていることがあります。これは「置屋根(おきやね)」と呼ばれるものです。置屋根が大きな傘を差したように、土蔵を雨から守ってくれるのです

レインコートと同じ

材料革新が緩勾配を可能に

最近は勾配の小さい屋根も増えてきました。防水性能の高い材料が登場したおかげです。敷地に余裕のない都市部の住宅などでは、屋根勾配の小さい屋根や、軒の出が小さい屋根を見かけますが、それは屋根や外壁に十分な防水性能があるからこそ可能になるのです。

雨を受け流す屋根のかたち

屋根の掛け方は、雨水をどのように流していくかから考えていきます。

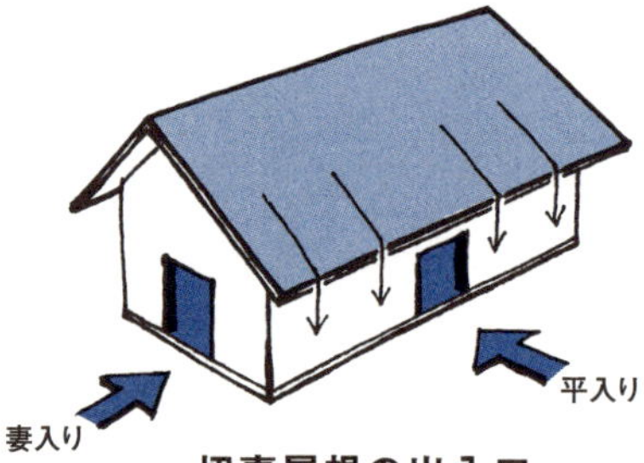

切妻屋根の出入口

切妻《きりつま》屋根の建物において、妻側の入口から建物に入ることを「妻入り」、軒先側から入ることを「平入り」といいます。平入りの場合、もし雨樋がなければ雨の日には滝のような雨をくぐって出入りしなければなりません。

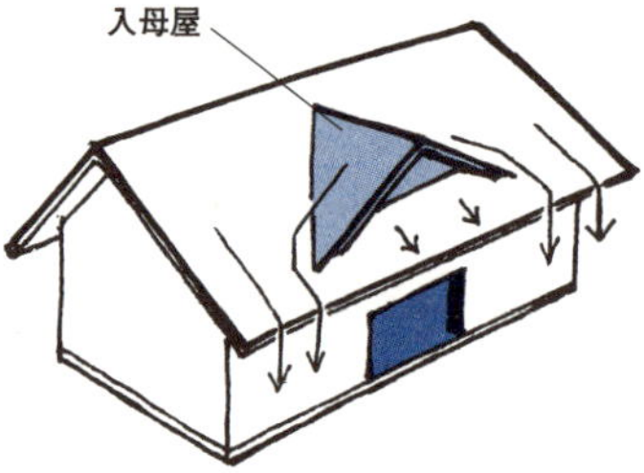

入母屋屋根で雨水軽減

けれど、出入口の上部に「入母屋《いりもや》」をつければ、雨水はこの両側に流れますので真上から落ちる雨水はずいぶん軽減されます。「妻入り」「平入り」の別は、風土的・歴史的由来や格式のほかに、純粋に「流水的意味」もあるのです。

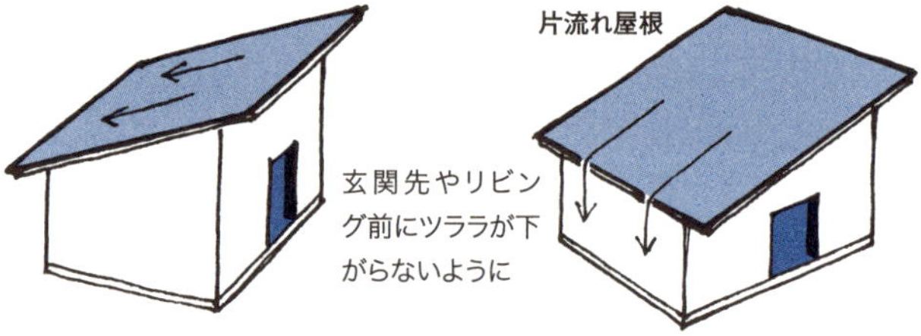

玄関先やリビング前にツララが下がらないように

寒冷地では屋根のかたちが特に重要

寒冷地では凍害のおそれから雨樋をつけないことも珍しくありません。その場合は特に、雨の日の窓からの眺望や、屋根から落ちる雪・ツララなどを考慮した屋根の掛け方を検討しなければなりません。

雨樋のない素敵な屋根たち

雨樋なしといえば、雨の流し方も含めて見事に
デザインされた建物が世界中にあります。

ヨーロッパ・アルプス地方のシャレー
[chalet]（切妻屋根の山小屋）
屋根の方向だけでなく、玄関も窓もクルマも、
日の当たる側に配置

堀内家住宅（18世紀末）
長野県塩尻市
典型的な妻入りの
本棟造（ほんむねづくり）

旧正伝院書院（17世紀）
愛知県犬山市「有楽苑」内
織田有楽斎建立（堀口捨己復元）
の書院。入口上部の軒先が柔らか
く品よくポップアップしています

森の中の家（1962）
吉村順三
雨の日の室内からの
眺めに配慮しています

雨水は壁から離して流そう

軒先の役目は、雨水を建物からなるべく遠いところで落とすことです。軒が長ければ外壁が雨に濡れる危険は減ります。大きい傘を差せば濡れにくくなるのと同じ原理ですね。この考え方は、勾配がごく小さなフラットルーフ（陸屋根）でも同じです。フラットルーフは、雨水をいったん「ルーフドレン」に集水してから処理しますが、その場合もなるべく外壁の外側で集水したほうが、より安全といえるのです。

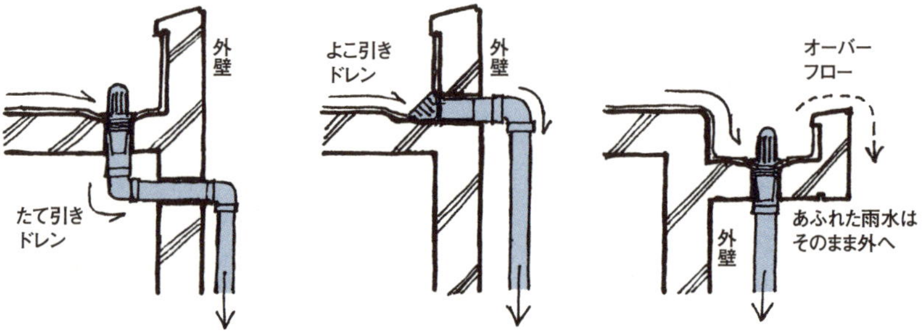

ロンシャンの礼拝堂（1955）

そういえば、
かのコルビュジエ先生も…

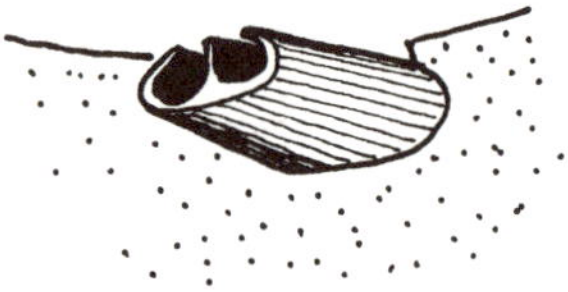

外壁からものすごく飛び出した
放水口をつけられていました！

あふれ出してもいいように

そして雨水の排水経路は、①万一詰まることを想定して複数個所に設置する、②大量の雨水を処理しきれずあふれ出すことも考慮して「オーバーフロー対策」をとっておく、この２つが重要になります。

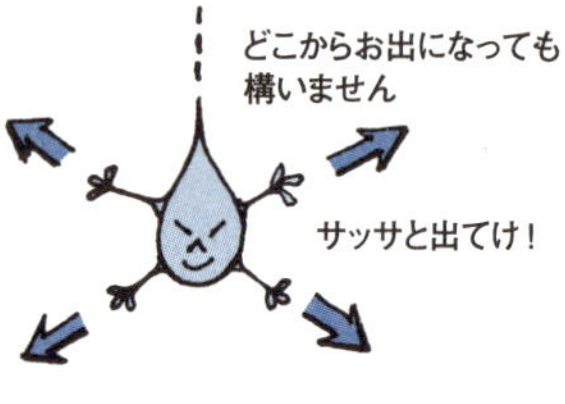

いっそ、垂れ流しもOKだ！

雨水の流し方はバルコニーなどでも同様です。一般にはドレンに集水し、竪樋を通して排水していきますが、場合によってはバルコニーの先端から垂れ流してしまうほうが、むしろ簡単だし安全であると私は考えています。

一般的な排水方法　　**私の実践している排水方法２案**

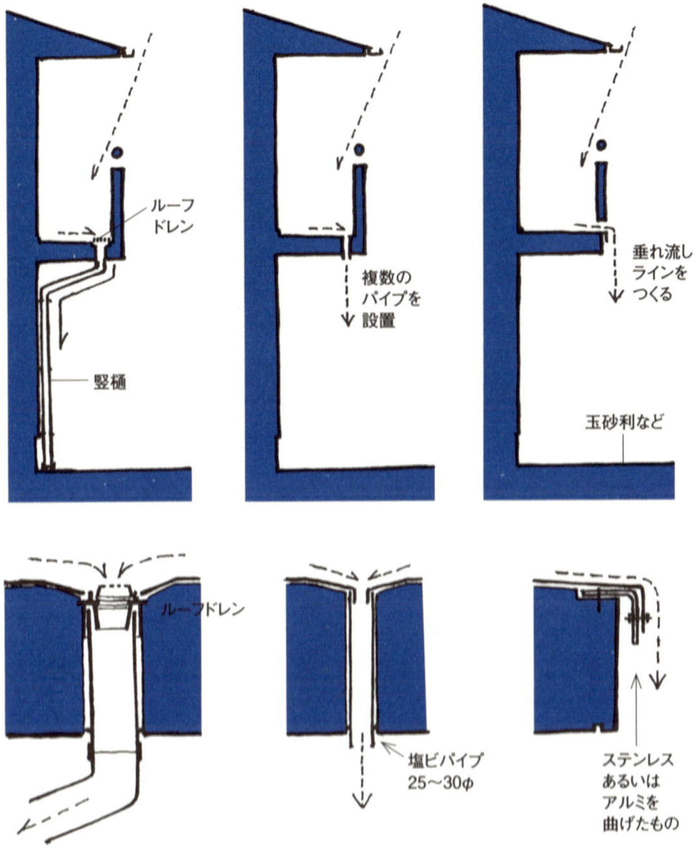

と、いうわけで…
屋根と軒の設計は、デザインの検討と同時に雨水をサッサと流す方法を考えていくのです

軒下

日傘のありがたさを知っているのは、ご婦人だけではありません。

日傘をさす女
Claude Monet

真夏のギラついた太陽から美しい肌を守るため、女性たちは日傘を差します。日傘は紫外線をカットするだけでなく、照りつける直射日光を遮断して小さな日陰をつくり出し、夏のさなかであってもわずかにそよぐ風を、心地よく感じさせてもくれます。

屋根は主に建物が雨に濡れるのを防ぐものですが、その延長にある軒《のき》は、同時に日照の調節を担う日傘の役目も果たします。照りつける太陽がまぶしい夏の日中でも、部屋のなかは意外と暗かったり、雪の降る寒い冬でも晴れた翌朝には部屋の奥まで日が差し込んできたり……。そんな一瞬に触れるたび、人は夏の日の高さ、冬の日の低さに驚き、軒のありがたさをしみじみ思うのです。

降っても晴れても、軒は静かに物言わず、私たち人間に自然のメカニズムを教えてくれています。

軒がもつ日照調節効果

軒は、日差しの高い夏は直射日光をカットし、日の位置が低い冬は弱い光を招き入れます。

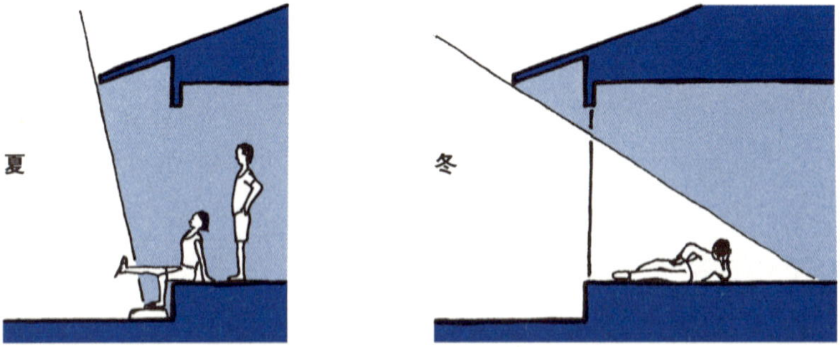

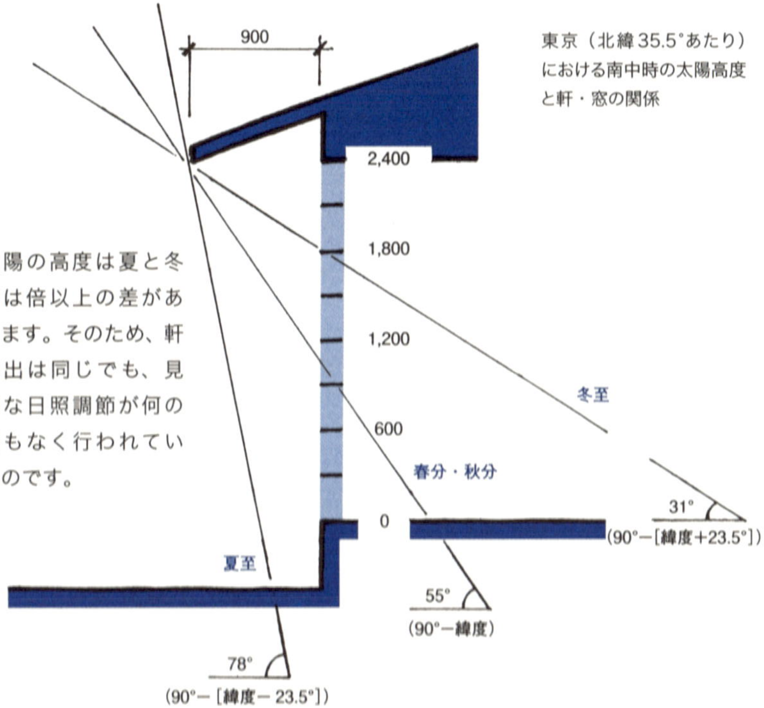

東京（北緯35.5°あたり）における南中時の太陽高度と軒・窓の関係

太陽の高度は夏と冬では倍以上の差があります。そのため、軒の出は同じでも、見事な日照調節が何の苦もなく行われているのです。

軒と独立柱がつくる「半外部空間」

伊藤家住宅（17〜18世紀）
川崎市立日本民家園内（神奈川県川崎市より移築）
いわずと知れた日本の農家の軒下

JOH（1966） 鈴木恂

鉄筋コンクリートの枠組みと、そこから後退させた木製建具との間に軒下空間がつくられています。

建具を全開にすると室内と軒下、さらに屋外までが一挙に連続します

軒下からの眺め

桂離宮古書院（17世紀）一の間の広縁

磵《かん》居（1965）堀口捨己

軒下には「独立柱」がよく似合います

人が集まる「軒下」

中山道の宿場「妻籠宿」の旅籠《はたご》
長野県南木曽町
ポーチとして機能する軒下

横浜元町商店街 神奈川県横浜市

1 階の店舗すべてがセットバックしたアーケード街

高田の雁木造（がんぎづくり） 新潟県上越市

連続した雪除けの回廊

Ospedale degli Innocenti（15 世紀） イタリア・フィレンツェ
フィリッポ・ブルネレスキ（Filippo Brunelleschi）

捨子保育院の広場に面したロッジア（柱廊）

人が集まる場所には「列柱」がよく似合います

奥深い軒下に、もっと光を！

深い（長い）軒はたいへん魅力的ですが、そのせいで室内が暗くなってはいけません。たとえばこんな解決法はどうでしょうか。

トップライトをつける

軒の上にトップライトを設けて室内に明るさを採り入れます

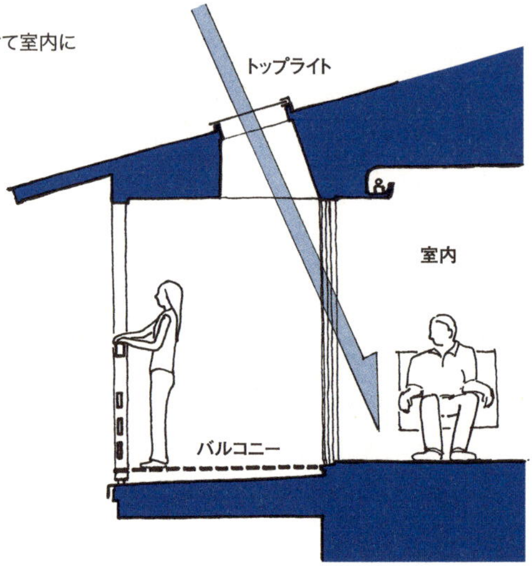

池をつくる

濡れ縁のすぐそばに池があるのは、こういうワケもあったのでしょう

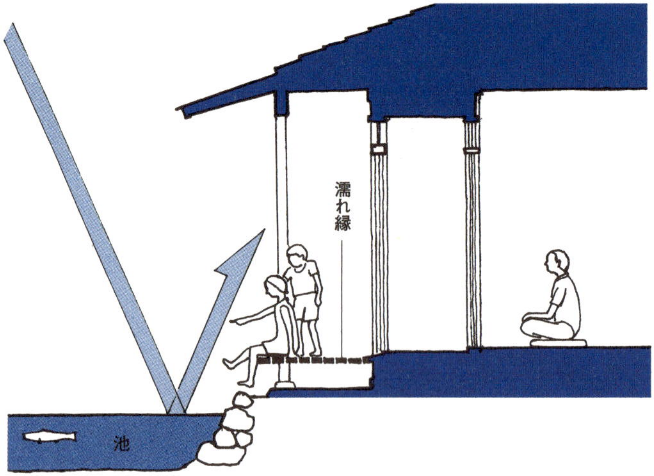

軒下という、もう1つの部屋

軒下空間がすばらしい建築を1つ挙げよと言われたら、私は迷わずこれを選びます。「成城学園体育会部室」(増沢洵)。住宅ではありませんが、若きスポーツマンたちの日常生活空間であることに違いはありません。

簡素な材料と計算しつくされた簡潔な断面が、
豊かな空間をつくっています。

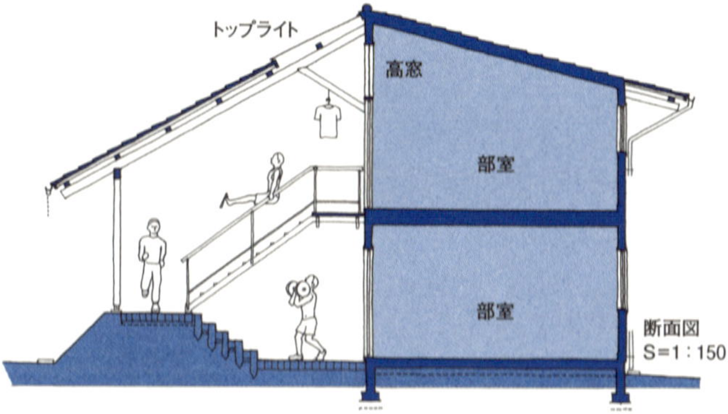

成城学園体育会部室(1965) 増沢洵
＊現在は建て替えられています

と、いうわけで…
軒下空間は無限の可能性を秘めており、設計次第でとても豊かな空間をつくり出すことができます

庇

窓の上には、どんな帽子をかぶらせますか。

屋根・軒と同じように、建物を雨や日射から守ってくれるのが庇《ひさし》です。屋根が傘だとすれば、庇はさしずめ帽子になるでしょうか。夏の外出時には欠かせない帽子ですが、ちょっとした小雨程度でも帽子さえかぶっていれば、雨除け効果は絶大です。

帽子もいろいろあるように、庇にもいろいろあります。種類、大きさ、形によって名称もさまざま。一階部分に連続して設ける屋根（軒）に似た形状のものは「下屋《げや》」、柱に支えられ土間を覆う庇は「土庇《どびさし》」、窓の真上に設ける小さな庇は「霧除《きりよ》け」あるいは「眉庇《まびさし》」とも呼ばれます。

なんとも味のある名前ばかりですが、なかでも眉庇はもともと武将が着用した兜の一部分に由来する用語で、額の上につけられた小さなつばをそう呼んだそうです。やはり、庇と帽子は昔から切っても切れない縁みたいですね。

庇は帽子と考える

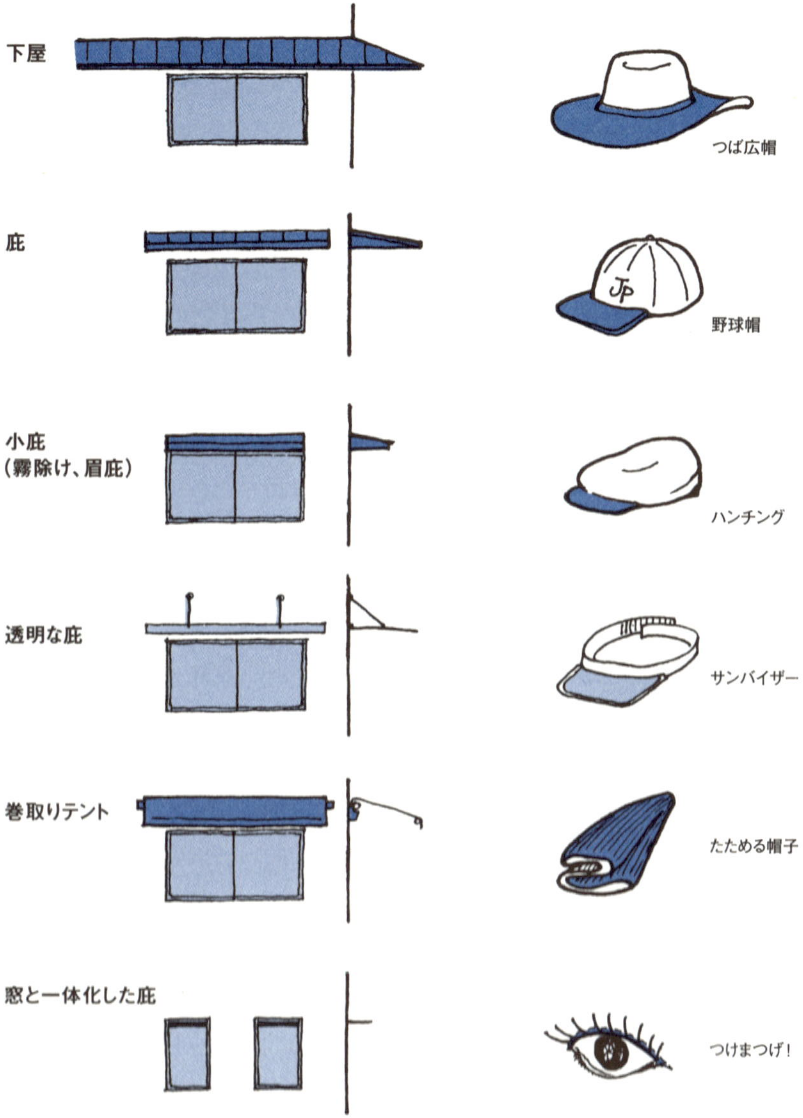
下屋
つば広帽
庇
野球帽
JP
小庇
（霧除け、眉庇）
ハンチング
透明な庇
サンバイザー
巻取りテント
たためる帽子
窓と一体化した庇
つけまつげ！

小さくても意外と働きます

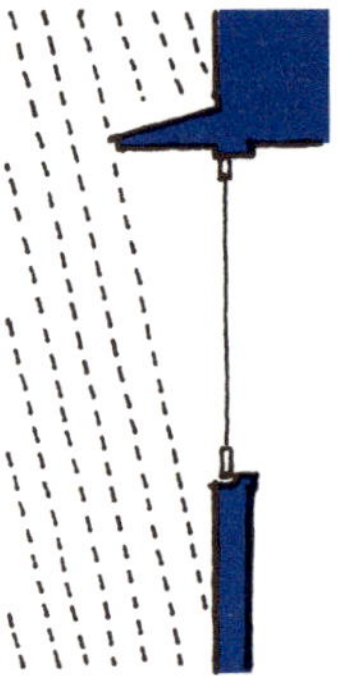

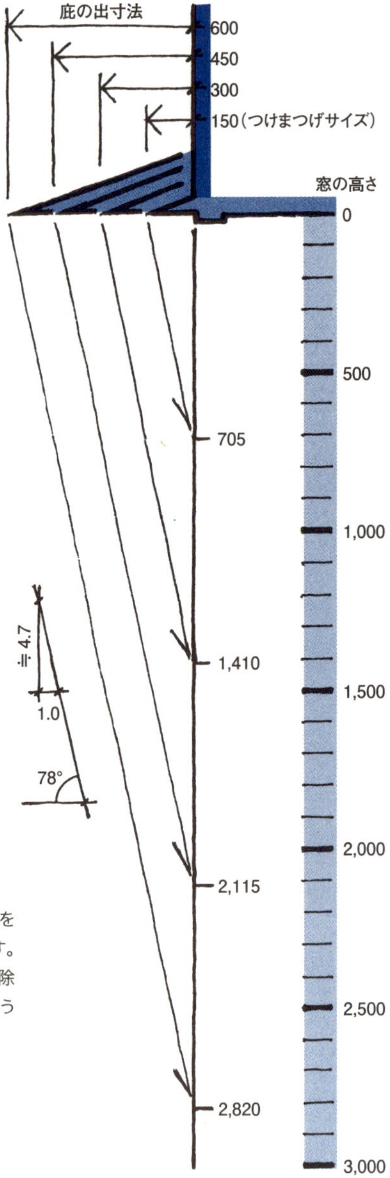

庇の効果

右図は東京における夏至・南中時の太陽高度と（「軒下」の項参照）、庇の出寸法の関係です。斜めの線は直射日光のライン（雨のラインと見ることもできます）。これによると、庇の出寸法が300㎜あれば直下の腰窓を、450㎜あれば直下の掃出窓を夏の日差しからほぼカバーできることが分かります。

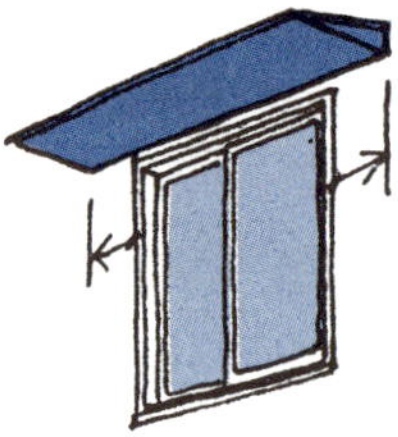

霧除け

ちなみに、こういう庇を「霧除け」といいます。窓の左右のつばを霧除けという場合もあるようです

庇の出し方、軒の出し方

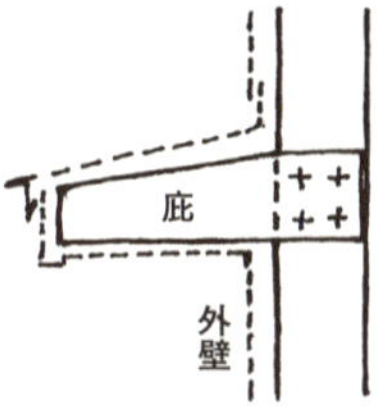

「壁から庇を出す」。簡単なようですが、具体的な方法についてはプロでも意外と知らない人が多いようです。左図は木造でいちばん簡単な「陸庇《ろくびさし》」。壁に直接留めつける工法ですが、これは見てのとおり出寸法に限界があります（長くなると垂れてきます）。ここで、下屋や庇、軒の工法をいくつか列挙してみましょう。

下屋、庇

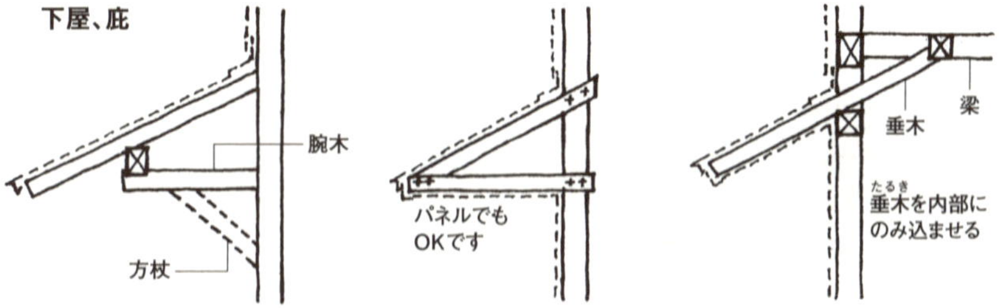

2段構え　　トラス状に組む　　天秤（やじろべえ）

軒（屋根）

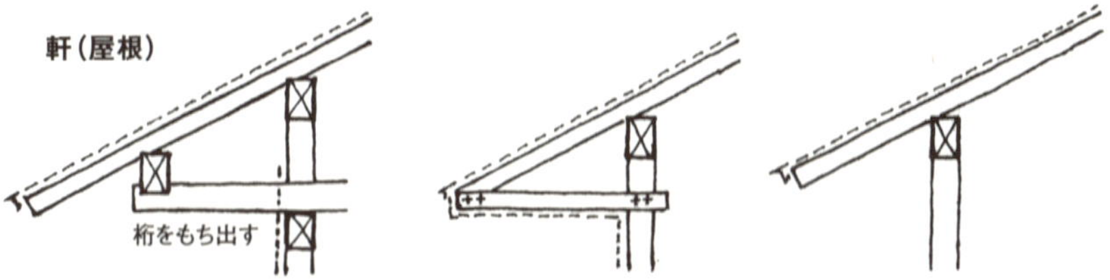

RC造の場合

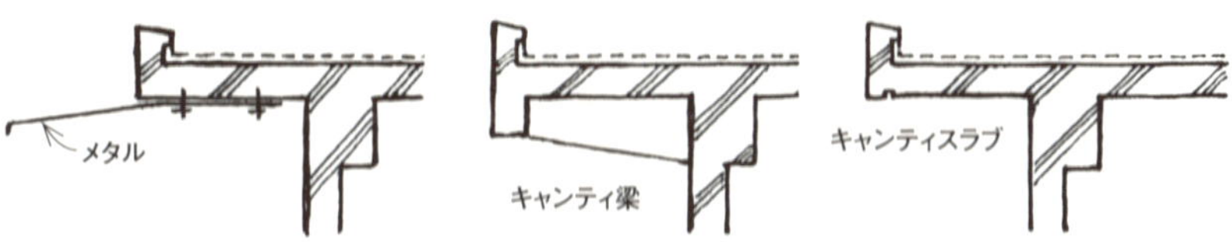

庇も軒も原理は同じ。もちろんRC造でも。

と、いうわけで…
窓の上には小さくても庇があるといいですね

壁と開口

壁に穴をあけるのか、穴を壁でふさぐのか。

壁をどんな材料で仕上げるか——建て主さんが大いにこだわるポイントの一つです。あるいは、窓をどこに取り付けるか。これもまた議論百出の打ち合わせとなります。でもその前に、建物にとって壁とは何か、窓とは何かについてあらためて考えてみませんか。なんとなく「窓は壁にあける穴」と思いがちですが、実はそうでもありません。実際の建物は、大きな窓（開口）を壁でふさいでつくるほうが、むしろ多かったりもするのです。

住宅の構造は使用する材料の違いから、木造、鉄骨造、鉄筋コンクリート造などに分けられますが、それとは別に「架構《かこう》形式」による分類もあります。①壁がメインの構造と、②柱と梁がメインの構造の二種類。どちらの形式を採用するかによって、壁と窓の関係も大きく変わってきます。

仕上げの話はその後でするとしましょう。

脊椎動物と甲殻類

生物にはさまざまな種類が存在しますが、人間や恐竜のような脊椎動物とカニやエビのような甲殻類とでは、その成り立ちはまったく対照的です。

T − REX（脊椎動物）

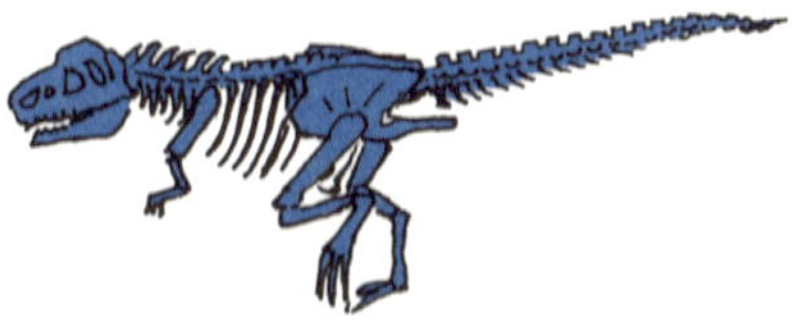

花咲ガニ（甲殻類）

パイプフレームの車体

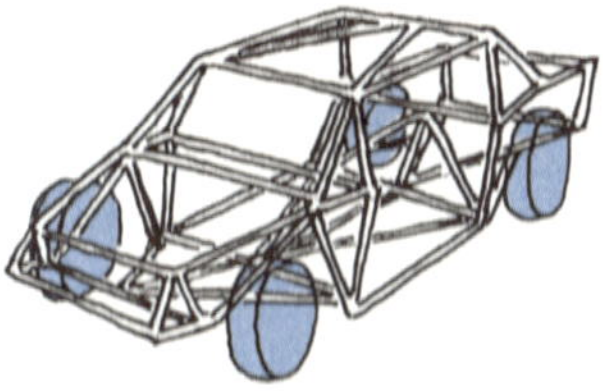

モノコックの車体

骨か殻か

自動車の車体にもパイプフレームとモノコックの２種類がありますが、これらも同じように、骨格の周りに外皮があるか、身体を覆う殻自体が外皮なのかというふうに分類できます。

どうあける？　どうふさぐ？

住宅の構造も、自動車でいうところのパイプフレーム的な構造と、モノコック的な構造の２種類に分けられます。

柱と梁がメインの構造

もともとの構造体はフレーム（柱と梁）。その隙間のどこをどのくらいふさいで壁にするか、という順序で建物を考えていく

壁がメインの構造

もともとの構造体は箱状の壁。その壁のどこにどのくらいの穴をあけて開口（窓）とするか、という順序で建物を考えていく

木造

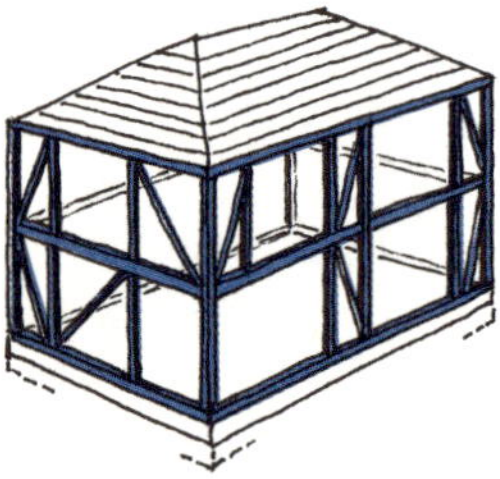

在来軸組構法

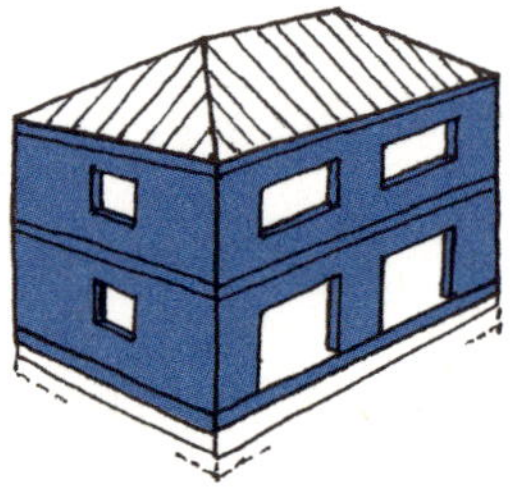

枠組壁工法（ツーバイフォーなど）

RC造

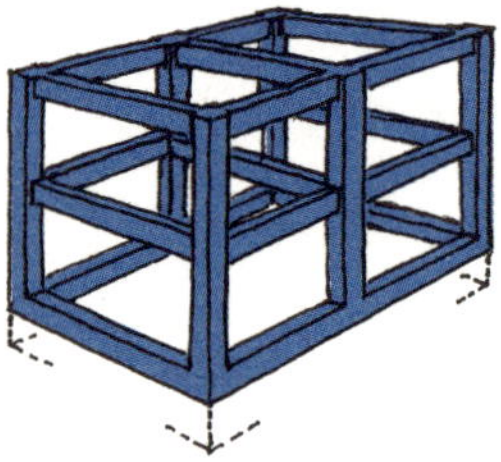

ラーメン構造

壁式構造

ふさぐ！

壁は耐震要素としても必要になります

あける！

窓なしでは暮らせません

このように構造や構法の違いは、壁と開口（窓）のあり方に根本的に関わってきます。

構造は外観にも現れる

建築の歴史は重力へ挑戦した歴史でもありました。アーチの発明や、堅牢かつ軽量な架構の開発など、建物の姿自体がそれを物語っています。

パルテノン神殿
(前5世紀)

コロッセオ
(1世紀)

法隆寺・大講堂
(10世紀)

ル・トロネ修道院
(12世紀頃)

桂離宮・楽器の間
(17世紀)

パラッツォ・メディチ
(15世紀)

日本の農家

南仏の農家

カサ・デル・ファッショ
(1936)
ジュゼッペ・テラーニ
(Giuseppe Terraghi)

ヴィラ・ミュラー
(1930)
アドルフ・ロース
(Adolf Loos)

最小限住居 (1951)
増沢洵

斉藤助教授の家 (1952)
清家清

ヴィラ・クゥクゥ (1957)
吉阪隆正

住吉の長屋 (1976)
安藤忠雄

と、いうわけで…

壁と開口(窓)をデザインするためには、同時に構造や構法もセットで考えておかなければなりません

開口部

あなたの前には、七つの窓があいています。

窓

窓やドア、換気口に点検口、住宅の壁には内外問わずさまざまな穴があいています。建築用語では、これらを総称して「開口部」といいます。開口部の代表選手といえば窓ですが、窓といってもサイズ、タイプなどにより種類はいくつにも分けられます。開き窓、引違い窓、はめ殺し窓……これはタイプ。透明ガラス、半透明ガラス、防犯ガラス……これはガラスの種類。細分化していくとキリがありません。さらにドアならば、開き戸、引戸、折れ戸、ガラス戸……これくらいにしておきましょう。

俗に「開口部が設計できれば一人前」と言われますが、その第一歩は窓やドアの種類をたくさん覚えることではありません。「そもそも、その開口部は何のために必要なのか」を整理することが重要になるのです。結果、私たちの前には〝七つの窓〟と〝八つのドア〟が現れます。

4つの目的

開口部は何のためにあるのか、あらためて整理してみましょう。
そもそも、開口部の目的とは何でしょうか…

通行
まず、あなた自身が
「通りたい」。
ごもっともです

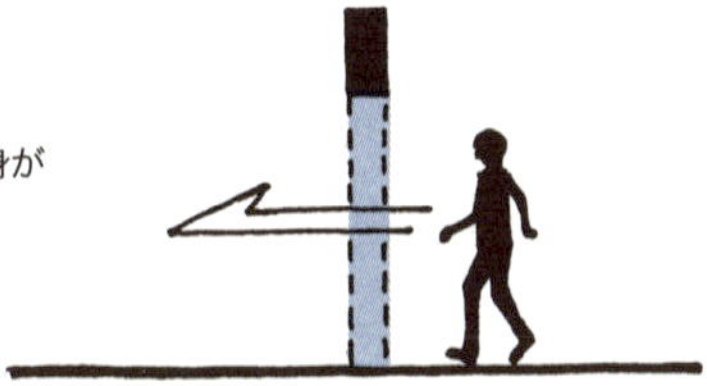

視認
窓の外を
「見たい」
「眺めたい」
「確かめたい」。
いいですね

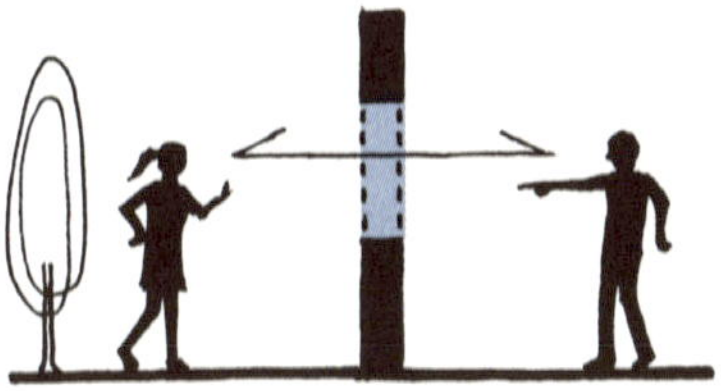

採光
太陽の
「明るさ」が
ほしい。
そうですよね

通風
「風を通したい」
「外の音を聴きたい」。
そんなときも
あるでしょう

何を通すか

ここにあげた4つの目的はすべて「何を通すか」です。このうちのどれに「通過の許可」を与えるか、それを選択し組み合わせることが、さまざまな開口部をかたちづくる第一歩になるのです。

7つの窓

ここでは具体的に窓について考えてみましょう(「通行」を担当するドアや引戸は後述します)。窓の目的は「視認」「採光」「通風」の3つです。これらを組み合わせると全部で8種類のモードができあがります。ただし、モードHはただの壁になるのでこれを除外すると、結局窓には7つのモードがあると分かります。

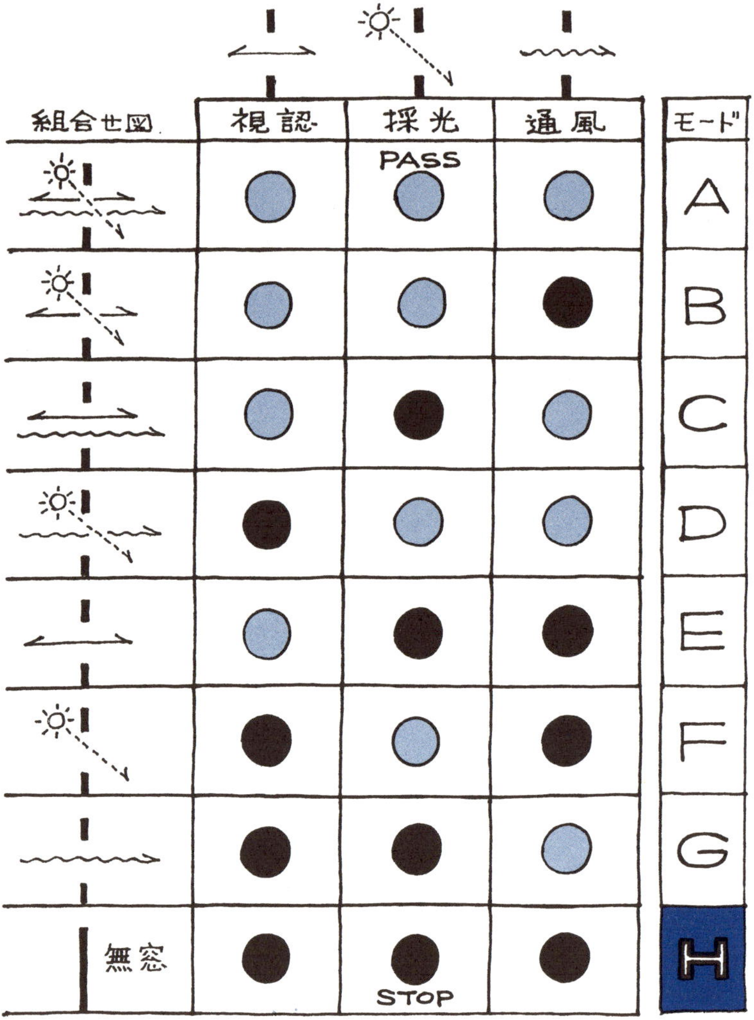

いろいろあるけど、やっぱり窓は７種類

「視認」「採光」「通風」を実現する窓の形や性質を考えていくと、それらは「位置」「透過性」「開閉の可否」の３要素に置き換えることができそうだと気づきます。この３要素を選択すると、７つのモードが具体化され、さまざまな窓が浮かび上がってます。

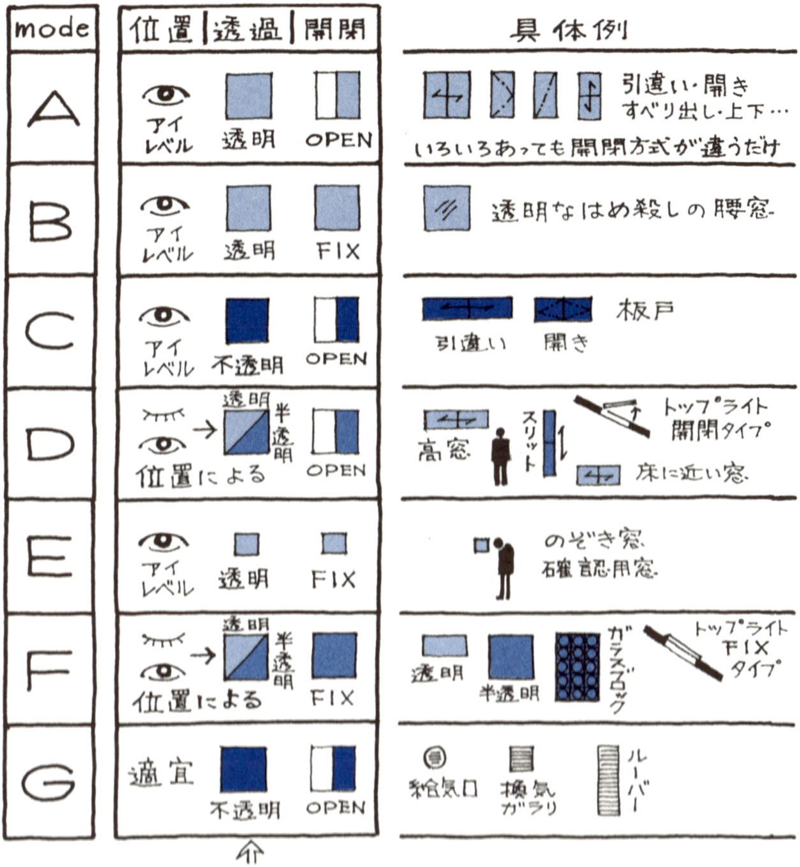

mode	位置	透過	開閉	具体例
A	アイレベル	透明	OPEN	引違い・開き・すべり出し・上下… いろいろあっても開閉方式が違うだけ
B	アイレベル	透明	FIX	透明なはめ殺しの腰窓
C	アイレベル	不透明	OPEN	引違い・開き・板戸
D	位置による	透明→半透明	OPEN	高窓・スリット・トップライト開閉タイプ・床に近い窓
E	アイレベル	透明	FIX	のぞき窓・確認用窓
F	位置による	透明→半透明	FIX	透明・半透明・ガラスブロック・トップライトFIXタイプ
G	適宜	不透明	OPEN	給気口・換気ガラリ・ルーバー

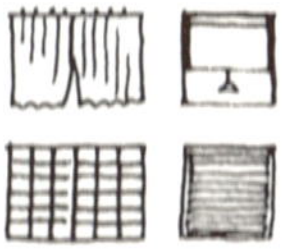

カーテン、ブラインド、障子は透過性を可変する装置です

窓の目的を整理できれば、自分が取り付けたい窓について混乱することはなくなります。「何を通すか」は、「何を通さないか」と同じなのです。

8つのドア

次はドアです。ドアは開けた瞬間に何もかも通してしまいます。そのためドアのモードは、閉めた状態のドアに、窓のモードを組み込んで具体化していきます。ドアには「ただのドア」というHモードもあるので8種類です。

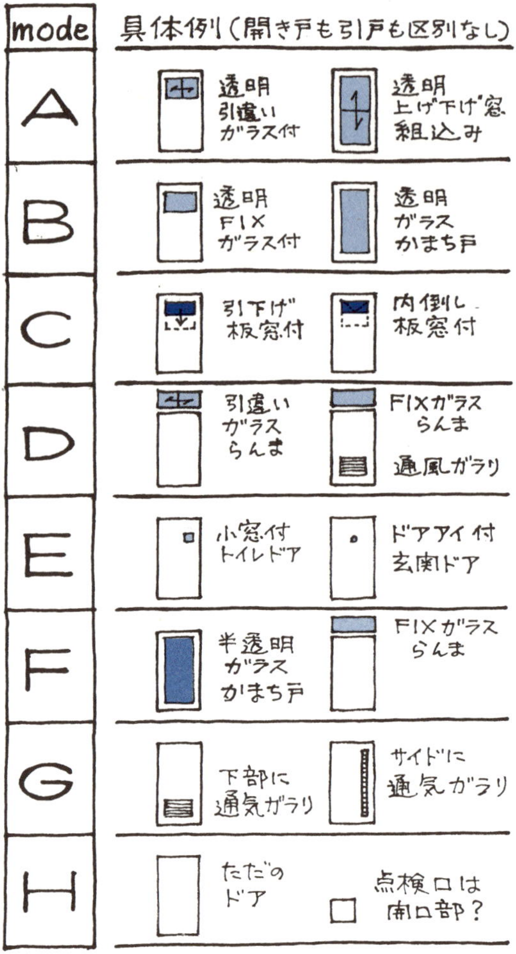

mode	具体例（開き戸も引戸も区別なし）	
A	透明引違いガラス付	透明上げ下げ窓組込み
B	透明FIXガラス付	透明ガラスかまち戸
C	引下げ板窓付	内倒し板窓付
D	引違いガラスらんま	FIXガラスらんま／通風ガラリ
E	小窓付トイレドア	ドアアイ付玄関ドア
F	半透明ガラスかまち戸	FIXガラスらんま
G	下部に通気ガラリ	サイドに通気ガラリ
H	ただのドア	点検口は南口部？

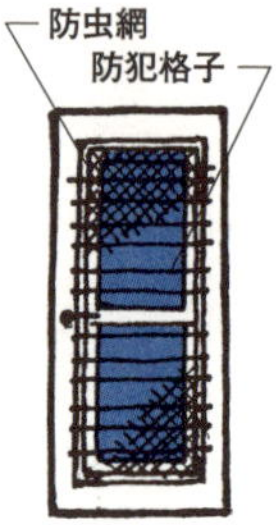

[外側]

勝手口ドア

最近はドアの既製品にもいろいろなものが出ていて、たとえば「勝手口ドア」なるものも登場しています

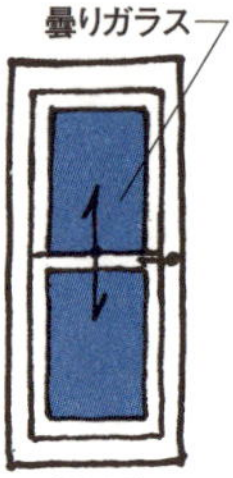

［内側］ 曇りガラス

[内側]

コイツはなかなかのスグレモノです。ドアの中に上げ下げ窓が組み込まれているので、ドアを閉めてカギをかけていても通風だけは確保できるのです

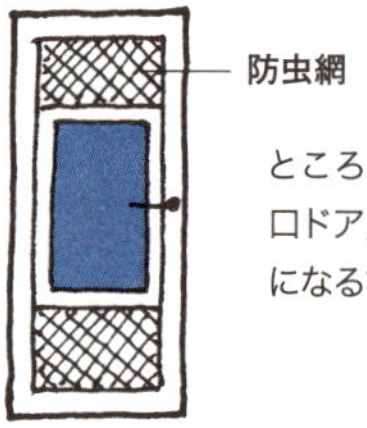

[上げ下げ窓を開けた状態]

ところで、この「勝手口ドア」。モードはどれになるでしょうか?

モードを組み合わせる

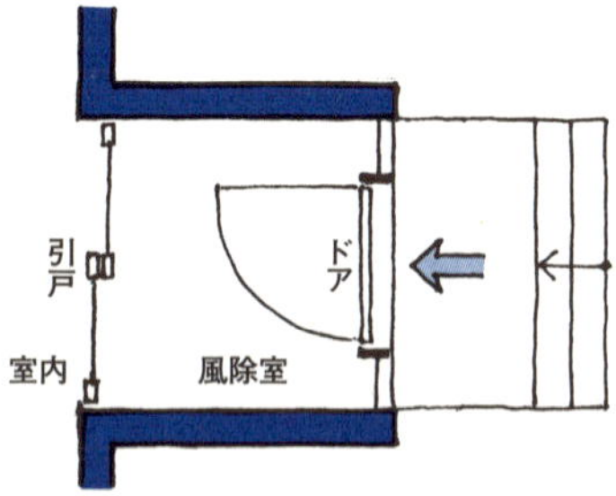

風除室という工夫

「ドアは開けた瞬間に何もかも通してしまう」と言いましたが、それでは困る場合があります。たとえば、寒冷地の出入口。玄関ドアを開けたとたんに外の冷たい空気が室内に流れ込むのはイヤですよね。そこで設けるのが「風除室」。2つのドアを組み合わせ、開閉の時間差で室内に冷気が流入するのを防ぎます。

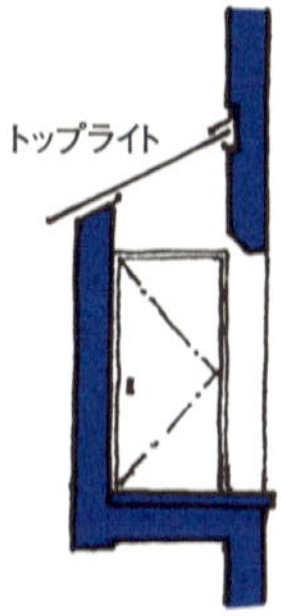

［断面図］

ひとクセある出窓

建築家なら一度はつくったことがある、あるいはつくってみたいと思っているのが、この出窓です。道路や隣地に近い部屋の窓は、外から「見られる」ことに気を使います。そこでこの出窓は、「採光」を小さなトップライトに、「通風」を両側の開き窓にまかせ、外からは「視認」されないようにしているのです。「シーランチ（Sea Ranch Condominium）」の設計などで有名なチャールズ・ムーア（Charles Willard Moore）が、このタイプの出窓を流行らせたハシリでしょうか。

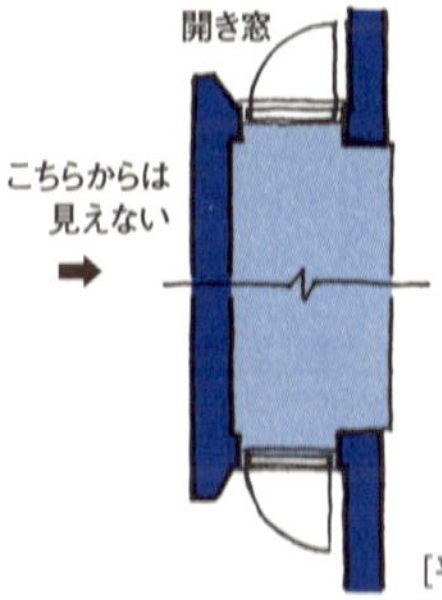

［平面図］

と、いうわけで…
開口部の設計は、「何を通すか」ではなく「何を通したくないか」をもとに考えると、すっきりして整理しやすくなります

断熱・通気

行くべきか、とどまるべきか、空気はいつも迷っている。

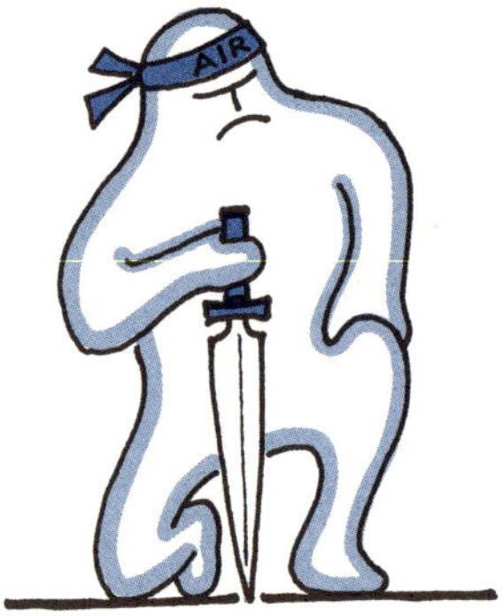

壁といえば、忘れてならないのが「断熱」です。断熱とは、住宅の内外間で起こる熱の移動を防ぎ、室内の温度をできるだけ一定に保つための工夫です。

今日の住宅では、外部に面する壁に断熱材を使用するのがほぼ常識となりました。と同時に、住宅用断熱材の種類は、その歴史こそ浅いものの、いまや星の数ほど増えています。いわゆる「内断熱・外断熱論争」や、壁内結露防止策の検討など、断熱材をめぐる話題も常に事欠きません。断熱材そのものの性能・性質だけでなく、外壁の防水性・耐久性をも含めた提案も百家争鳴。「いっそ、断熱材なんてなければいいのに……」と思ったりもするくらい。

ことほどさように複雑な断熱事情ですが、そんなときこそ基本に立ち返りたいものです。そもそも断熱の「熱」とは何なのでしょうか。

気体は期待されている

熱とは何か？

熱とは移動するものです。あっちからこっちへ、リレーのように運ばれていきます。ただし、バトンはありません。熱はモノではないのです。

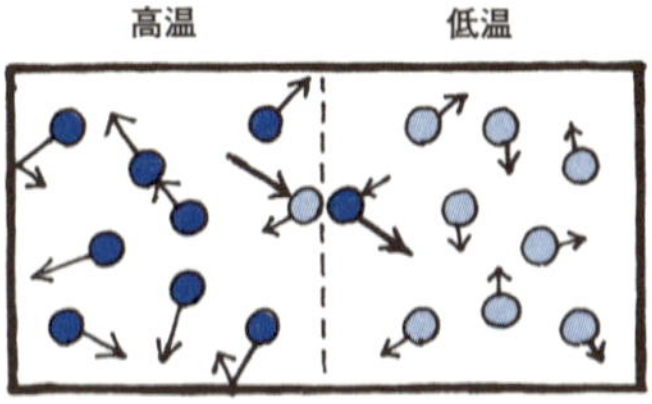

熱とは、物質を構成する分子の「状態」をいいます。分子が激しく運動したり振動したりすれば高温。おとなしくしていれば低温です。

激しく動き回る分子はおとなしい分子にぶつかって、次々とその勢いを伝えていきます。これが「熱の移動」です。

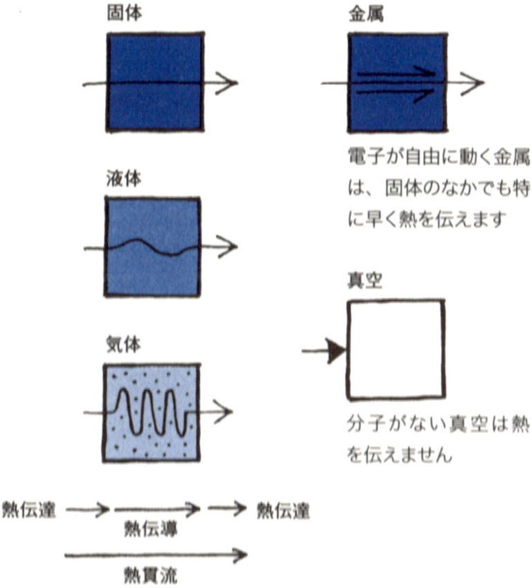

電子が自由に動く金属は、固体のなかでも特に早く熱を伝えます

分子がない真空は熱を伝えません

断熱材＝気体

ということは、分子間の距離が小さい（密集している）ほど熱は早く伝わり、大きい（閑散としている）ほど遅く伝わります。物質の三態で比べると、固体は分子間距離が小さく、気体は大きい。空気をはじめとする気体が「断熱材」として使われるのはこのためです（断熱とは熱の遮断ではなく熱の移動を遅くすることです、念のため）。

気体は待機させられる

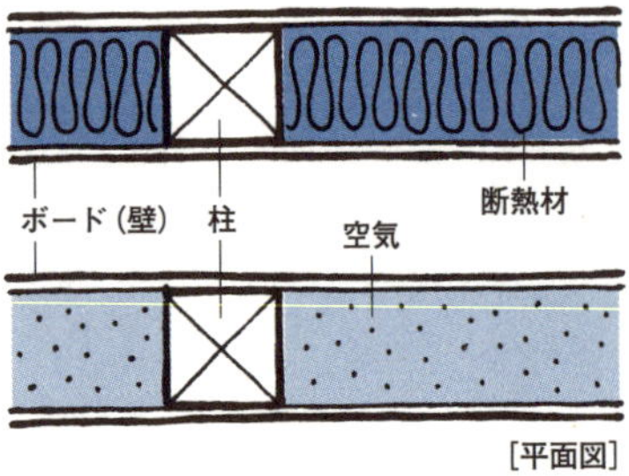

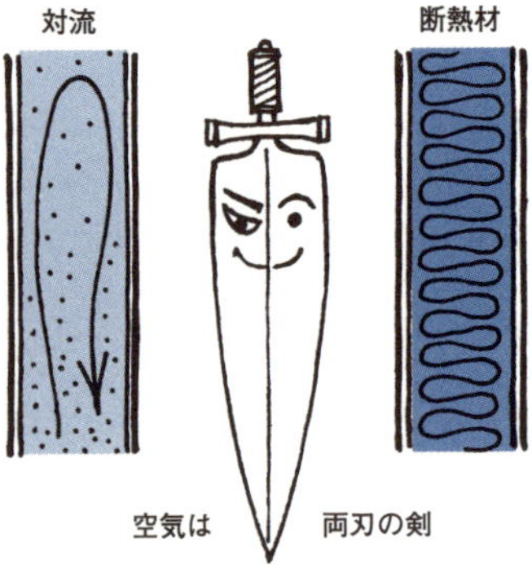

木造住宅の壁の中には、一般に、ガラス繊維を綿状にしたグラスウールと呼ばれる断熱材を入れます。それはなぜかと人に問うと、多くは「壁の中に空気層をつくるため」と答えます。
けれど、「断熱材を入れる前から、壁の中には空気が入っているではないか」と言うと、みんな返答に詰まります。

気体を動かさないこと

壁の中に断熱材を入れるのは、「空気を動かさない（対流させない）ため」です。自由に動ける気体は、「対流」を起こしてセッセと熱を運んでしまいます。断熱材の役目は「気体を動かさないこと」です。

空気を拘束する材料

グラスウールだけではありません。空気を拘束する断熱材にはさまざまな種類があります。各性能は拘束力の強さに左右されますが、どれを使用するかは、施工のしやすさや価格なども含めて決めていきます。

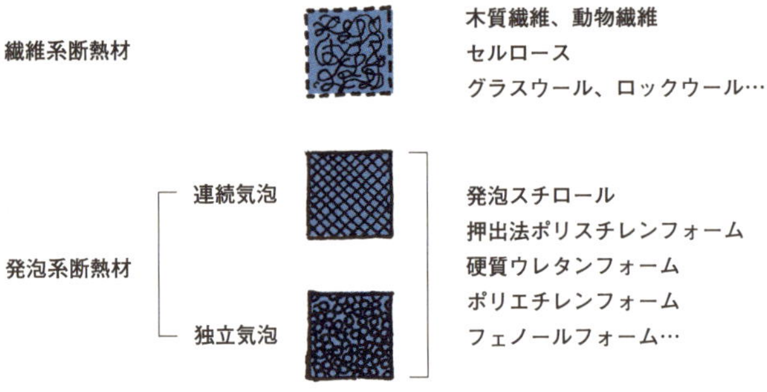

独立気泡タイプの多くは、空気ではなくガスを封印しています。また、
気泡には「連続」と「独立」の両方が混合された製品もあります

壁の中

現在、木造住宅の外壁の多くは、その内部を以下のような構成としています。

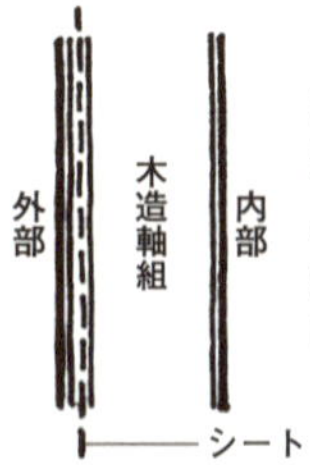

シートを挟む
柱・梁（軸組）と外壁との間に、防水性と透湿性を兼ね備えたシートを挟みます

これは、雨などの水は通さないが汗（水蒸気）は逃がす素材でつくられたアウトドア用のジャケットに似ています

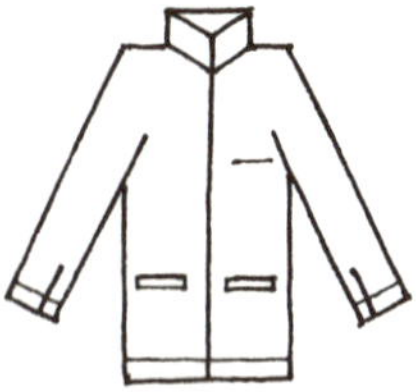

断熱材を充填する
壁の中に断熱材を入れます（充填断熱の場合）

これは、ジャケットの下にセーターを着るようなものです

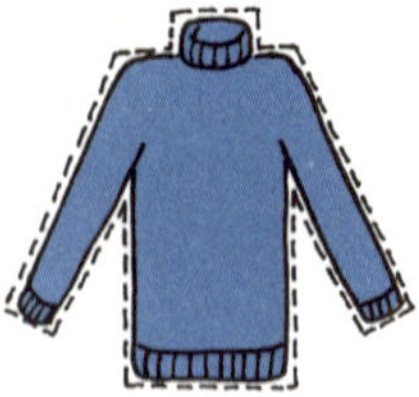

結露しないように
ただし、住宅の中と外の温度が違いすぎると結露が発生して、断熱材の中がビチャビチャになってしまいます

セーターの中でかいた汗が外部に放湿しきれないようなもの

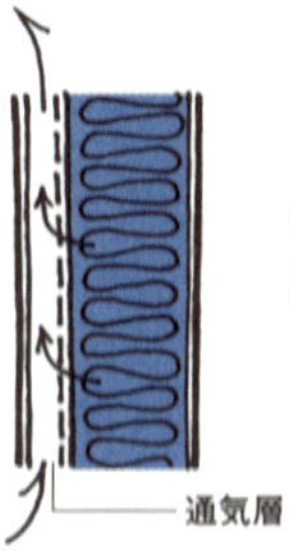

そこで、壁の外に通気層をとります

セーターは脱がないけれど、コートをゆるめて風を通す

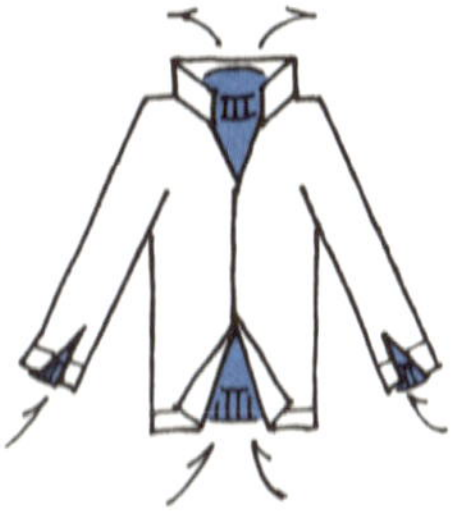

簡単に言えばこんな感じですが、外壁、通気層、断熱材、内壁の順序や構成の仕方は、議論百出で一筋縄ではいきません。一度は空気に「動くな！」と言っておきながら、やっぱり「ちょっとは動いてね」と言っているようなものなのですから…

コンクリートの断熱

もちろん、鉄筋コンクリートの建物だって断熱をします。

「一定以上の厚さがあれば、コンクリートにもそこそこの断熱性能があるんだ」という人がいますが…

25㎜厚の押出法ポリスチレンフォームや、15〜20㎜厚の硬質ウレタンフォームに相当するコンクリートの厚さを、熱貫流率で単純比較すると…

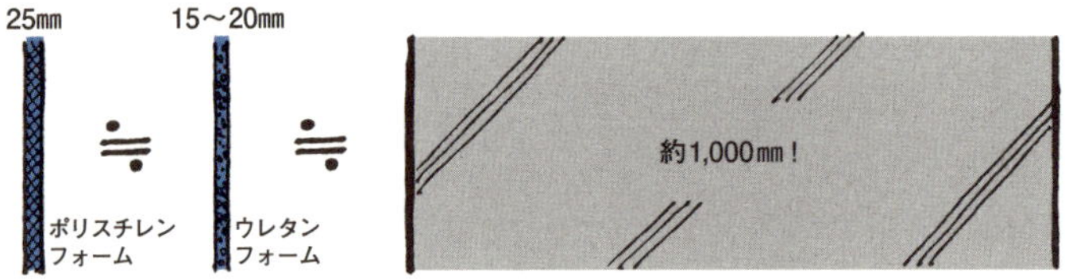

やはりコンクリートも、断熱材とセットで考える必要があるようです。コンクリートは蓄熱するので、いったん温まればその後はずっと暖かいといわれますが、それは言い換えれば、温めるのに時間がかかるということです。

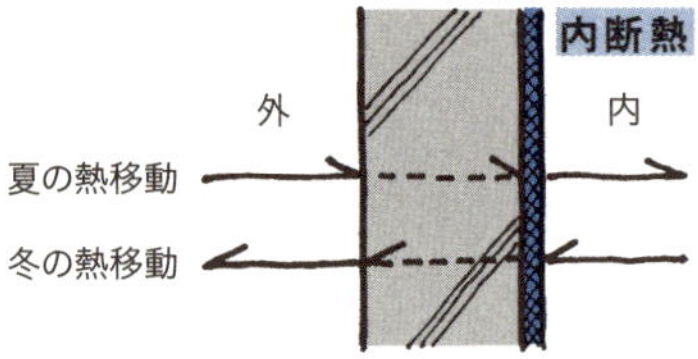

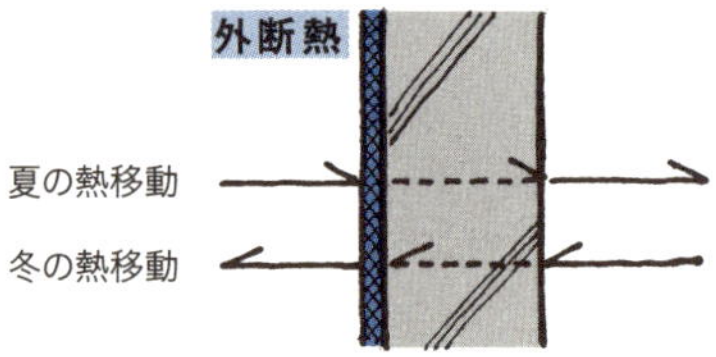

内断熱か外断熱か

このとき、断熱材を内側に入れるか外側に入れるかですが、熱の移動方向を夏と冬で比較してみると、どちらも実質的には同じ図になります。したがって、壁自体の熱貫流という意味においては、内断熱・外断熱の差を論ずる意味は特にありません。

内断熱・外断熱は一長一短

両者の差が出るのは、外壁と内壁、あるいは外壁と床スラブなどの交点においてです。内断熱は、この部分で断熱材の連続性が途切れてしまうので、ここから熱が移動してしまいます。

内断熱

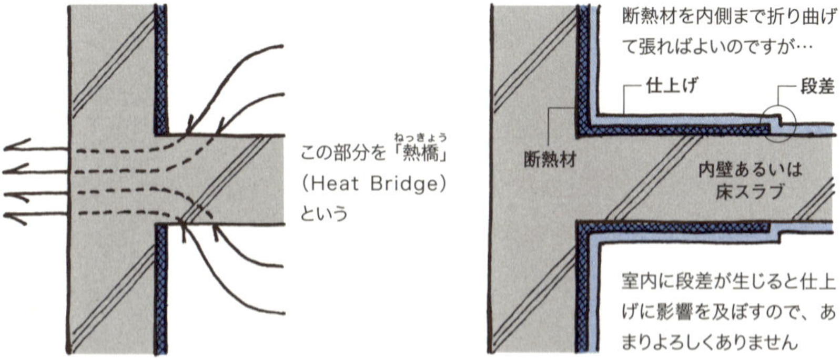
この部分を「熱橋《ねっきょう》」
(Heat Bridge)
という
断熱材を内側まで折り曲げて張ればよいのですが…
仕上げ
段差
断熱材
内壁あるいは床スラブ
室内に段差が生じると仕上げに影響を及ぼすので、あまりよろしくありません

その点、外断熱ならその心配はない

外断熱

ただし、断熱材が濡れないように風雨から保護してあげる必要があります
そうなると…
外壁の外側が２重３重に構成されて…。コストと耐久性がちょっと心配

室内の熱損失（ヒートロス）は、壁からよりも開口部からのほうがずっと大きい場合も少なくありません。あまり壁の断熱性能ばかりに執着していると「木を見て森を見ず」になりかねませんよ。

と、いうわけで…

木造、RC造を問わず、断熱の方法はそのメリット・デメリットの両方を勘案しておく必要があります

風通し

野暮だねぇ、エアコンで風鈴を鳴らすのかい。

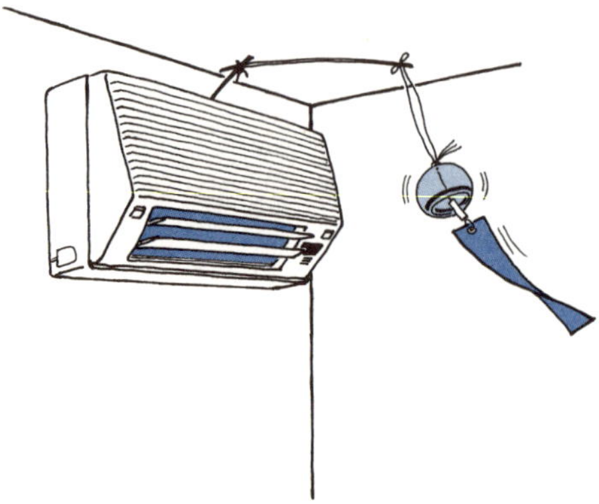

チリンチリーン。どこからともなく聞こえてくる風鈴の音——。夏の日中、わずかにそよいだ風が小さなガラスを触れ合わせるとき、私たちの心は涼やかに癒されます。軒先から流れ込む自然の微風がそっと肌をなでていく刹那は、ともすれば現代における最高の贅沢かもしれません。なにしろ、いまどきの住宅を流れている風は、窓を閉めきった室内で運転しているエアコンの風なのですから……。

人間が暑い・寒いと感じる温度のことを「体感温度」といいます。これは、室温だけでなく、湿度、気流、輻射、着衣などさまざまな要素が影響します。なかでも、湿度と気流の風速が大きく影響しますが、住宅のなかでこの二つの調整を引き受けているのが、「風通し」です。「室内に風を通す」。これも大切な設計項目の一つなのです。

風通しは換気を満たしてあまりある

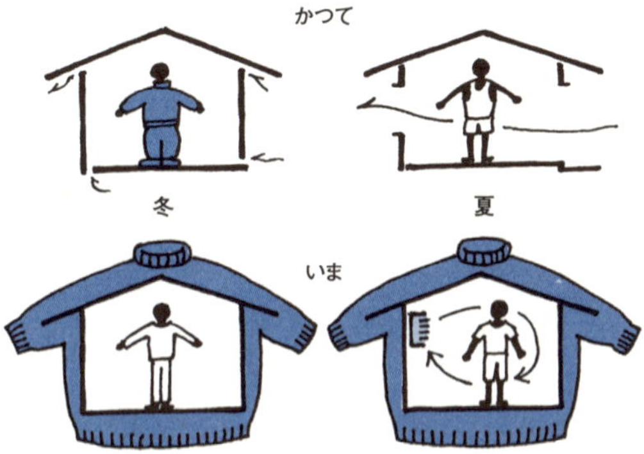

世の中に断熱材などなかった時代。スキマ風が寒い冬場は部屋の中でも厚着をして耐え忍んでいました。逆に夏場は、窓を開け放って涼をとる「住まいは夏を旨とすべし」のスタイルでした。

ひるがえって現代。家は一年中、断熱材というセーターを着ています

人工的な換気

数年前、高気密・高断熱を謳った住宅で、密閉された室内における環境汚染が問題になりました。そこでつくられたのが、通称「シックハウス法」（2003 年施行）です。これにより、有害物質を発散する建材の規制とともに 24 時間の機械換気が義務づけられました（スキマ風を人工的に起こすようなものです）。おかげで有害な建材はほとんど姿を消しました。けれど、24 時間機械換気はそのまま残っています

換気機械の使い分け3種

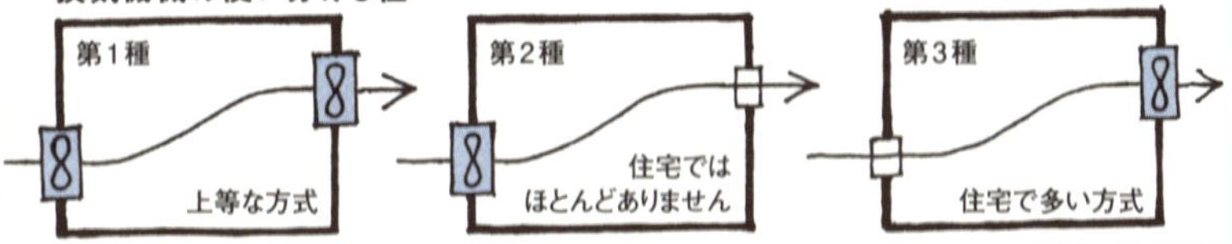

風通しは本能

建築基準法は、もともと居室の自然な換気を義務づけていました（開放可能な開口部≧居室の床面積×1／20）もっとも、いちいち言われなくても私たちは本能的に「風通し」を求めていたものです。

風通しは人体と室内の結露対策

身体の表面から水分が蒸発すると気化熱が奪われて涼しさを感じます。しかし、湿度が高いとこれが妨げられるので、人は不快になります。水分が汗となってしたたれば、不快は怒りに転じるでしょう。このとき、住宅の室内でも低温部から同じ現象が始まっています。結露です。

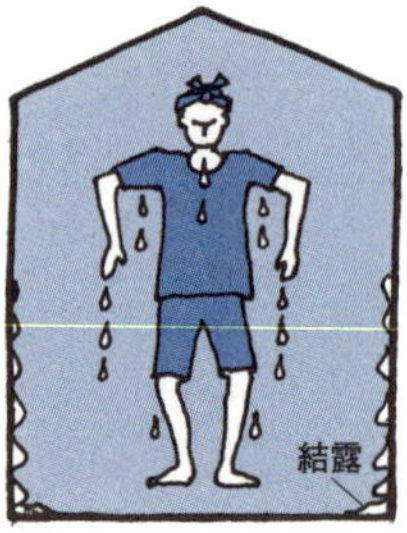

人口的な除湿

乾燥剤
吸湿剤

シリカゲルなどの多孔質物質

潮解性のある化合物（たとえば、塩は放置しておくとベトベトになる）

乾燥剤の守備範囲は押入れ程度の広さまでです

除湿機

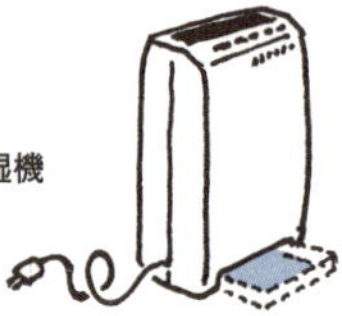

除湿機はエアコンの室外機と室内機を合体したようなもので、双方から出る温風と冷風を混合して吹き出します。差し引き、機器熱の分だけ室温は上昇します

ルーム
エアコンの
ドライモード

実はこれは「手の込んだ冷房」です。冷えないように再加熱したり、ゆっくり運転したり…。通常の冷房より電気代が節約されそうですが、必ずしもそうとは限りません

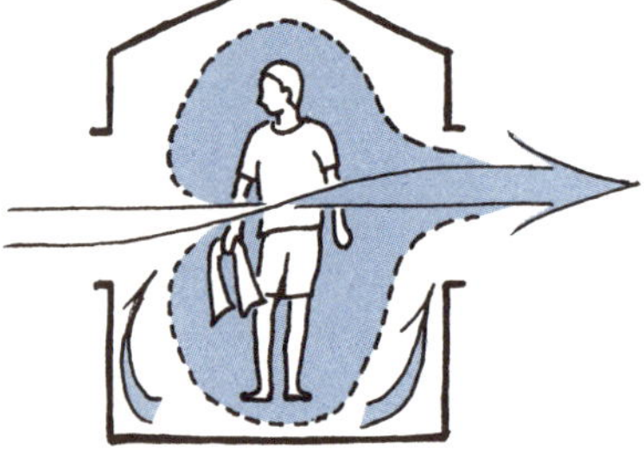

除湿（結露）にも風通し

除湿についても、風通しが効果的であることを私たちは経験的に知っています。また、室内の湿度はどこでも一定というわけではありません。湿度を均質化することができれば、それだけでもかなりの結露防止効果が見込めます。

室内の気流循環

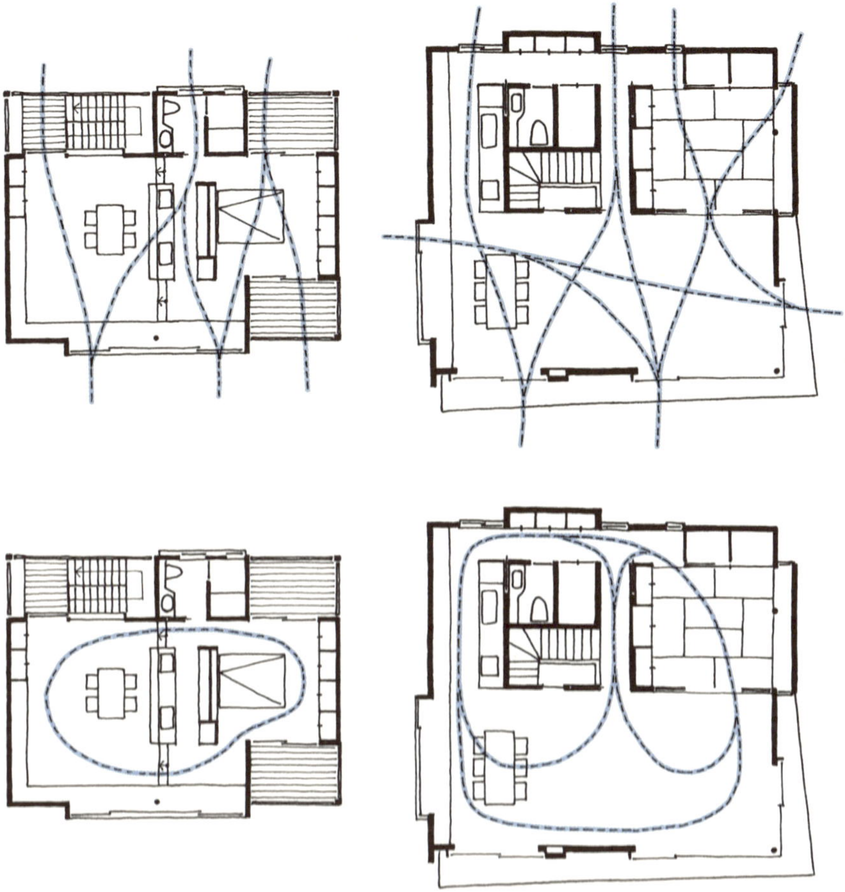

風通しは窓を開けなければ得られないかといえば、必ずしもそうとは限りません。密閉された室内でも気流は発生します。それは人間の動きと同じ。人と気流は同じルートを回るのです。

と、いうわけで…
住宅の平面を計画する際は、風の流れ方についても配慮しておきたいものです

音

吸ったり、遮《さえぎ》ったり、響かせたり。

住宅の音をめぐる問題はとてもデリケートです。目の前の道路や隣の家から発せられる音は、許容範囲を超えると騒音問題にまで発展します。反対に、わが方のオーディオや楽器を演奏する音が隣近所に漏れると、それもまた騒音として苦情の対象に。迷惑をかけたり・かけられたり、常に二つの危険性を秘めているのです。

「だったら、壁の防音性能をアップすれば？」と気安く言ってはいけません。音のコントロールは想像以上に難しいのです。そもそも防音とは、「吸音」と「遮音」を組み合わせたものです。吸音と遮音は違うので、「有孔板《ゆうこうばん》」を壁に張って吸音しても遮音はされず、音は外側へ通り抜けてしまいます。遮音には質量の大きい壁が必要になります。

なんだか、話がややこしいですね。分かりました。音の性質を、ボール投げにたとえてご説明いたしましょう。

音のボールを投げてみる

音の進み方や反応は「ボール投げ」にたとえられます。
たとえば…

吸音（完璧な）
海に向ってボールを投げます。二度と戻ってきません。これは完璧な「吸音」

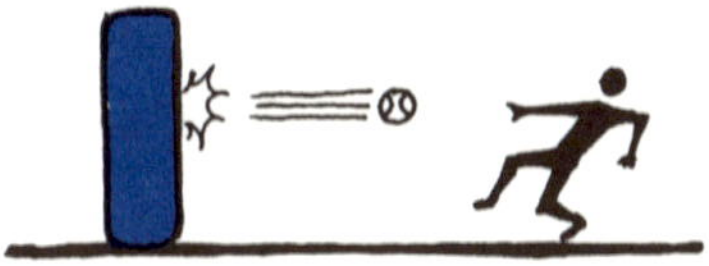

反射（強い）
硬くて重い壁にボールをぶつけると、そのままの勢いで跳ね返ってきます。「強い反射」にはお気をつけください

反射（弱い）
ヘナヘナの薄い板壁にボールをぶつけると、ポトンと落ちて転がりながら戻ります。「弱い反射」

吸音
柔らかくフワフワした壁にボールを投げると、ズボッとめり込んで戻ってきません。これも「吸音」

それは、こちらの話

壁と音の関係はおおよそこの４パターンです。ですが、これはボールを投げたあなた側だけに起こる影響に過ぎません。さらに、壁の向こう側のことも考えてみましょう。

防音＝遮音＋吸音

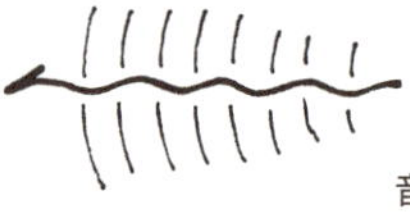

音とは空気の振動。
すなわち「波」です

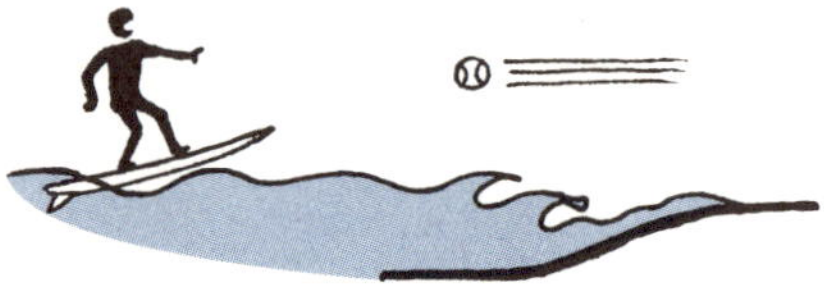

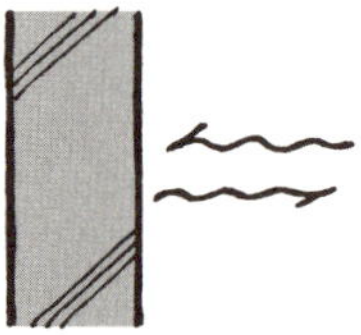

コンクリートのように質量の大きい壁には空気の振動が伝わりにくいので、音は「遮音」されます（音の質量則）。その代わり、音の跳ね返りも大きくなります

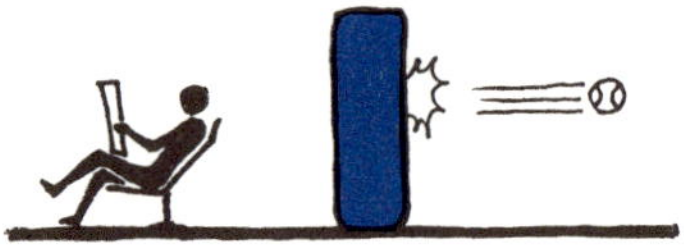

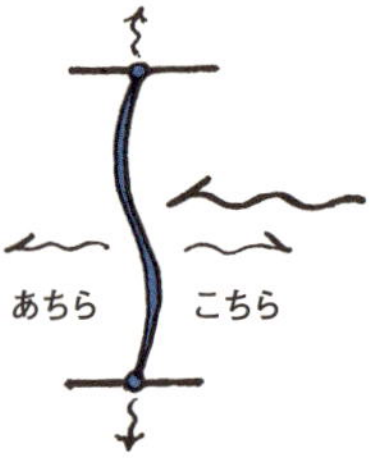

薄い板に伝わる振動の場合、主に低音は吸収（吸音）されますが、残りは再びこちら側とあちら側に進んでいきます

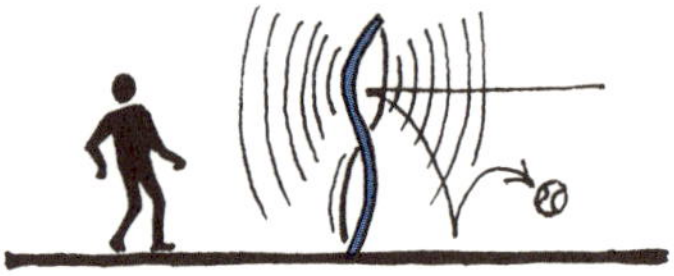

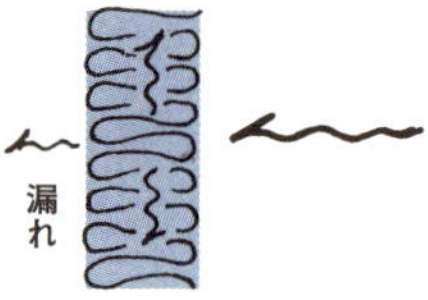

ある種の断熱材のような、連続気泡（多孔質）に伝わる振動は、主に中・高音が吸収（吸音）され、熱に変わります。かといって、あちら側に透過する音がなくなるかといえば、そうでもありません

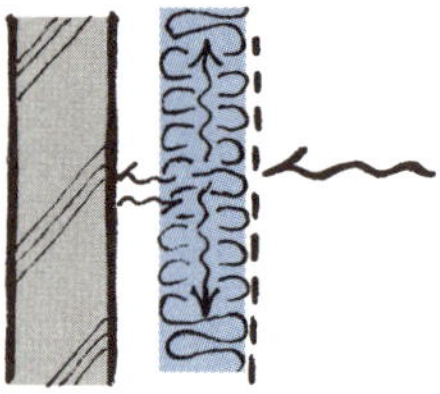

結局、遮音・吸音、どちらにも一長一短がありますので、住宅の防音を考えるときは遮音と吸音の両方を組み合わせることになります

いったん発生した音は消せません（エネルギー保存則）。音は、その方向やかたちを変えることでコントロールする以外にないのです。

適度な反射で音を活かす

味気ない音

家のなかで楽器を演奏したい。けれど近所迷惑はかけたくない。そこで壁に遮音と吸音の工夫を施すわけですが、これが極度に行き過ぎると音の「返り」が少なくなります。そして、楽器の音は味気ないものに…（音響実験用無響室）。

残る音

楽器の演奏やオーディオ機器の再生には適度な反射音が合成された「残響」が必要です。そのために壁の種類や仕上材を調整したものが「音楽室」。概して、弦楽器は残響をほしがりますが…

鍵盤楽器や声楽は、それほど残響をほしがりません。そのため、カーテンなどでさらに微調整を繰り返します。…音のコントロールはとても難しい作業なのです。

と、いうわけで…

防音計画が必要なときは、まず「何のために必要なのか」を確認しておかなければなりません

COLUMN

4 方針・決心・変心

「まず、コンセプトを決めなさい」

学生に設計課題を出題した直後のセンセイの常套句だ。まずこれで学生は面食らう。「方針を決めなさい」ならまだ分かるのだが……。そもそも、[concept]とは「概念」という意味だ。勘違いしている人が多いが、コンセプトを「まず決めろ」というのは、プロセスの本末転倒。概念とは全体が出来上がって初めて浮かび上がるものである。

センセイは、本当ならこう言いたかった。方針さえ決まれば計画とその具体化の決定に迷いがなくなる。すると作業は水が流れるように進む。さあ、全力投球せよ。もし作業が思うように進まなければ、それは君が最初にしっかりとした方針を策定しなかったせいである——と。

……いや違う、と私は思う。方針など決めるから余計に進まなくなるのだ。

君の行く手に次々と現れる分かれ道。右にも左にも行ってみたい。両方とも行けば股が裂ける。だけど、設計やデザインは実際のところ、「創造的行為」である以前に「捨てる決心」である。何かを成就させるために、別の何かを潔くあきらめなければならない。CUT＆GET。ただ、それは容易なことではなかろう。未練があるからだ。未練のなかで一番深いのが「方針の堅持」である。せっかく決めた方針を覆すのは忍びない。だが、それも含めてのCUT＆GETだ。そのためには、変心したって一向に構わない。設計とは、進展を確認しながら変転していくものなのである。

学生諸君！　心配しなくてもいい。コンセプトはどうせ最後に決まるのだ。

「やはり、方針Aで行くべきだよ、君！」

三日前、AからBへの方針変更を指示したばかりのボスが、またしても逆の指示を出した。昨日の今日ならまだしも、三日間費やして描き直した図面だというのに……まいるぜ、まったく――どこの設計事務所でも耳にするボヤキだ。カタギの所員に浮気者のボス。製図板にかじりついている所員を尻目にちょいと出かけて戻ってくると、いきなりの変更。打ち合わせのたびに前回の決定を忘れているご様子。まるで悪びれもせず。

……だが、残念ながら私は、あなたに同情しない。あなたは何も分かっていない。

「方針がすべてを演繹していく」。あなたは学校でそう刷り込まれてきた。そもそもそれが間違いなのだが、実務上の「方針」ともなれば、学生時代のそれとはまるで重みが違う。それはとりあえずの「仮決定」に過ぎない。実務を、手堅い作業の積み重ねと考えるなら、それは勘違いだ。設計実務とは学校の課題以上に、もっとずっと動的（ダイナミック）なものなのである。なのに、あなたはいまだにフットワークが悪いらしい。

ボスはセンセイではないし、あなたは生徒ではない。あなたはボスの分身なのである。指示を待っているだけだから、そんなボヤキが出るのではないかな？　ボスだって昔は一所員だった。あなたの気持ちは痛いほどよく分かっている。

所員諸君！　くさることはない。ボスが迷えるのは、あなたがいるおかげなのだ。

敷地と道路

敷地は道路にぶら下がっている。

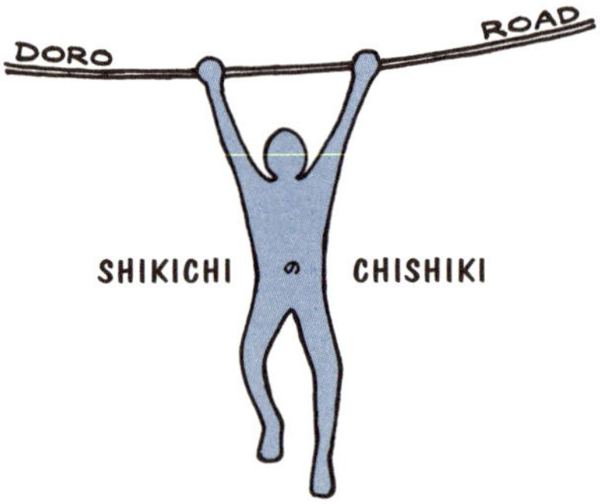

敷地にとっての生命線は何か——ずばり道路です。人やクルマは言うに及ばず、上下水道、電気、ガス、ゴミ……。道路がなければ、おそらく私たちの生活は成り立ちません。道路は敷地の命綱、ライフラインと言って差し支えないでしょう。

そもそも建築基準法では、道路に面していない敷地には建物を建てられないことになっています。また道路は、建築基準法のみならず、道路法、都市計画法など多岐にわたる法令によって、その「あるべき姿」が規定されています。いわば〝命綱の安全基準〟。基準の多くは1950年以降に制定されたものですが、もちろん道路はそれ以前から存在していました。そこで問題になるのが、道路の「あるべき姿」と「ありのままの姿」の不一致。これを解決しなければ、住宅設計のスタートラインにすら立てません。

命綱の質と太さとつかまり方

「道路」という質の保証

世の中には、誰が見ても道路なのに道路法上は「道路」と認められていない道があります。これは、赤道(あかみち) などと呼ばれます。
建物を建てるためには、敷地が「道路」に接していなければなりません。ですから赤道の場合、まずはそこを「道路」として認めてもらう手続きから始める必要があります。

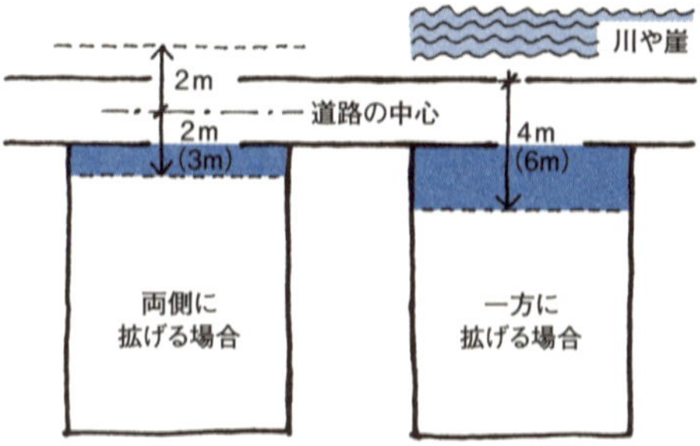

建ぺい率、容積率はセットバック後の面積を基準に算定します(容積率は道路幅とも関連するので注意)

太さはイヤでも確保する

建築基準法では建物を建てるために必要な道路幅を 4m (区域によっては 6m) 以上と定めています。道路によっては「認定道路幅」を定めている場合もあります。これらを満たしていない道路は建物を建てる際に拡げてやらなければなりません。これを道路の「セットバック」といいます。

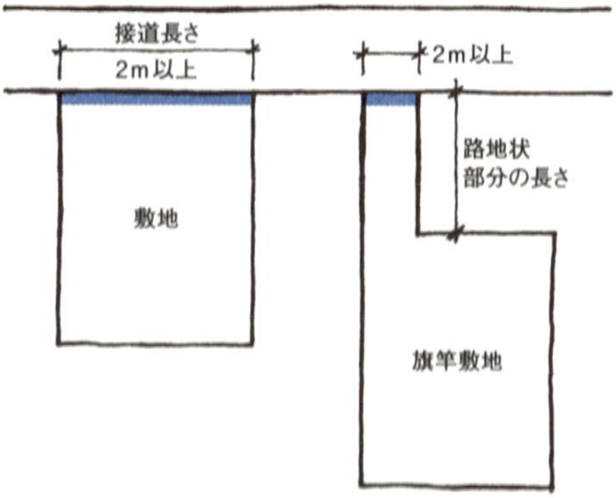

つかまり方はいろいろ

命綱にはしっかりつかまって振り落とされないようにしましょう。そのための規定が「接道長さ」です。住宅を建てるために必要な接道長さは最低 2m 以上。いわゆる旗竿敷地では、路地の長さによって建物の規模にも制限を受けます。

道路から出入りするもの

道路から敷地に出入りするものは、人やクルマだけではありません。下図は一般的な例ですが、人体にたとえれば循環器系、消化器系、神経系…と、なくてはならないものばかり。まさにライフラインといえます。

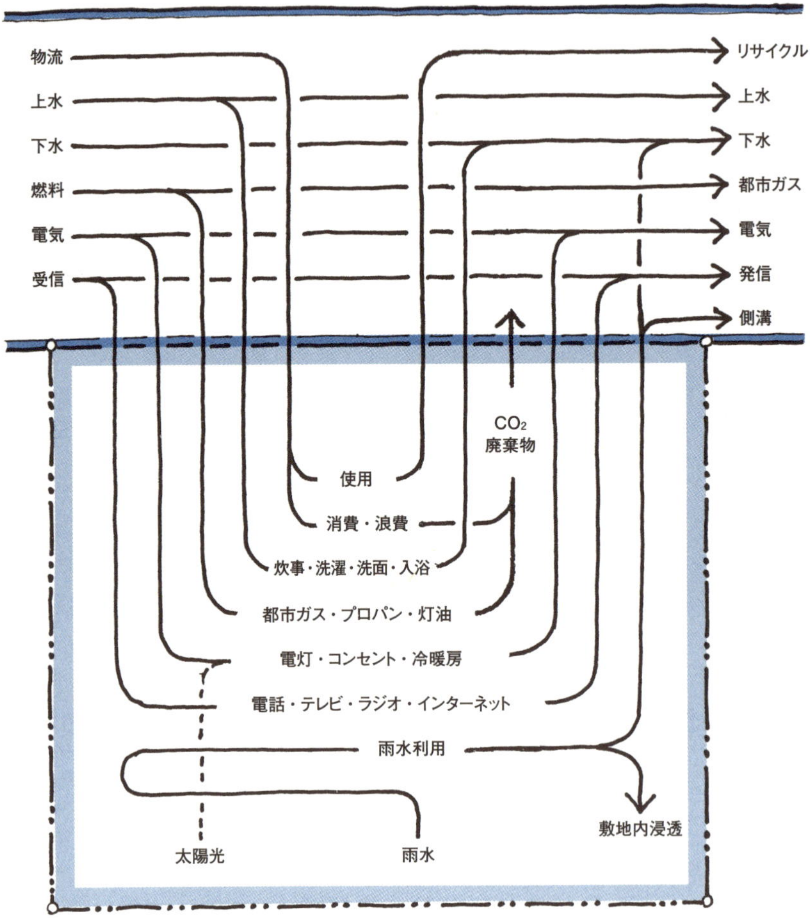

実は、この図は何度も何度も描き直しました。描けば描くほど、あれもあったこれもあったと、忘れていた要素を次から次へと思い出すのです（もちろんまだまだ修正の余地は残されていそうです）。資源問題、省エネルギー問題など、敷地と道路の狭間には今後もさまざまな出入りが考えられそうです

道路際でチェックされるもの

敷地の道路際では各種のチェックが行われます。そうしたスペースを確保することも建築計画の１つです。

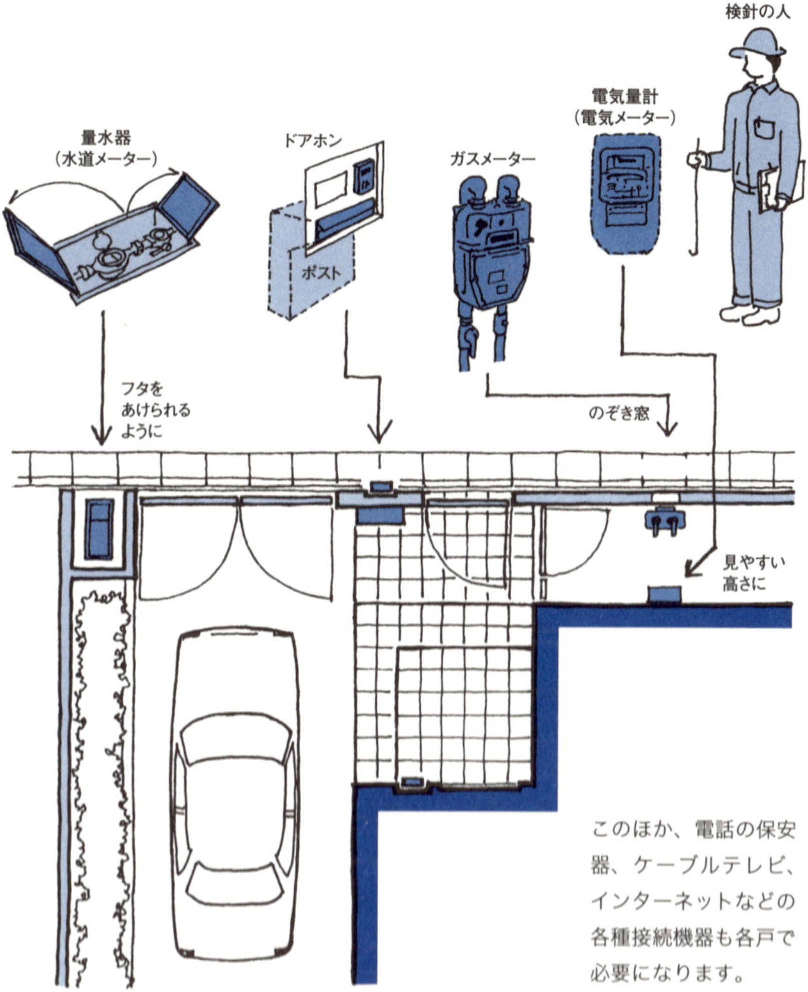

このほか、電話の保安器、ケーブルテレビ、インターネットなどの各種接続機器も各戸で必要になります。

と、いうわけで…
道路については、詳しい事前調査が不可欠です

敷地の方位

敷地の向きを決めていたのは、道路でした。

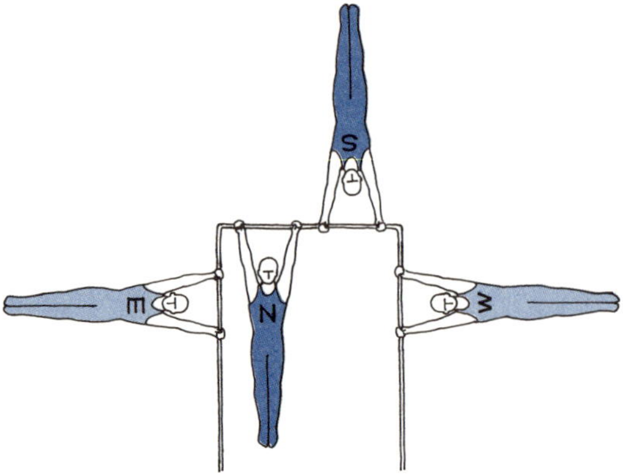

あなたが設計者であれ建て主であれ、敷地の真ん中で「さあ、これからここに家を建てるぞ！」と叫んだなら、すぐさま周りの環境を見渡してください。日当たりはどうか、眺望はどうか、騒音はないか、お隣さんとはうまくやっていけそうか……。それらを総合的に判断して、建物の配置、部屋の間取りを検討していくのです。

このとき、もう一つ確認してほしいポイントがあります。敷地の方位です。敷地の方位とは「目の前の道路がどっちの方角にあるのか」という意味です。南側にあれば南入《い》りの敷地、北側にあれば北入りの敷地などと言います。一見日当たりのよい南側に、さらに道路があるほうがいいように思われます。たしかにそうですね。日の入りやすい暖かい家のほうがいいですものね。

でもそれは、絶対にそうなのでしょうか。

「北入り」と「南入り」

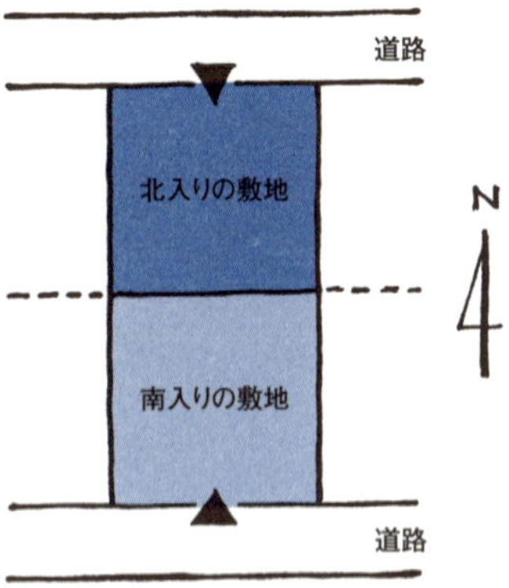

南入りは日当たり有利？

敷地と道路の位置関係は物件ごとに異なりますが、住宅地などでよく比較されるのは「北入り」と「南入り」です。敷地の北側に道路がある北入りと、南側に道路がある南入り。一見すると、南入りのほうが道路の幅分だけ日当たりがよさそうに思えます。

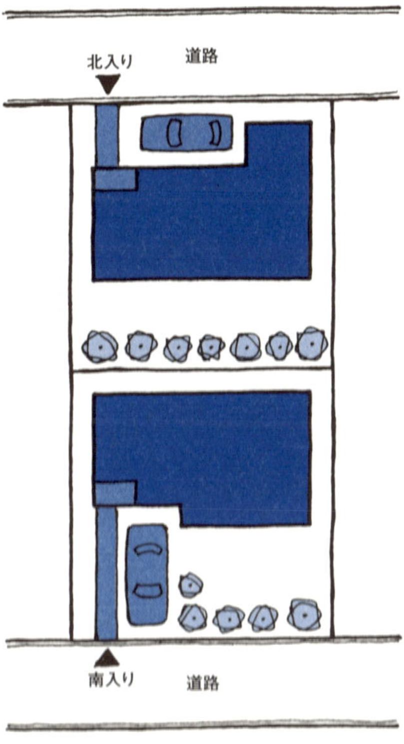

南入りは宝の持ち腐れになることも

ところが、建物の配置や間取りを具体的に考え始めると、南入りが必ずしも有利というわけでもなさそうな気がしてきます。

たとえば、玄関や駐車スペースはたいてい道路から近いところに配置されますので、それに伴い建物や庭のかたちが決まってきます。そうすると、せっかくの明るい南側の間口がこうしたスペースで狭められることになるのです。

北も南もどっちもどっち

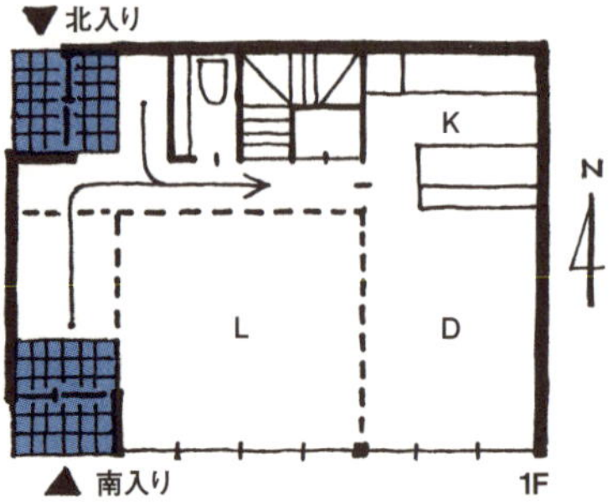

北入りのスペース有効活用

北入りと南入りが建物内部に及ぼす影響を見てみましょう。左図は建物１階の間取りに、北からと南からの２つの玄関を描いたものです。
一般に、廊下や階段、水廻りは北側の暗いほう、リビングやダイニングは南側の明るいほうに配置されますが、図を見ると、北入りのほうが無駄なスペースが少なく無理のない間取りが期待できそうです

北入りの制限緩和

また、住居系の用途地域では北側に斜線制限が設けられていることが多くあります。北側に道路がある場合、その制限は道路の反対側もしくは中心まで後退して設定されます。ということは、北側に道路があれば斜線制限による影響を受けにくくなるのです

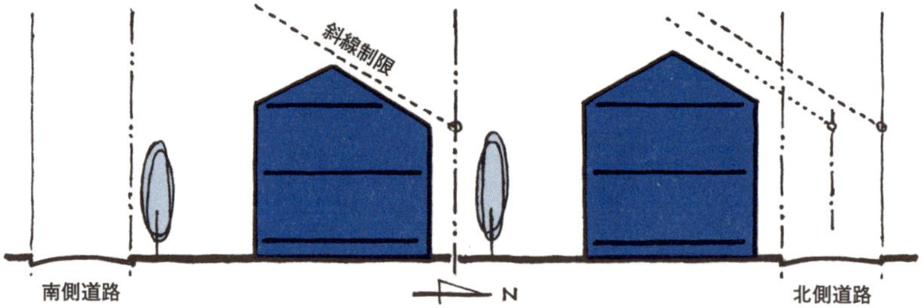

以上より、南入りの敷地は南側が開けているという恩恵に浴する一方、その代償もしっかり払わされていることが分かります。ならば！　南入りのメリットを存分に活かせるように発想を転換してみましょう

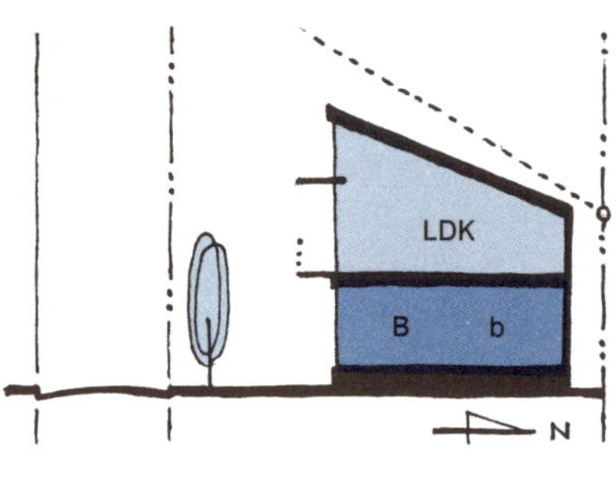

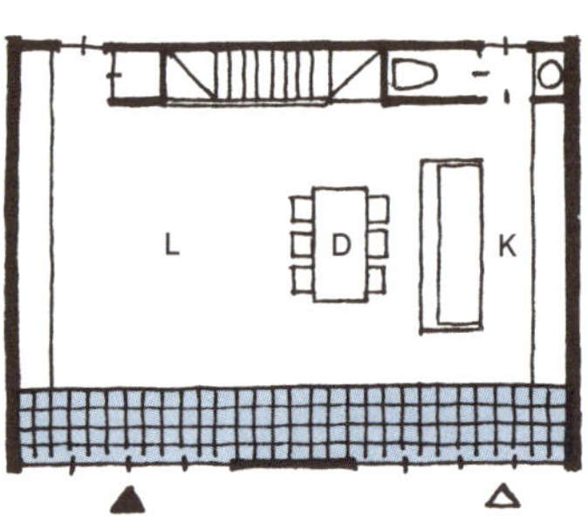

LDKを２階へ

南側の明るさを最大限享受すべく、リビング・ダイニングを２階にするのもいいですね

南側を土間サンルームに

玄関や廊下という固定観念を捨て、南側を土間的なサンルームにするのもよいでしょう

南入り敷地には素敵な「北庭」を

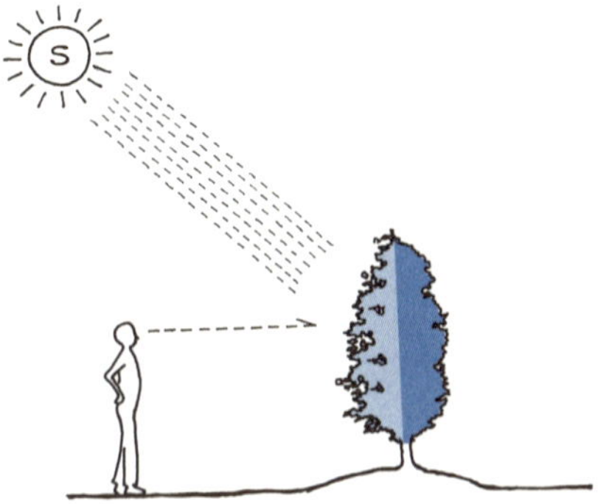

ランドスケープアーキテクトの中谷耿一郎さんに教わった話です

見ているのは樹木の背中

ところで、ここまでは「北側に建物、南側に庭」という前提で話を進めてきました。が、そもそもそれでよかったのでしょうか。

庭に植えられた樹木は、お日様が照るほう（南面）に向って元気に育ちます。ということは、南側の庭で見ている樹木は北側の元気がないほう、いわば「樹木の背中」ということになります。樹木のことを考えるのなら、北側に庭を配置するのも悪くなさそうです。

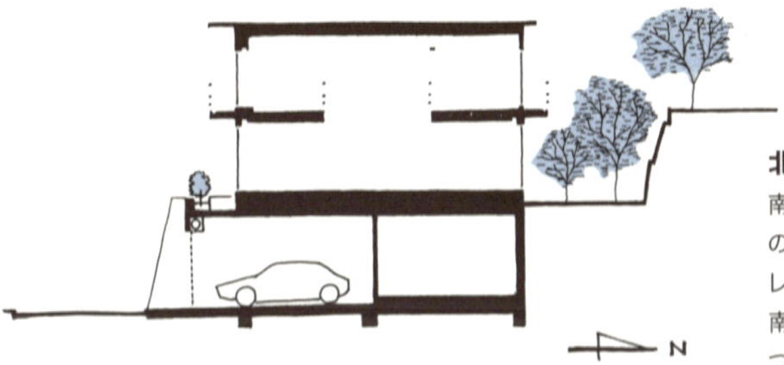

北庭でもOK

南入りの敷地でも、ひな壇状の土地では地下に設けるガレージとの関係から、建物を南側に配置して、北側に庭をつくることも珍しくありません。

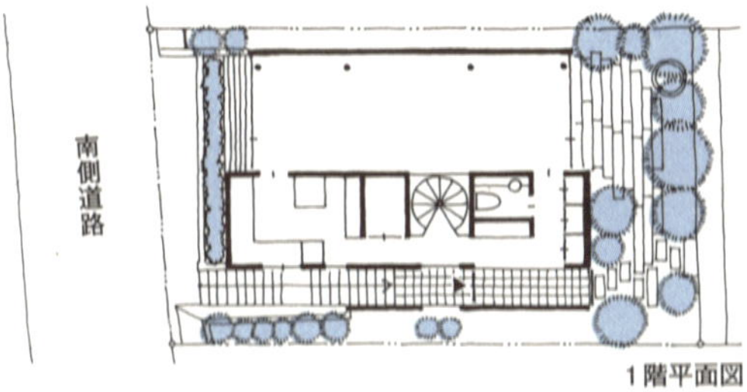

1階平面図

左図は南側の道路から南北に通り抜けられる玄関と、南北に吹き抜けるリビング・ダイニングを設けた住宅です。そこから「北庭」を楽しむような構成も、プランとしては十分アリでしょう

と、いうわけで…

道路の位置は建物内部の間取りにまで大きな影響を及ぼします

「ルビンの壺」の気になる二人。

大草原に小さな家を建てるのなら、それはもうあなたの好きなようにおやりください。しかし、狭い日本で住宅を建てるとなると「限られた敷地にどのように建物を配置するか」――この大問題に立ち向かわなければなりません。日当たり、風向きもあれば、隣近所との関係もある。建築とはまことにやっかいな問題の連続です。

建物の配置といえば、必ずたとえに出される「ルビンの壺」。見方によって、壺に見えたり、向かい合う二人に見えたりという錯視図形の代表選手です。壺の部分を「図」、人の部分を「地《ぢ》」といいますが、建物と敷地の関係は、この図と地の関係に似ているのです。図である建物と、地となる外部空間。どちらが主というわけではありません。どちらもうまく成り立たせるのが建物配置の妙なのです。ところで、この二人。こんなに近づいて大丈夫でしょうか。

お隣との向き合い方にはマナーが必要

住宅密集地において、隣接する住宅の向きを考えるときは、普段2匹の猫がどのような様子でいるかが参考になります。

2匹の猫

2匹が互いに向き合うときは十分な距離を保ちます。同じように、大きな窓がある面を隣家に向ける場合は、ある程度の距離が必要になります

隣家に近い面はマナーとして窓を小さく・少なくすべきですが、これは猫が背を向ける姿に似ています

2匹（2軒）が背を向けているのなら、近づきあっても問題は生じません

けれど、向き合ったまま近づいたら一触即発の状態に。窓があっても開けられないのと同じです

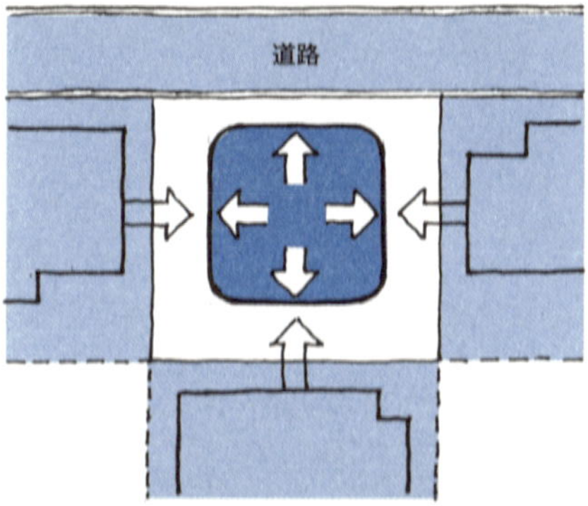

敷地という無言の圧力

こうしてみると、敷地は隣地から常に無言の圧力を受け、また逆に隣地に対して常に無言の圧力をかけていることになります。

建物パターンを9つのゾーンで考える

たとえば、敷地全体を9つのゾーンに分けてみます。

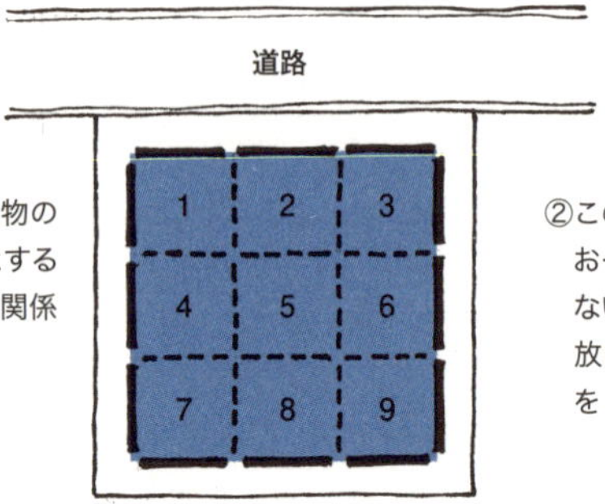

①9つのうち、いくつかを建物のゾーン、残りを外部空間とするなら、両者は「図と地」の関係を生み出します

②このとき、隣地に近い外周は、おそらく壁を主体とした窓が少ない面、そのほかは窓の多い開放的な面となるでしょう。これを1つのルールとします

③単純なルールですが、建物の配置と外部空間の関係を考えるパズルでは、これだけでも数多くのパターンが考えられます

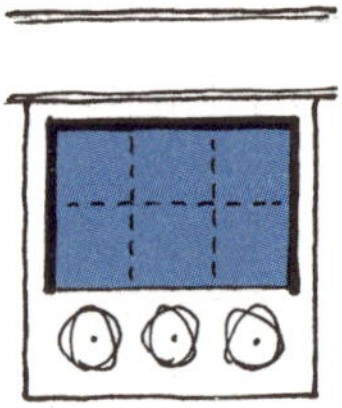

道路と並行型

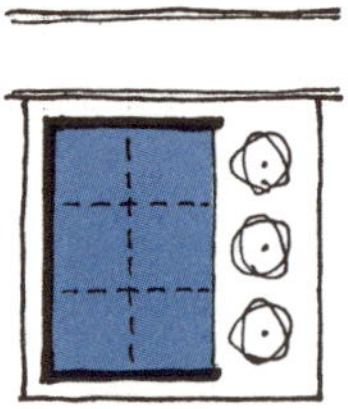

道路と直交型

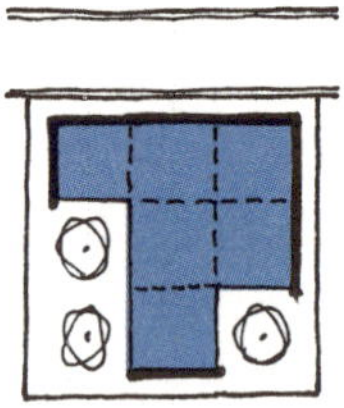

T・P字型

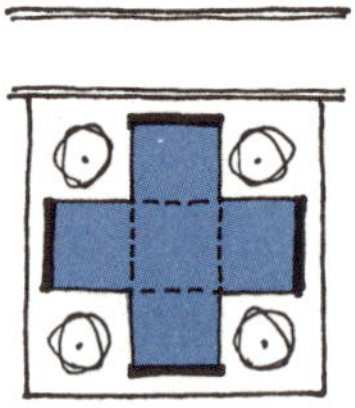

十字型

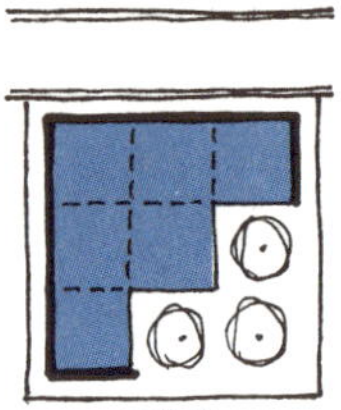

雁行型

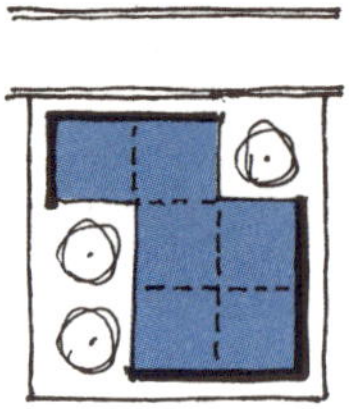

カギ型

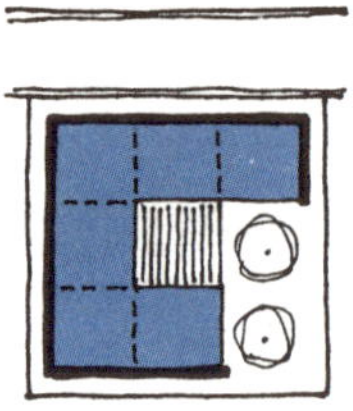

パティオ（中庭）があるコの字型

並列型

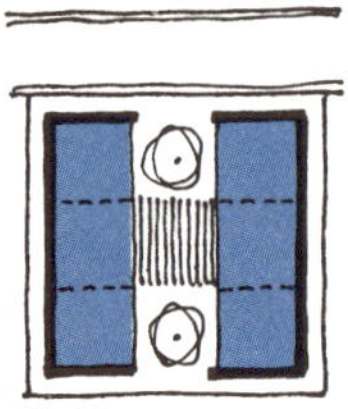

縦列型

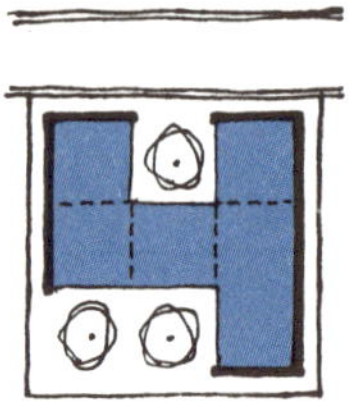

凹型

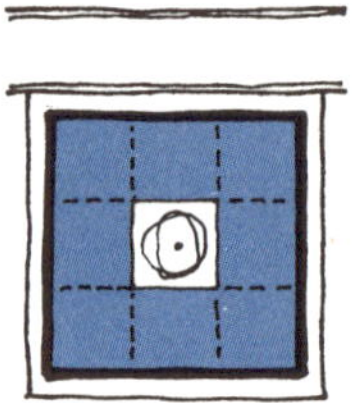

コートハウス

パズルが街をつくる

宅地造成された
画一的でありきたりの
地域環境も…

マナーとルールを
守りながら…

各住宅を多様に
配置していけば…

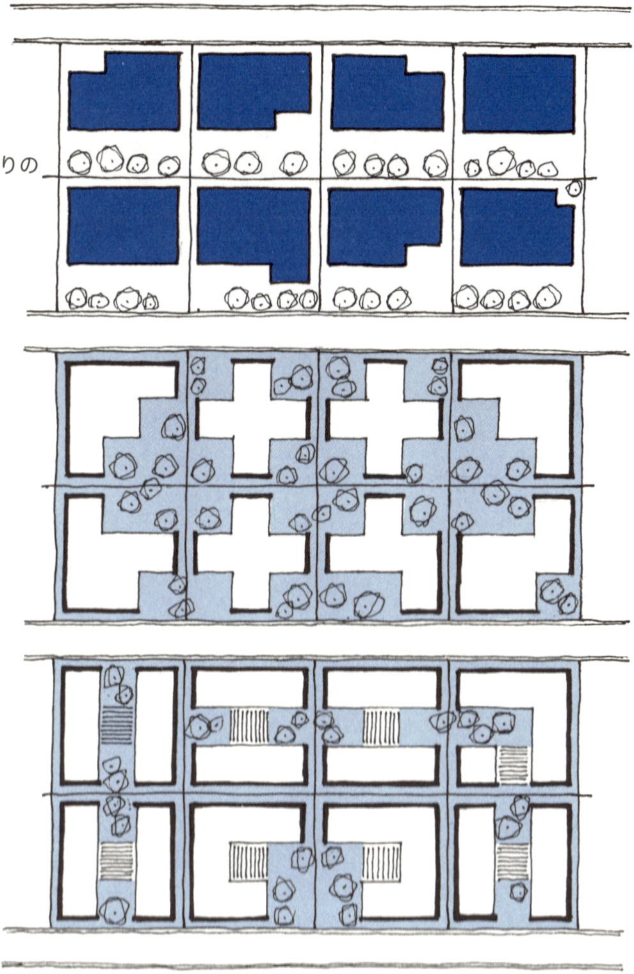

いつしか豊かな街に変えていくことも夢ではありません

庭は南側に配置するとは限らない

十字型

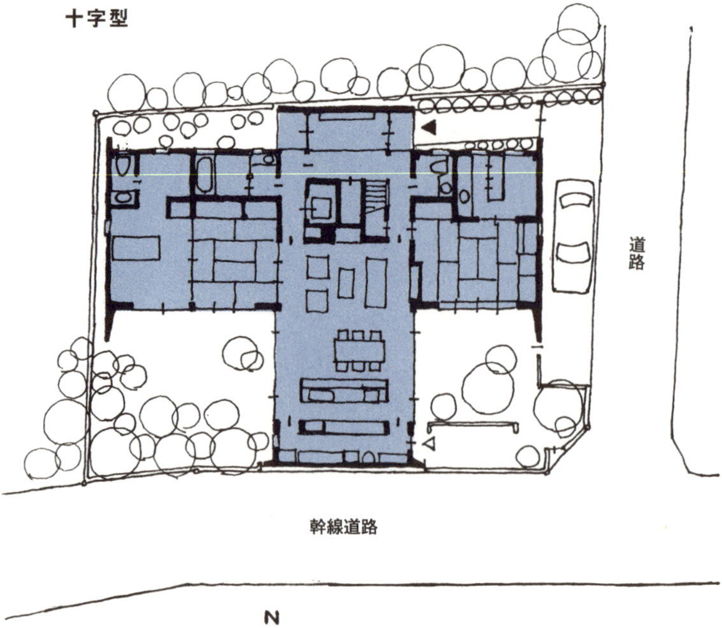

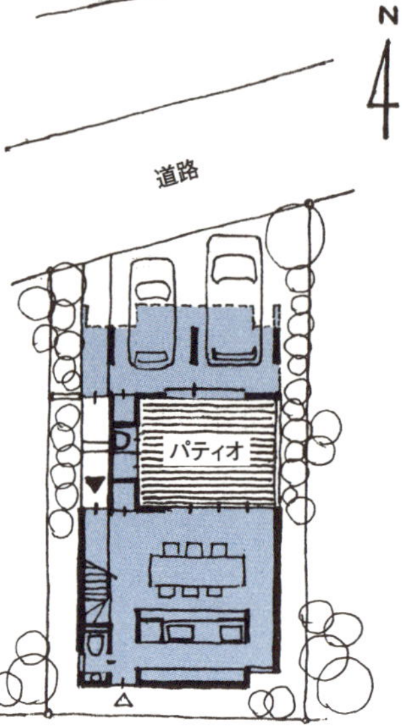

ピロティとパティオ（中庭）

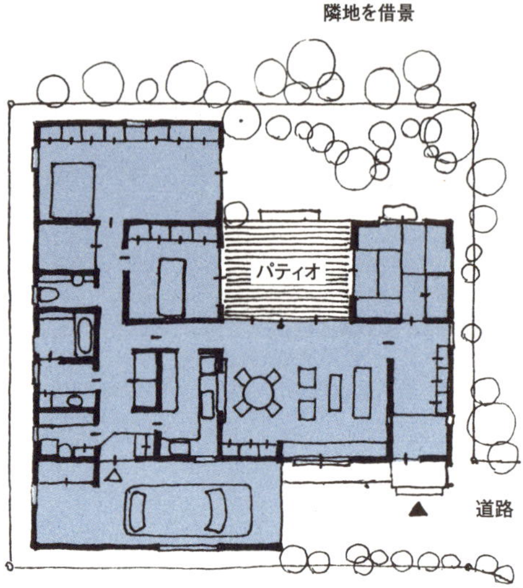

パティオ（中庭）のあるコの字型

取り込まれた庭

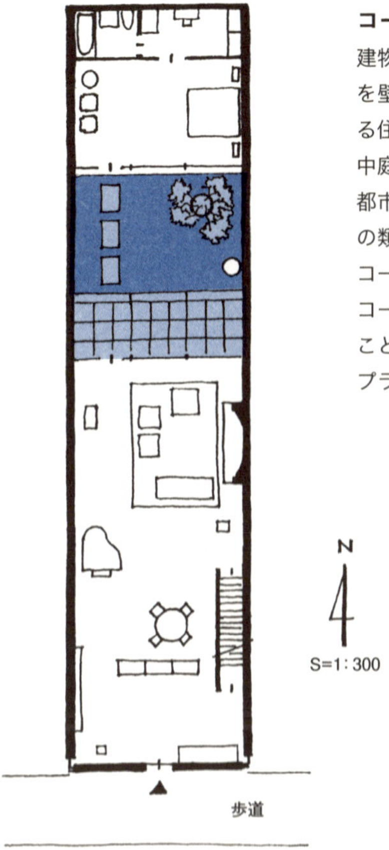

コートハウス

建物の外側に庭をつくるのではなく、敷地全体を壁で囲み、建物の内側に庭（コート）を設ける住宅を「コートハウス」といいます。いわゆる、中庭型住宅です。中近東をはじめヨーロッパの都市住宅や、中国・朝鮮半島など、世界中にその類型が見られます。坪庭のある京都の町家もコートハウスの一種といってよいでしょう。
コートハウスの庭は、隣地との関わりを弱めることにはなりますが、半屋内的空間として高いプライバシーを確保します。

ロックフェラー・ゲストハウス（1950）
フィリップ・ジョンソン（Philip Johnson）
おそらく世界で一番有名なコートハウス。これ以上シンプルにはできません

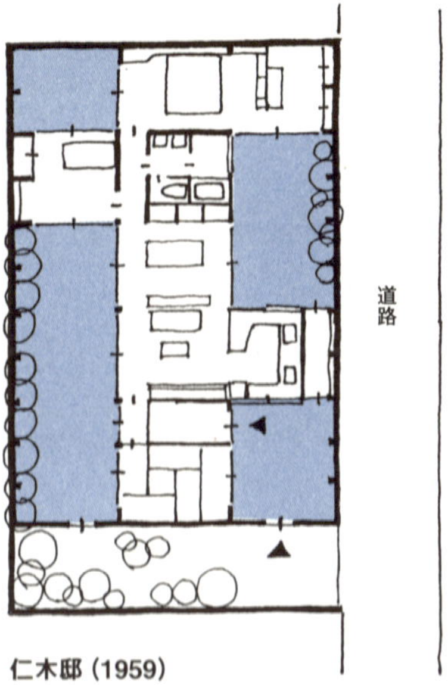

仁木邸（1959）
西沢文隆（坂倉建築研究所）
日本でコートハウスの先駆といえば、「仁木邸」でしょう。すべての部屋が２つのコートに面しています

と、いうわけで…
住宅の配置計画は、隣地との向き合い方から考えていくとよいでしょう

駐車スペース

クルマは見かけより
ずっと大きい。

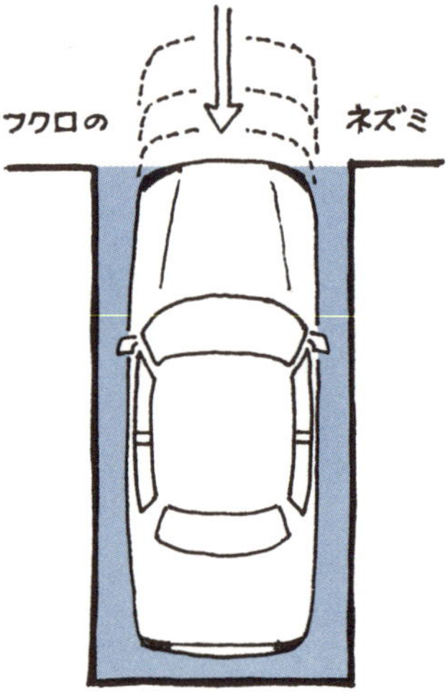

比較的土地の広い郊外なら気にしなくてもよいのですが、都市部の密集地に住宅を建てようとすると、設計者には次から次へと難題が立ちはだかってきます。なかでも頭を悩ませるのがクルマの置き場所。比較的小型のクルマでも、一台分置くスペースを確保するまでにはなかなかシビアなせめぎ合いが繰り返されます。

上のイラストは、学生たちがよくやる失敗。事前にクルマのサイズを確かめ、道路からどうやって切り返せばスムーズに車庫入れできるか検討し、なおかつ建物との関係も考慮してベストの場所に配置したにもかかわらず、肝心のことを忘れています。――運転手はどうやって降りればよいのでしょうか。

いくら車庫入れが得意な人でも、これではまるで袋のネズミです。

駐車の余白

右ハンドルでも左ハンドルでも同じこと。駐車スペースには
人間が出入りできるスペースがなければなりません。

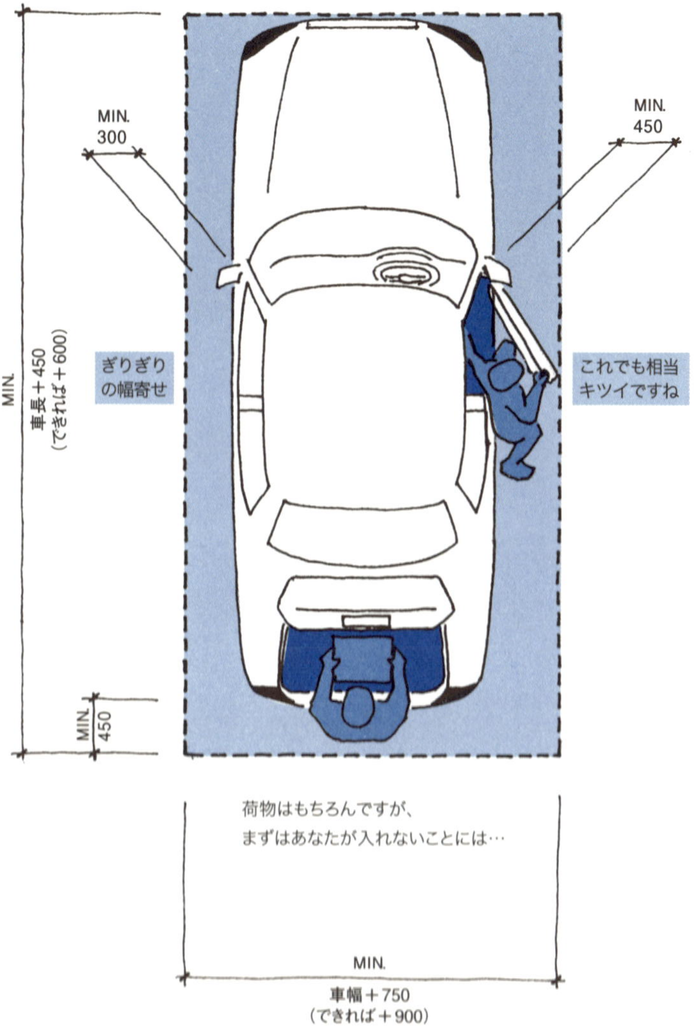

ドアの開け方

道路側に開かないように

ドアが道路にはみ出すような駐車スペースを設計してはイケマセン！

壁を一部開く

運転席側の壁を一部開いておくと、狭い駐車スペースでも有利になります

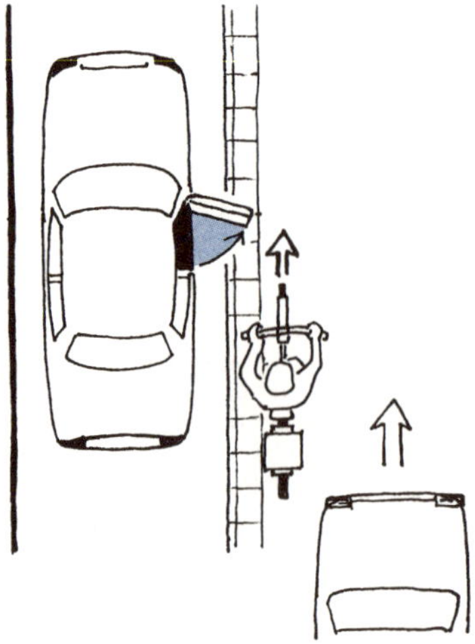

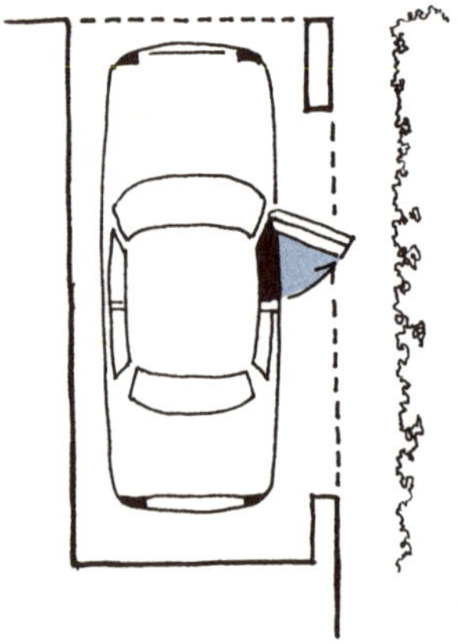

2台駐車する場合

右ハンドル×2台

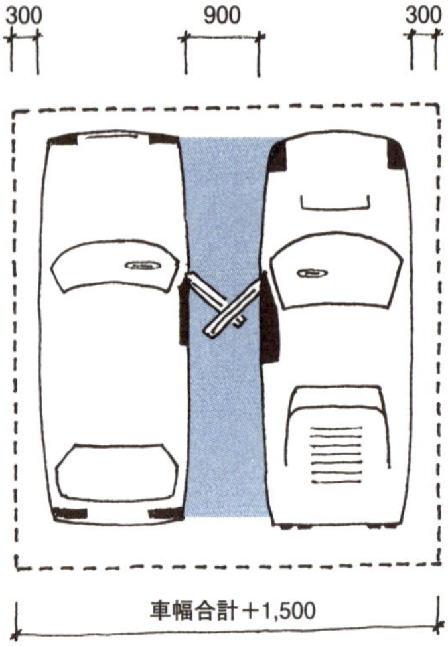

右ハンドル１台・左ハンドル１台だと、間にちょっと余裕ができます

道路への出入り

横入れ

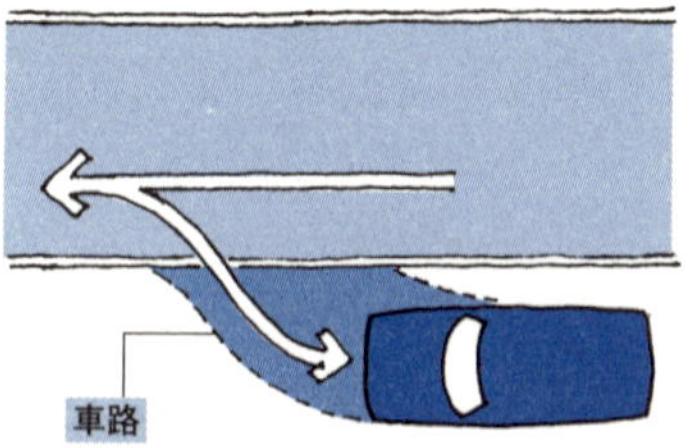

縦入れ

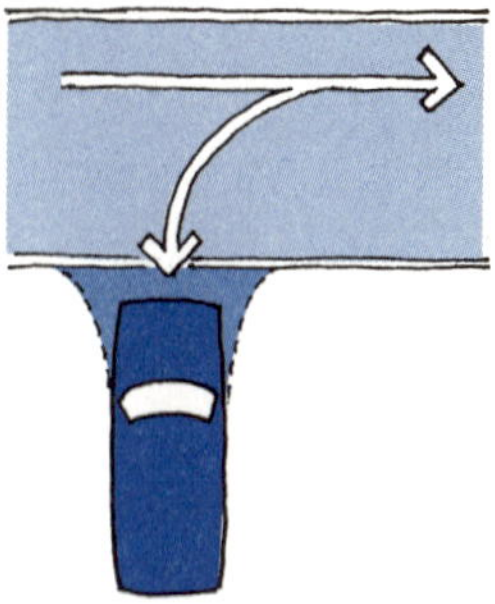

車路の兼用

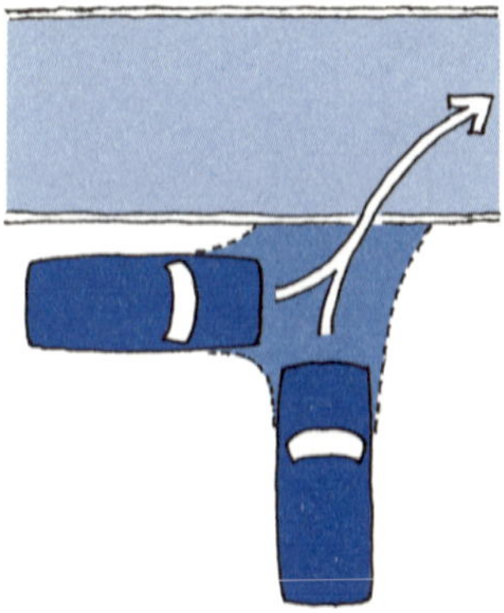

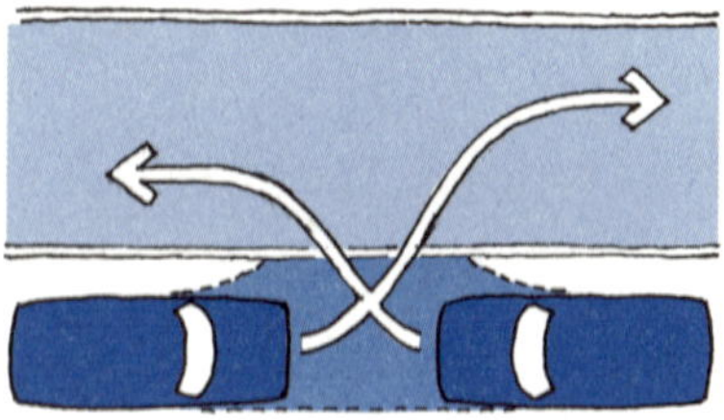

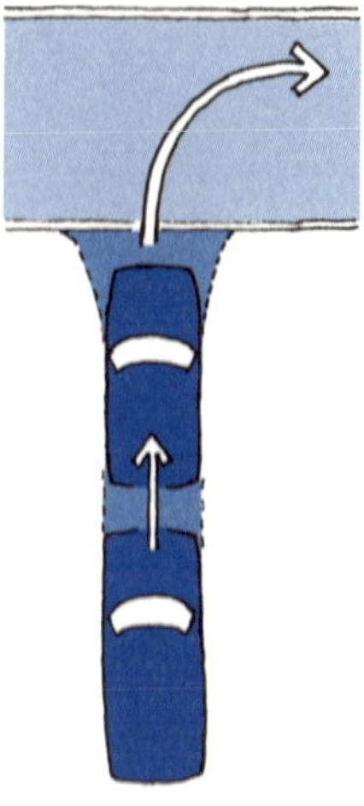

自家用車２台なら縦列駐車もありえます

クルマの大原則

駐車スペースと道路の関係はクルマのサイズや道路幅によっても異なります。ただ、すべてのクルマには原則として次の２点が共通です。

・クルマは前後にしか動かない（2009年現在）

・駐車は後退、発車は前進（普通は）

前面道路が一方通行の場合も、この原則から駐車方法を検討しなければなりません。

と、いうわけで…

駐車スペースを計画するときは、クルマ周囲の幅と安全を十分確保してください

COLUMN 5

「ふつうじゃダメなのかい？」

「開口部が設計できれば一人前」と言われる。もっとも、「階段が設計できれば……」「厨房が設計できれば……」とバリエーションはいろいろあって、なかなか一人前にはさせてもらえない。

それはさておき、外部開口部とそれを構成する建具の設計は、設計作業のなかでもとりわけ興味深く、奥深いものである。既製品のアルミサッシュを用いずに木製の建具でつくる開口部ならなおのこと。そこに設計の醍醐味があるといっても過言ではない。

特に避暑地の別荘の開口部は、庭や眺望のため大きく広く開け放したい一方で、夜間の防寒性能に加え、防虫や不在時の戸締まりなど、慎重な計画も求められる。設計者の腕の見せどころであろう。建具の種類は雨戸、網戸、ガラス戸。場合によっては障子がこれに加わることもある。開口幅は広くとりたいので、必然的に各建具の枚数も多くなり、開け放すには壁の内外にこれらの建具を全部たたみ込まなくてはならない。

と、ここまではまだいい。開けた状態も閉めた状態も、それを描くことはさほど難しくないからだ。問題は、開ける順序と閉める順序の検討である。これを上手に計画しておかないと、建具を何度も移動したり、建具どうしが邪魔をし合って錠に手が届かなくなったりというハメになりかねない。こうした建具のやりくり算段を、吉村順三設計事務所では「マッチ棒クイズ」と呼んでいた。捕獲した猛獣と一緒に河を渡るため、小舟で何度も往復する狩人たちの乗船計画を考えさせるクイズになぞらえてのことである。
私が事務所に入所して三年目、初めて山荘の設計をまかされた。当然、開口部のデザインにも力がこもり、果たして、すべての窓のすべての建具を壁に引き込めるような設計を完成させた。実施設計図が出来上がり、吉村先生にチェックをお願いすると、先生は洗面所の展開図を見ながら「この窓は開かないのかい？」とただされた。すかさず、「はめ殺しに見せて、実は隠し框《かまち》の片引き窓なんです！」（覚えたてのワザだった）と答えた。すると先生は、笑いながら「だけど洗面所だろ？　景色がいい側ではないし……ふつうの引違いじゃダメなのかい？」
私は何も言えなかった。がっかりしたのではない。何か憑き物が落ちていくような気がしていたのだ――。
設計実務はときとして、寝食を忘れてのめり込むほど面白い。それだけに、注意しておかないと「設計のための設計」「ディテールのためのディテール」に陥りやすい。そうならないためには、「血走った眼」から「ふつうの目」に、自分を戻さなくてはならないのだが、これはそう簡単なことではない。そこまでずっと引きずってきた試行錯誤の余熱があるからだろう。もちろん住宅の細部には、突き詰めて考え抜いたすえに生み出される発想や工夫が欠かせない。けれどそれと同じくらい、「ふつうであること」もまた大切なことなのだ。私が吉村先生を尊敬するのは、数々の独特な発想や工夫でさえ、むしろふつうの目を通して考え、語られていたからである。
「一人前」から先への道は、遠くを見るよりも、足元を見直すところから始めたほうがよいのかもしれない。

原始
TRAILER HOUSE
船上生活
入院生活
SPACE STATION

CHAP.

3

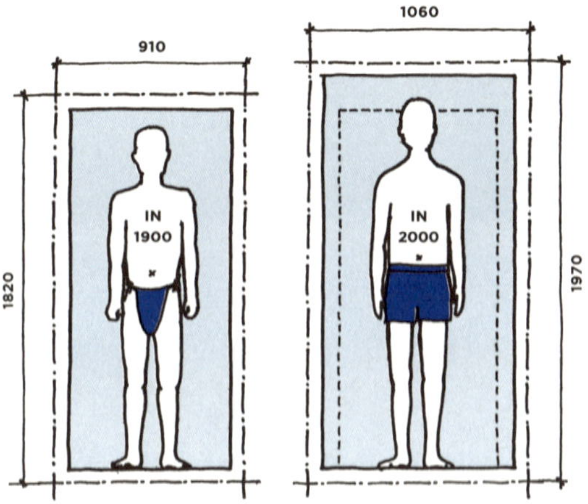

人にも寸法にも
クセがある

動線

いちいち降りなくても、両手を使えば枝づたいに渡れます。

建物の中を人がどう移動するか、あるいはどう移動できるのか――それを検討するために平面図上に描く線を動線といいます。また、各スペースの寸法、広さ、形などとは別に、スペース相互の関係を検討することを動線計画といいます。無駄なく安全に効率よく移動できるのはもちろんのこと、場合によっては回り道や近道を設けたほうがいいことだってあります。

というと、動線計画は複雑にもつれ合う糸を一本ずつ解きほぐしていく、気の遠くなるような作業を想像されるかもしれません。が、さにあらず。実は動線の構成自体は大きく二つしかありません。そして、その淵源は自然界に求めることができます。一つは樹を登るサル、もう一つは巣を張るクモ。ただし、樹から樹へ渡っていくサルは、考えようによってはクモといえるかもしれません。

ツリー（Tree）とネット（Net）

樹

サルは樹に登ります。けれど、どこかの枝の先で行き止まると、必ず引き返してくるでしょう。
クモは巣をつくります。巣が完成すると糸を伝って縦横無尽に動き回ります。糸の1本や2本、切れたってノープロブレム

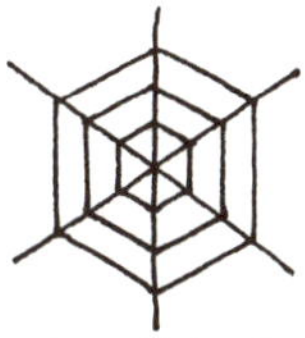

クモの巣（Net）

こんな樹はないので…

樹から樹へ渡っていくしかない

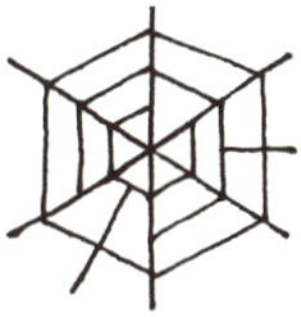

不完全でもOK

ツリー（Tree）

ツリー
専門用語でも、樹のような道筋を構成するものをツリーといいます

セミラティス
クモの巣のような道筋を構成するものはセミラティスといいます

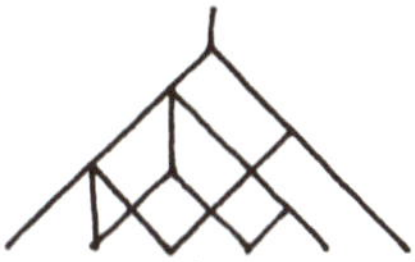

セミラティス（Semi-Lattice）

この2つの概念は建築家で数学者でもあるクリストファー・アレグザンダーが、「都市はツリーではない（a city is not a tree)」（1965）という名論文を発表して以来、都市計画や建築計画にも導入されるようになりました。

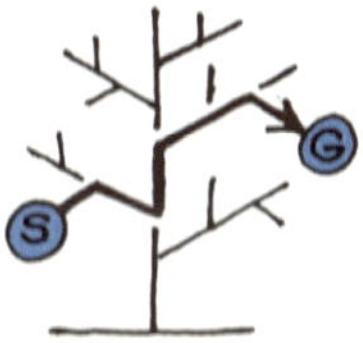

クモの巣と動線
樹の上を移動するとき、スタートとゴール地点を決めると道筋は1本に特定されます。けれど、クモの巣であればいくつか別のルートが必ず見出せるはずです。

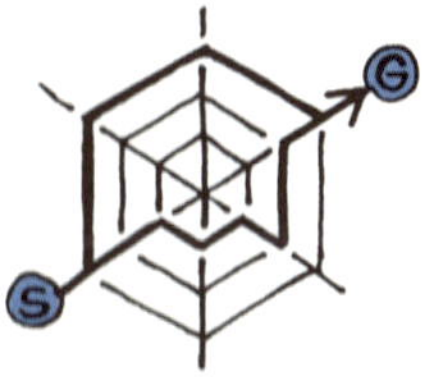

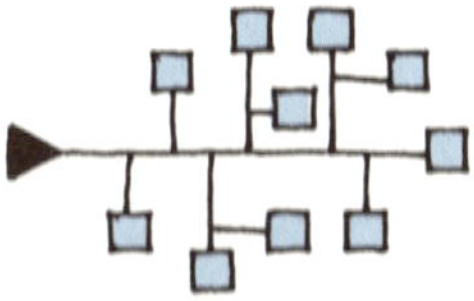

これは、建築にも大いに関係する話です。特に「動線」の話に…このとき、このイラストのような、スペースの相互関係を表す図を「ダイヤグラム」といいます。

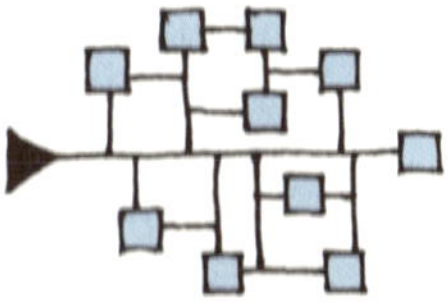

A house is not a tree

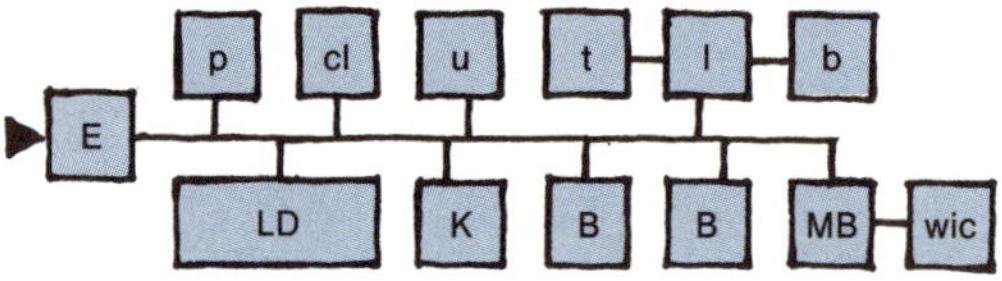

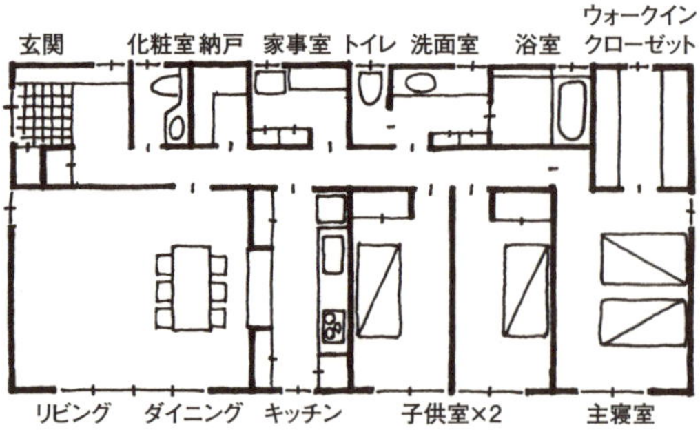

まずはツリーで

住宅の間取りもツリーとネットで考えることができます。左図（上）はツリー状の動線によるダイヤグラムを具体的な間取りに置き換えたものです。その結果、個室が３つある平屋ができました。ですが、よく見ると動きに無駄が出そうです。なにしろ隣の部屋へ行くのにいちいち廊下に出なくてはならないのですから。

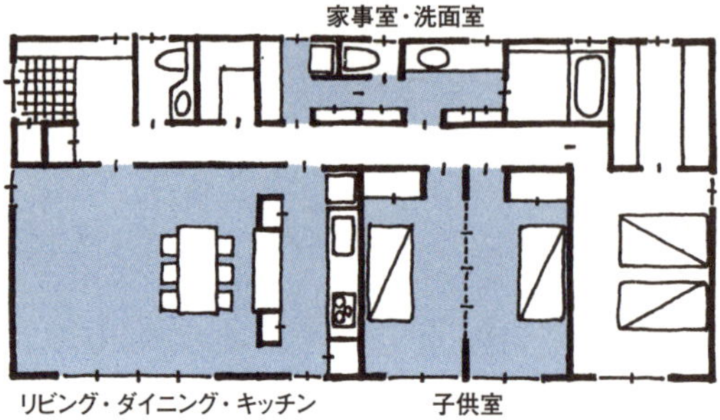

ツリーからネットへ

では、少しだけ改良してみましょう。

・家事室と洗面室をつなぐ
・リビング、ダイニング、キッチンをつなぐ
・子供が幼いうちは、子供部屋は１室にしておく

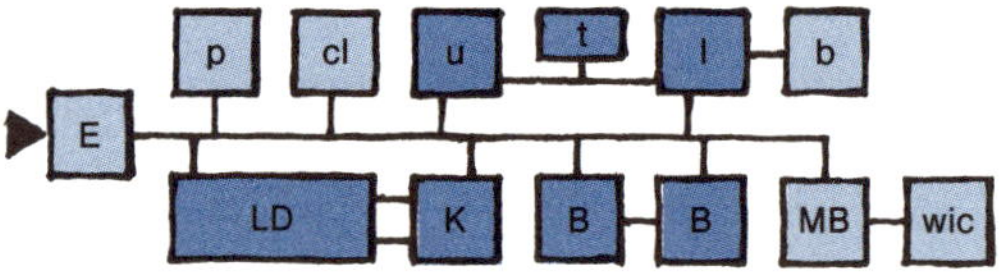

こうすると、ダイヤグラムはもはやツリーではなくなります。住宅の動線はネットのほうが都合がいいみたいですよ。

2方向アクセス＝2つ以上の出入口

カンのいい人は、ダイヤグラムを見てお分かりになったと思います。ツリー、ネットなどと言わずとも、動線計画の要はいくつかのスペースに2つ以上の出入口を設けることです。

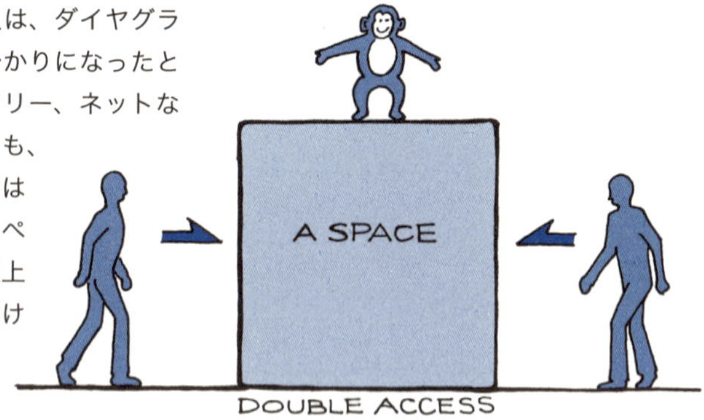

美しいコア・プラン

このシンプルな住宅は、2方向アクセスとは何かを明快に教えてくれます。平面内部にはっきりとした芯（コア）が据えられ、その廻りをぐるりと回れる。このようなプランを「コア・プラン」と呼びますが、この住宅はとても美しいコア・プランの例といえるでしょう。

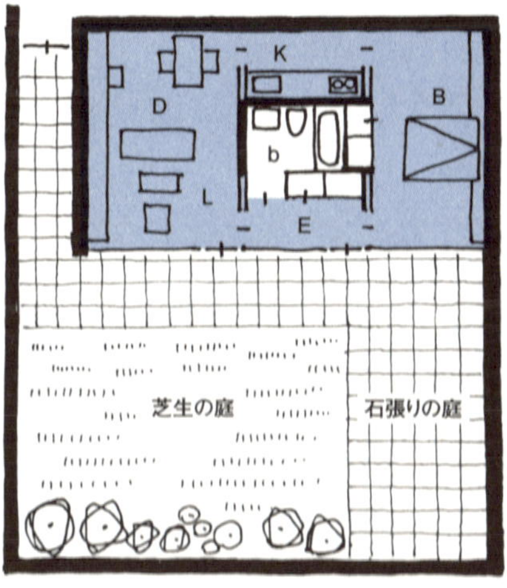

平面図
S＝1：250

ブリュッセル万国博覧会の住宅（1958）
エドアルト・ルードウィヒ（Edward Ludwig）

コア・プラン（Core Plan）

2方向アクセスの思考実験

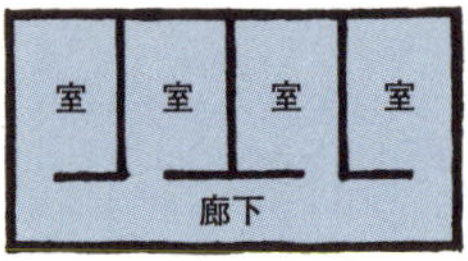

では、2方向アクセスが平面（床）の設計にどのような作用を与えるか見てみましょう。
ここに、廊下でつながった4つの部屋があるとします（窓、ドアなどは省略）。この住宅に2方向アクセスの場所をつくってみましょう。

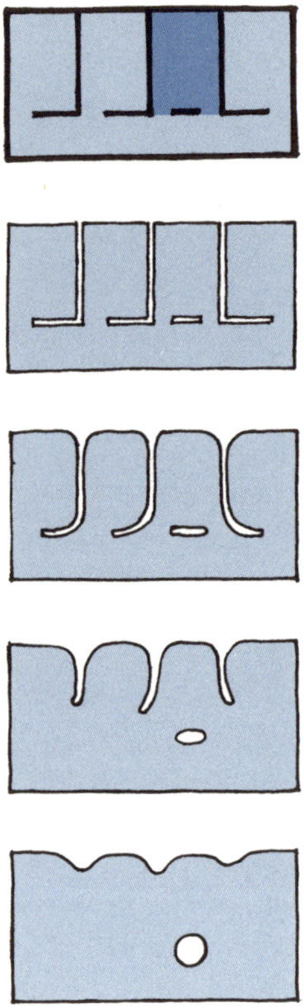

方法は2種類。部屋の出入口を増やすか、隣室どうしをつなぐかです。
このとき、床にどのような変化が生じるかを見るため、いったん壁を取り払い、残された床だけに注目してみます。

すると、動線ならぬ「動面」とも呼べるプレート（床）が姿を現しました。この動面は動線同様、部屋の名前や広さ形に関係なく、床のつながりだけを表すものです。

さて、左右の動面の違いを比べるため、このプレートを柔らかく伸ばし、形を整えていってみましょう。…すると、どちらのプレートにも1つ穴があきました。この穴がコアです。

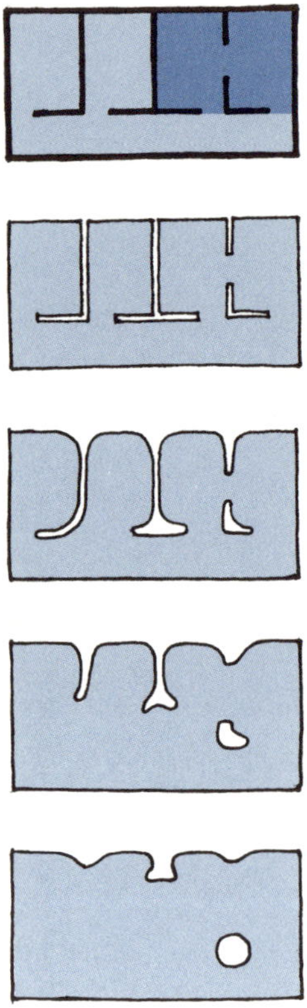

間仕切が消え去ったあと、それでも残るのがコアです。2方向アクセスは、コア発生の原因でもあり結果でもあるのです。

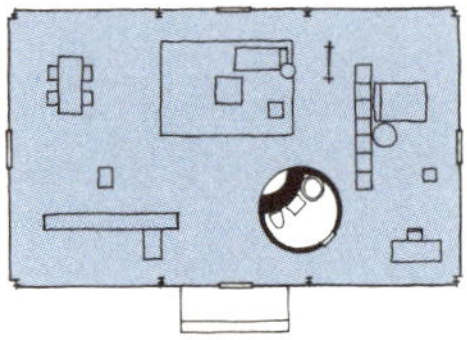

ガラスの家（1949）
フィリップ・ジョンソン
（Philip Johnson）

平面を回る

平面を回れること。住宅においてその重要性、有用性を実作で示し続けたのが吉村順三先生でした。

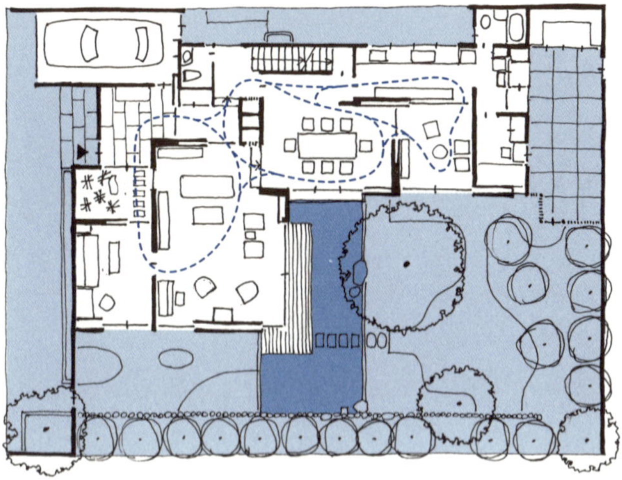

池田山の家（1965）
吉村順三

1階平面図
S＝1：300

---------- 回遊する動線

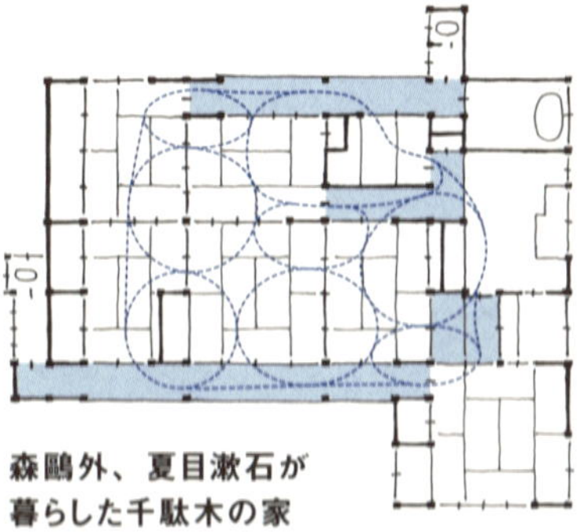

思えば…日本の住まいはずっと昔から「回れる平面」そのものでした。

森鷗外、夏目漱石が暮らした千駄木の家（明治20年頃）

1階平面図
S＝1：300

と、いうわけで…

動線計画は各スペースにおいて2方向アクセスの可能性を探ってみるとよいでしょう

COLUMN

6 平面のトポロジー

「動線」の項で「二方向アクセスの思考実験」(170頁)をご覧いただいたが、これは平面を位相幾何学(トポロジー)的に変形することで、住宅を「内部の流れ」でタイプ分けしてみようという試みである。1994年にある雑誌に発表したもので、これを私は、「動線」に対して「動面」と名づけている。動線はいわば糸のようなものなので、取り出してほぐしているうちに「ねじれ」が生じても問題にはならない。ところが、ねじれるということは、実際には床面が回転することなので、実体とかけ離れてしまう。動面は床面の回転を禁じることで、重力に対する床の反力の特質を残そうというものである。

1～3は広さや形に関係なく、動面が「水たまり状」になる。しかし、4～6は動面に穴(コア)があいて、「流れ」が生じる。7～9のように階段がある2層の平面も、動面としては「層」を形成せず単純な「水たまり状」となる。ただし、10・11のように階段の周囲を回れると、穴や橋(立体交差)が現れてくる。この橋は複数のリング(動面の層)を連結するものである。12～15は階段が2つある場合の動面で、階段が並行しているか、交差しているかにより動面も異なるという様子を示したもの。「回遊する平面」をはじめとして、平面のシークエンスの特徴はトポロジーでも解析できそうである。

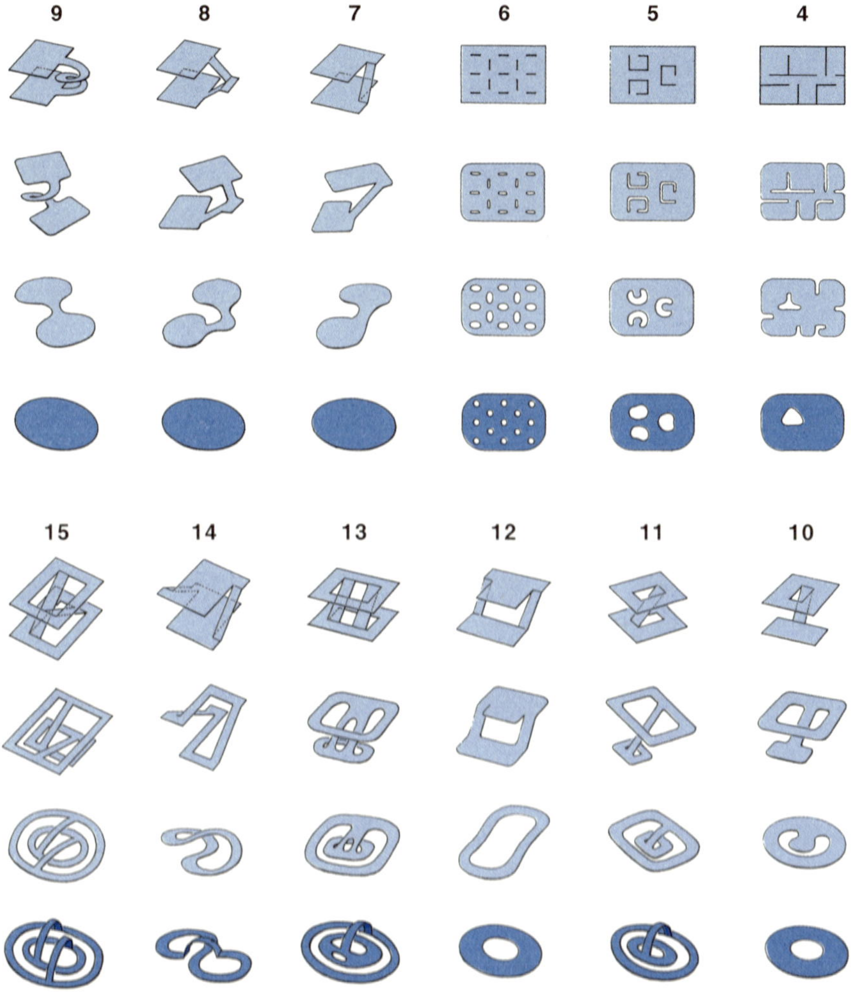
9
8
7
6
5
4
15
14
13
12
11
10

共有と専有（プライバシー）

あなた、家族、たくさんのあなた。

住宅の内部には二種類の空間があります。家族で共有する空間と、個人で専有する空間です。リビングやダイニングは常に家族全員に開かれていますが、個室や書斎、場合によっては浴室などは個人のために閉ざされます。閉ざされているのは、もっぱらプライバシーの問題があるから。プライバシーと聞くと、すぐさま「個人の」という前書きを連想するように、訳知りの家族間であっても、住宅内でのプライバシーはとりあえず確保されなければなりません。と、その前に……。

そもそも住宅内におけるプライバシーって何なのでしょうか――実はプライバシーは、住宅の中で発生するものではなく、各人が住宅の外側から持ち込んでくるものなのです。それも、一人の「あなた」ではなく、たくさんの「あなた」が……。

箱から飛び出す私の所属

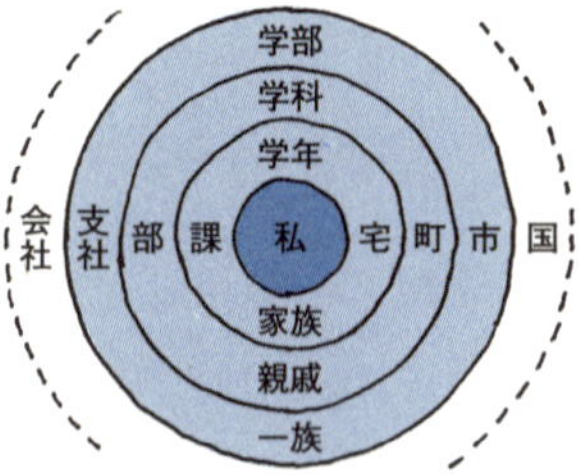

私の所属

仮に世界の中心を「私」に置いたとします。すると、「私」が同心円に囲まれるように“所属”している姿が思い浮かびます。

たくさんの私

けれど、所属先は１つではありません。複雑に絡み合う所属内で、誰もがたくさんの「私」を生きています。

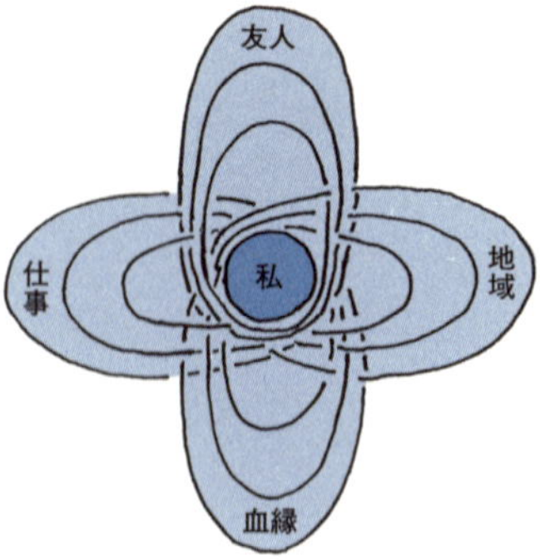

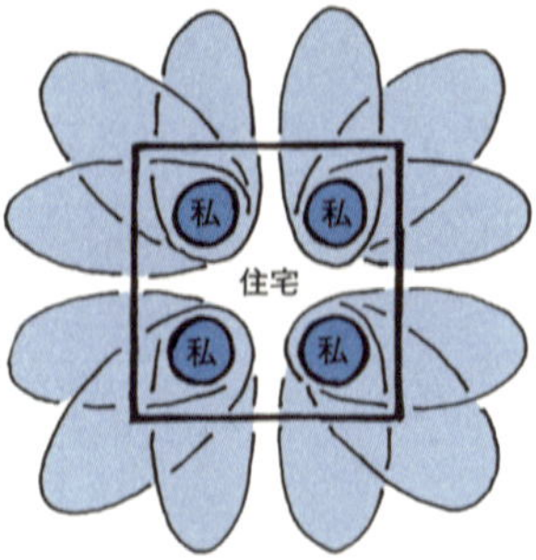

「私」たちの箱

そんな「私」たちが集まっているのが、住宅という箱です。この箱は「私」を収容するものではありません。箱をベースに、「私」は各所属先への出入りをくりかえします。しかも箱は、「私」ごとに大きさが違います。

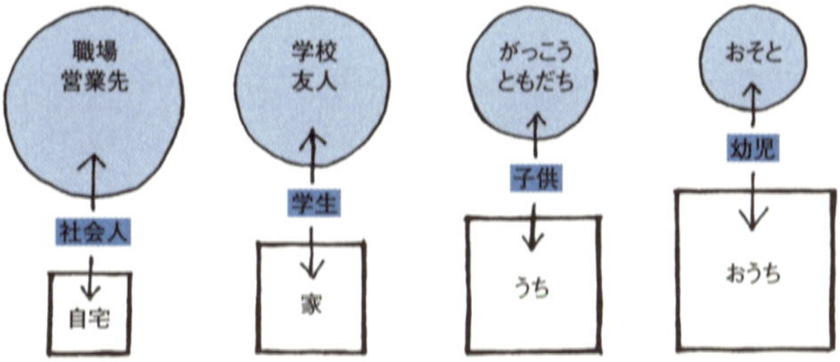

箱の大きさは「私」それぞれ

箱の大きさとは面積のことではありません。箱への滞在時間です。一般に、「私」の年齢と箱への滞在時間は反比例します。逆に「私」の年齢と比例するのは、プライバシーの意識です。

プライバシーを抱えて帰ってくる

そして… 各人は所属先のモロモロを引きずって箱に帰ってきます。けれど、そのモロモロを「私」以外の同居しているメンバーが共有できるとは限りません。むしろ共有できないもののほうが多いでしょう。それがプライバシーというものです。そこで、住宅という箱のなかにはさらに小さな箱が必要になり、やがて共有する箱と専有する箱に分かれるのです。

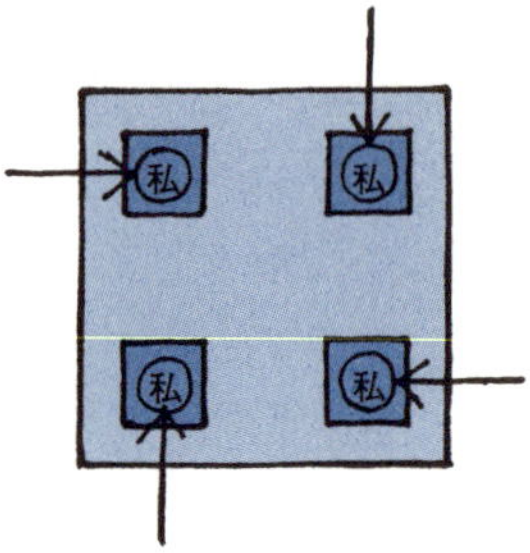

[平面]

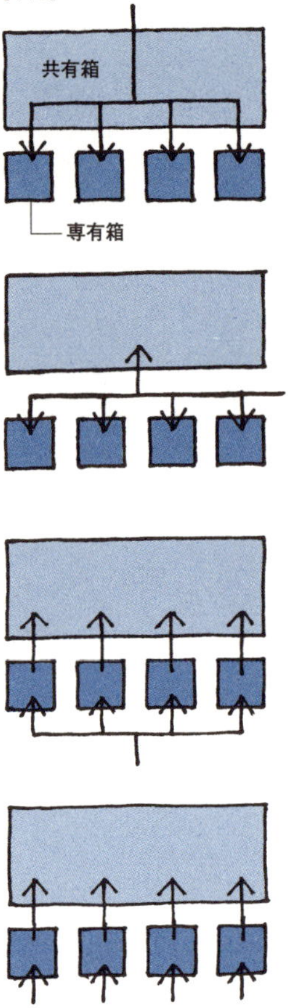

共有箱と専有箱へ帰る

このとき、住宅で問題になるのは、2 種類の箱への「帰り方」です。帰り方のパターンはいくつも考えられますが、ここで着目すべきは、

①どっちの箱へ帰ってくるか

②どっちの箱を経由するか、あるいは

③どっちも経由しないかです。

一般には見慣れない帰り方も、新しい可能性を開くきっかけになるかもしれません。

おそらく、ほかにももっとありますよ。

[断面]

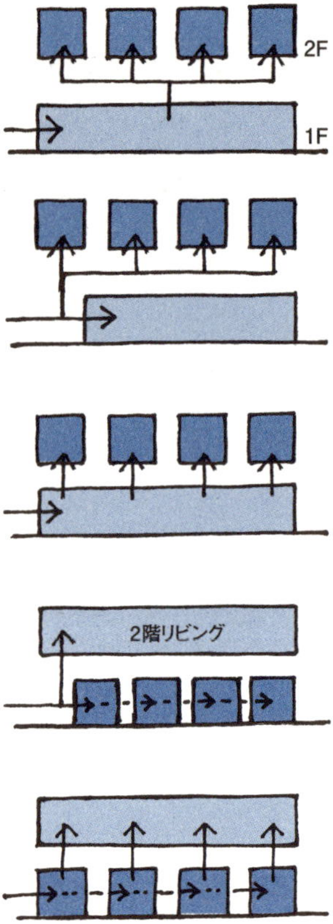

廊下は私的利用する共有物

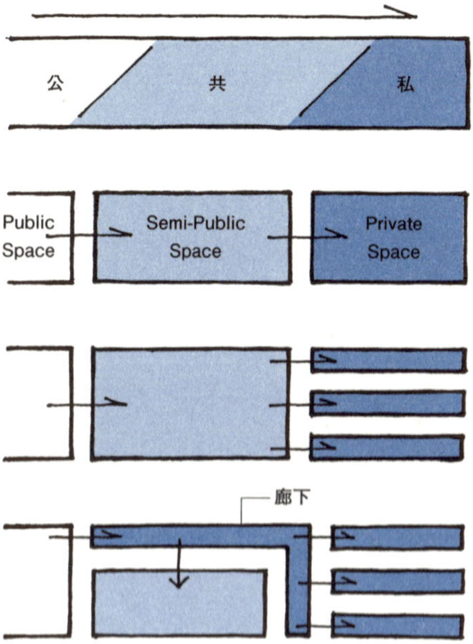

廊下がポイント

学生たちが住宅設計のトレーニングをする際、まず教えられるのがパブリックからプライベートへと至るヒエラルキー（序列）です。さらには、その中間にセミパブリックなるスペースが存在することも告げられます。たとえば「道路→リビング→個室」ということですね。

ところがこの図式には、重要なポイントが抜け落ちています。廊下です。一般的な住宅には、玄関から直接個室へ至るルート、すなわち廊下が設けられているケースが圧倒的に多いのです。そして、個室が２階にある住宅の場合、１階の階段廻りに廊下があるとないとでは、こんなに違いが出ます（下図）。

廊下なし。いわゆる「リビング階段」

廊下がなければ、家族とのコミュニケーションがとても取りやすくなります

階段廻りに廊下がある場合

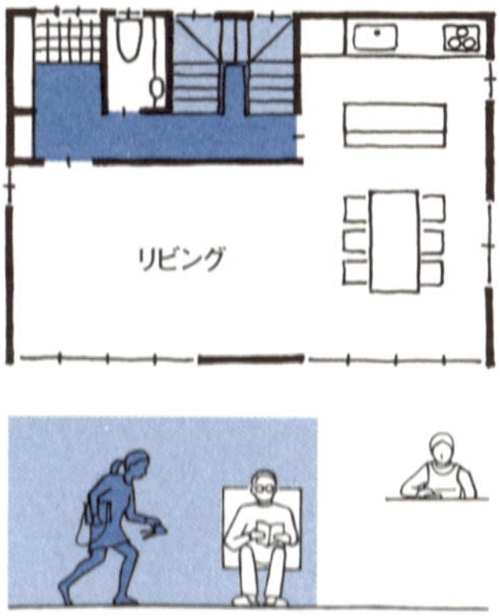

けれど、それがわずらわしいときもありますよね。「廊下があって助かった」

どちらがよいか？　ではなく、どちらにするか！　です。

個室の在り方がその住宅の性格を決める

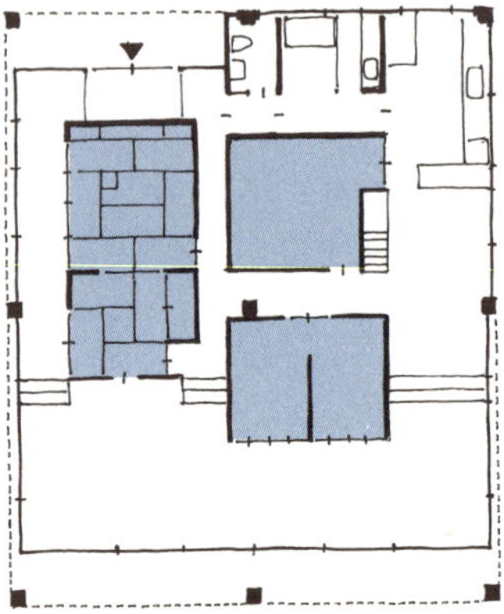

YAH（1969） 鈴木恂

共有空間は余白

各住宅の性格を決めているのは、実は個室の在り方なのではないかとも考えられます。家族という共同体のなかで個人のプライバシーがどのように扱われているか。これは個室のセッティングに表され、かたちとしても現れてきます。リビングなどの共有空間はむしろ「余白」なのかもしれません。

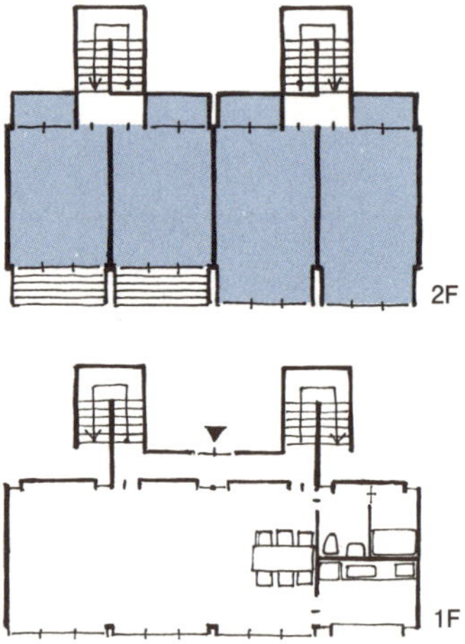

個室群住居（1968） 黒澤隆

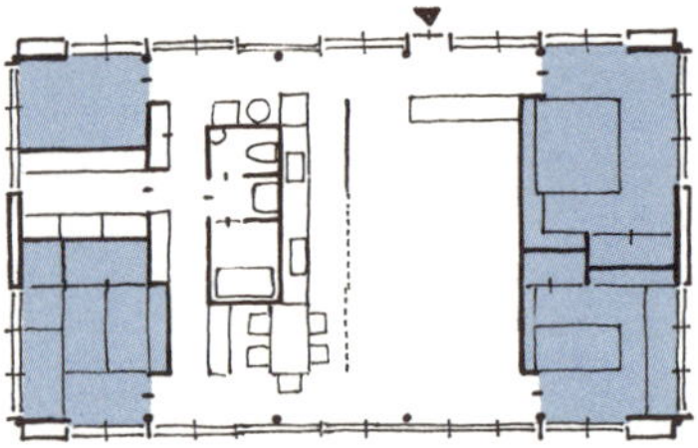

コアのあるH氏邸（1953） 増沢洵

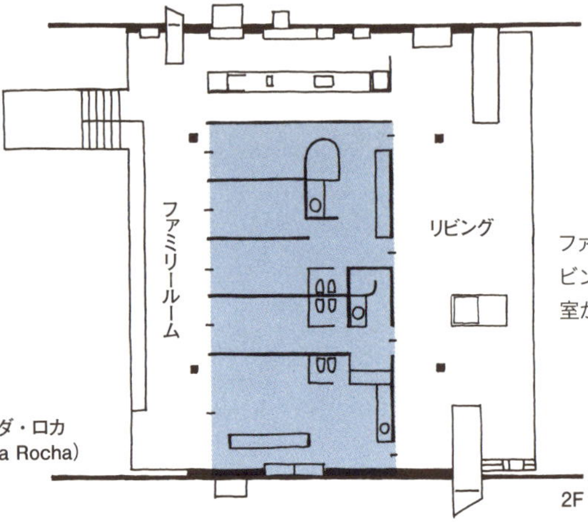

ファミリールームからリビングへ、すべての寝室が通り抜けられます

自邸（1960）
パオロ・メンデス・ダ・ロカ
（Paulo Mendes da Rocha）

可変プラン

「私」たちのプライバシー意識に寛容さと柔軟性さえあれば、個室はときに開放されます。これを「可変プラン」といいます。リートフェルトの「シュレーダー邸」。可変プランはこの住宅抜きには語れません。引戸の間仕切を全開すると、2階がワンルームに変身するのです。それを可能にしているのは、「ベッドが見えても構わない」という寛容さです。

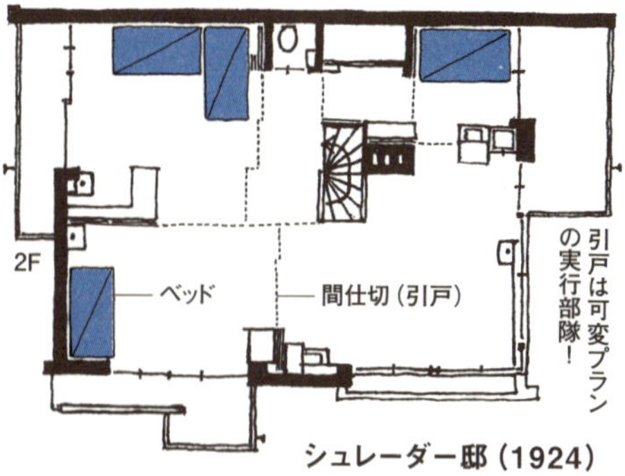

シュレーダー邸（1924）
ヘリット・トーマス・リートフェルト
（Gerrit Thomas Rietveld）

個室が胸襟を開くとき

また「私」たちは、別荘や週末住宅に滞在すると、ずいぶんと鷹揚になって胸襟を開きます。

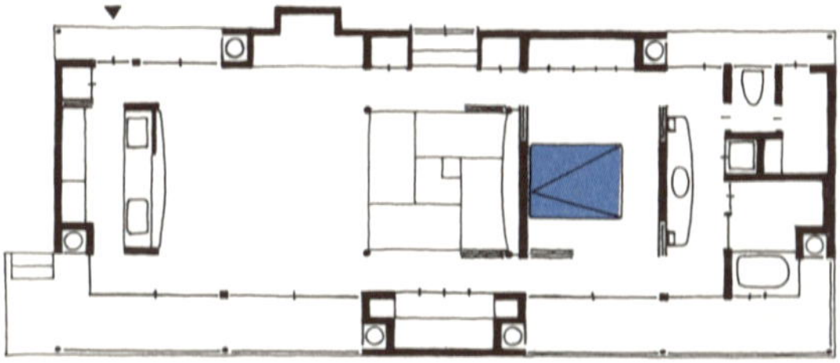

開いたとき
気持ちも部屋も開放的になります

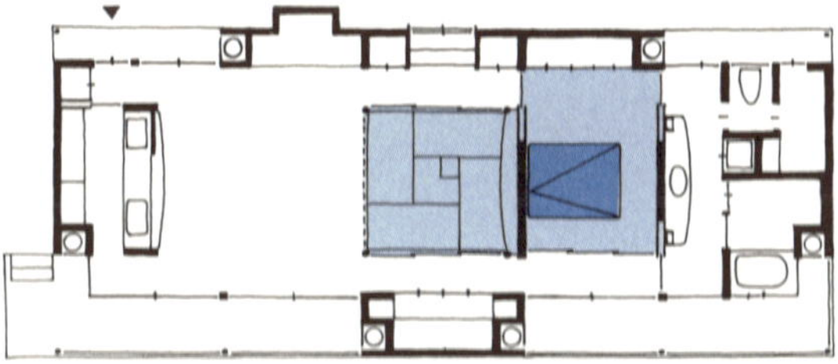

閉じたとき
もちろん「私」も「お客様」も、眠るときは静かに囲われたいものです

と、いうわけで…
住宅のプランニングは、プライバシーの扱いを最初に考えておきたいものです

共有と専有（装置）

私のモノは私のモノ、みんなのモノも私のモノ。

都市交通がトラブルにみまわれ、駅周辺の電話ボックスに人々が群がる——携帯電話の登場により、もはやそうした光景はすっかり過去のものとなりました。

公衆電話と携帯電話。同じ「電話」でも、この二つには決定的な違いがあります。持ち運びができるか否か？　まあそれもありますが、「共有物」か「専有物」かという違いにここでは注目してみたいと思います。共有・専有という観点からいえば、公衆電話は共有、携帯電話は専有ですね。ただし、公衆電話も誰かが使っているときは、ボックスの外で待っていなければなりません。みんなの電話が一時的に専有されているからです。

「共有と専有」の概念は、実は住宅内部に設置する設備機器にも当てはまります。ここでは、この概念をもとに設備機器の位置や全体の間取りを考えてみましょう。

設備機器の共有のされ方

住宅にある道具や設備について、その使われ方を整理してみました。

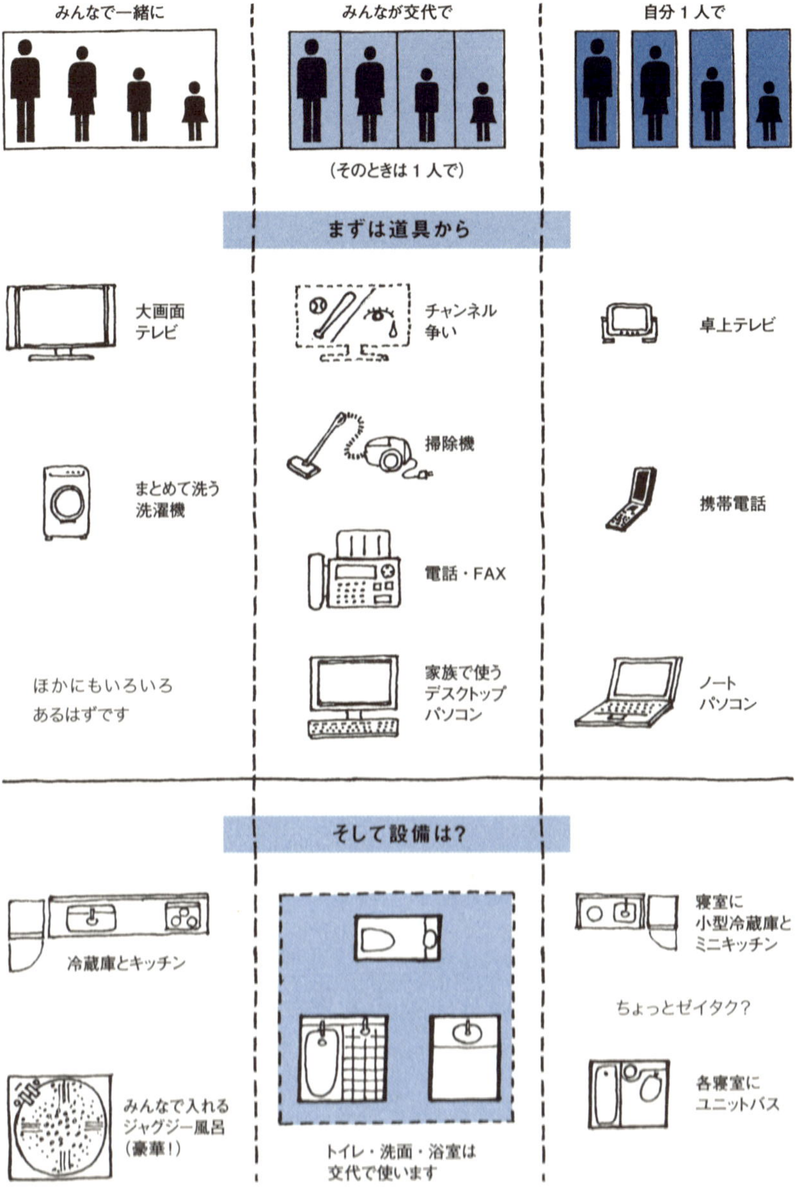

水廻りの優柔不断

（第１章「洗面室と水廻り」も参照してください）

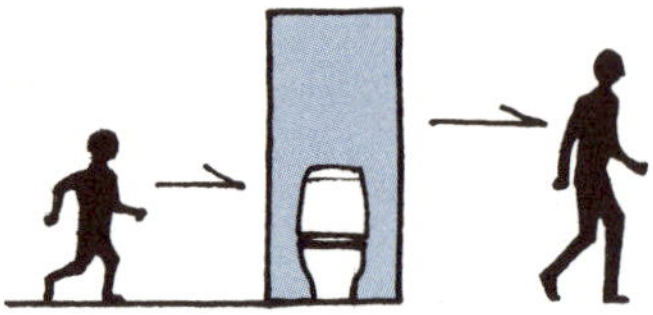

そのジレンマと決心

トイレはみんなで使います。ただし使うときは一人。だから交代で時間差利用

時間差も、たまには失敗することがあります。間に合わないとタイヘン！

だからトイレは２つなきゃ…でも、もったいないかな？

だったら、１つは来客用にもなる化粧室にして

もう1つは洗面室に便器だけ置く？

そういえば

浴室は１つで大丈夫かな？

別にシャワーブースくらいつくっておこうか…

イヤイヤ、ちょっと心配しすぎでは？

それよりも、まとめて広々と明るくしたほうがよっぽどいいよ！

…でも、やっぱり

ぜんぶ

いるかも…

ジレンマも、最後は決心するしかありません

組み合わせは、並列・直列・大回転

設備の数量と組み合わせは、乾電池と豆電球、そしてそのスイッチの関係と同じです。すなわち、「同時使用」を前提とすれば、設備類は並列の関係になります。時間差を想定した「兼用」であれば、それは直列です。

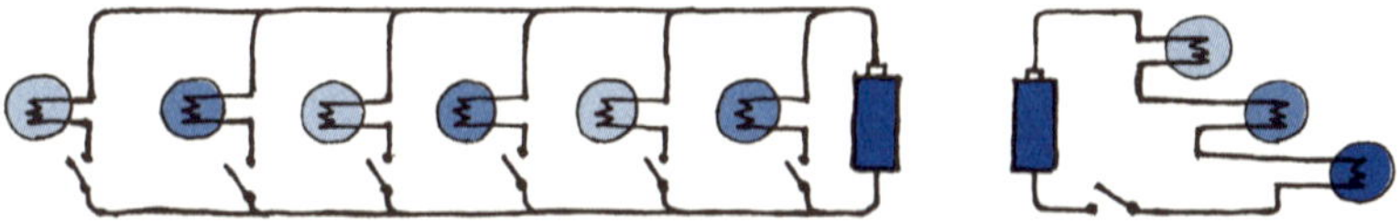

こうしてみると、設備だけでなく個室に置かれている家具も同様に考えることができそうです。個室とは、勉強、就寝、更衣、収納など、さまざまなものが兼用されるスペース。家具はそのための装置なのです。

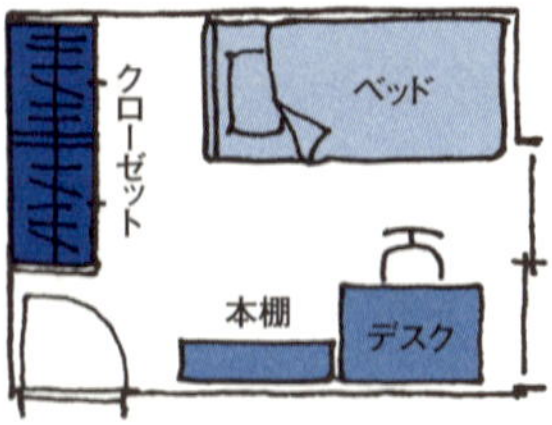

あっ、もしかして
共用、専用、兼用…
とくるなら、

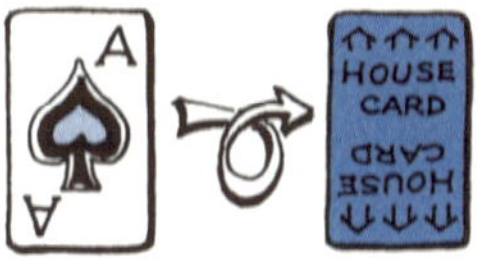

「転用」もあるのでは？

ソファーベッド

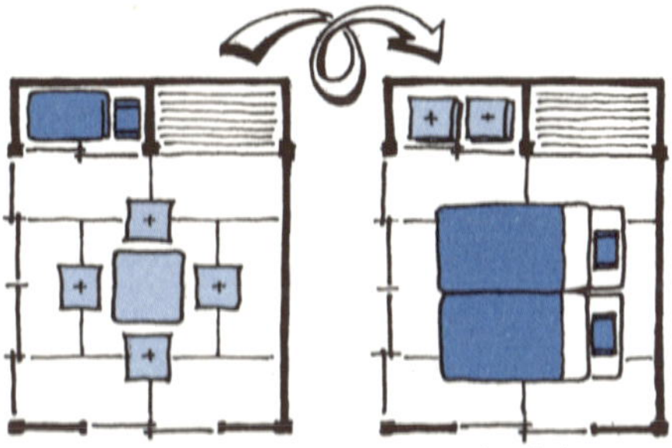

昼は居間　夜は寝室

と、いうわけで…
住宅設備の設置場所を決める際は、その共有方法、すなわち「時間差＝稼働率」を考えるとよいでしょう

尺と坪

「三センチの虫にも十五ミリの魂」とは言いません。

現在、一般に使われている寸法体系はメートル法です。これは計量法という法律で義務づけられたもので、「取引上又は証明上の計量」には、国際基準であるメートル法を用いることとされています。ですから建築業界でも、図面上の寸法や面積の表記はすべてメートル法です。かつての「寸《すん》」「尺《しゃく》」「間《けん》」といった日本オリジナルの単位は、日常生活からすっかり姿を消してしまいました。

ところが建築現場に行くと、今でも威勢のいい職人たちが「サンジャクゴスン！」「イッスンゴブ！」と大声を張り上げています。メートル法以外の使用は、厳密には法律違反です（理不尽ですよね）。にもかかわらず、いまだに尺貫法がしぶとく生き延びているのはなぜでしょうか。

それは、その寸法体系のなかに、私たちの身体感覚にフィットする独特の柔軟性が秘められているからです。

基準は地球、基準は人

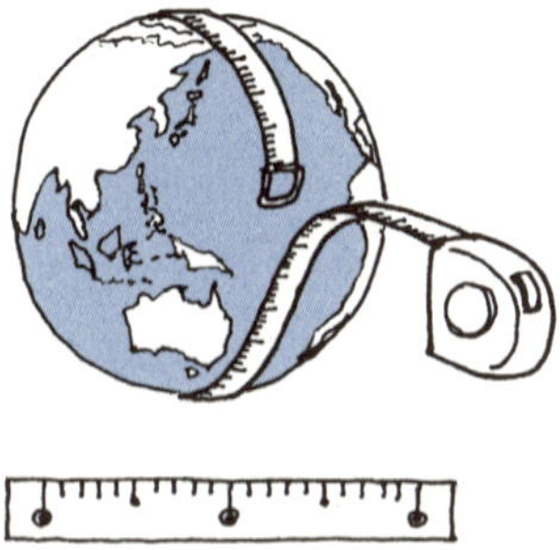

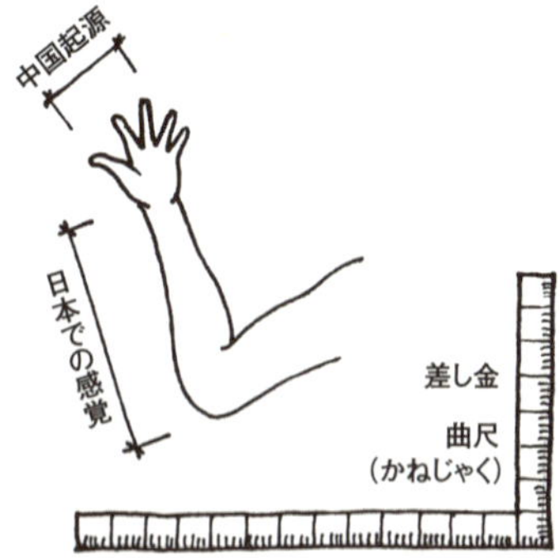

メートル法

18世紀末のフランスで、地球の子午線上の周長を1/4千万にしたものが1mと定められました。ということは、地球の周長は4万km

尺貫法

尺の起源は諸説ありますが、いずれも手や腕の長さ（大きさ）をベースに考えられたと言われています

メートル法↔尺貫法

3㎜

1分（いちぶ）

30.3㎜＝1m÷33

1寸（いっすん）＝10分

303㎜＝1m÷3.3

1尺（いっしゃく）＝10寸

1,818㎜

1間（いっけん）＝6尺

25.4㎜

1inch

寸法体系の起源を見ても分かるように、「寸」「尺」「間」のほうが「メートル」よりも具体的なモノや身体の寸法としてリアリティをもちます。

（30.3、303、1,818は数字が細かいので、一般には30、300、1,820（1,800）と丸めて使います）

ちなみに、英米ではインチやフィートが使われますが、驚くべきことに1フィートと1尺はほとんど同じ長さです（1フィート＝12インチ＝304.8㎜）。フィート（foot、feet）は文字どおり足の寸法を起源としていますから、同じ身体寸法である尺貫法と酷似しているのは、むしろ当然なのですね。

身体的尺度と建材の寸法

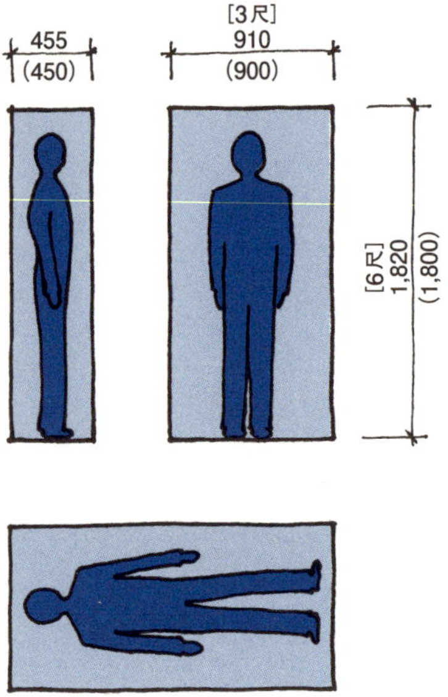

立って半畳、寝て１畳

住宅では、3尺＝半間＝910㎜（900㎜）を設計上の一つの目安としますが、それはなぜでしょうか？

「立って半畳、寝て１畳」といわれるように、そのサイズが人間の動きに最低限必要な寸法だからです。

建築材料は尺貫法

したがって、建築材料ではいまだに尺、寸を単位とするものが当たり前のように生産されています。
もちろん、建築現場でも尺貫法によるやり取りが一般的です。

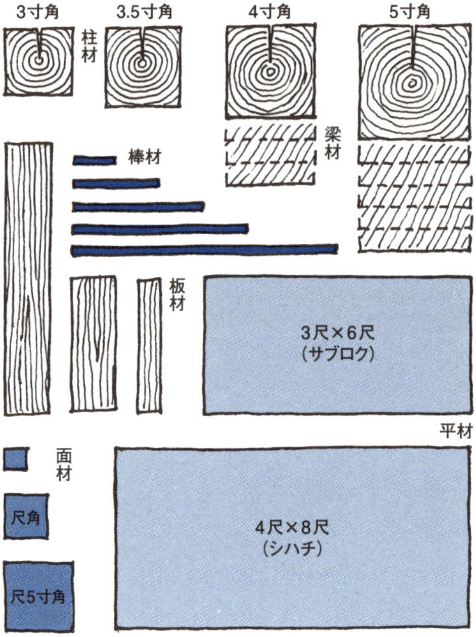

坪換算はややこしい

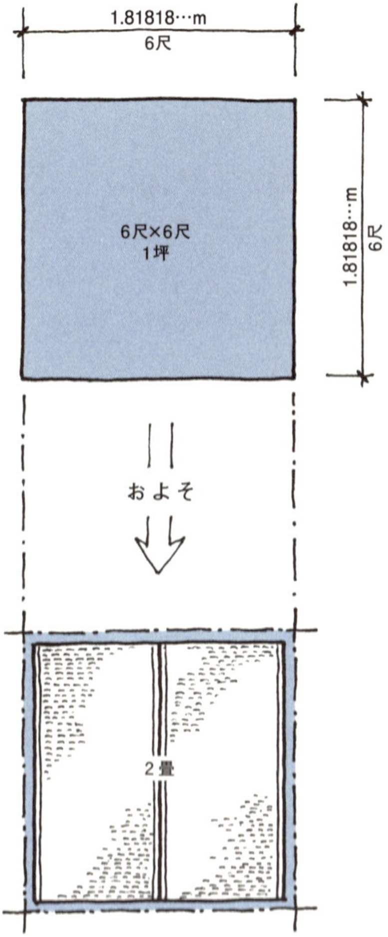

畳数はあてにならない
部屋の広さは畳数で表すことがよくあります。けれど、畳のサイズはマチマチ。実際には都合よく切り上げられている場合も多いようです

1坪はおよそ2畳

3尺＝910㎜≒900㎜というように、一般には3尺＝900㎜として端数を丸めた略数を使うことも多いのですが、これが面積計算になると端数も相乗されますのでオイソレと略すわけにはいきません。

正確には

1尺＝1,000㎜÷3.3＝303.0303…㎜

6尺＝1,818.18…㎜＝1.81818…m

ですから、これをもとに面積の単位である「坪」を、メートル法に換算してみましょう。

1坪は6尺四方ですので、

1.81818…mの2乗＝3.30577…㎡

1坪＝3.3058㎡ となります。

＊なお、不動産広告では法律上「坪当たり～」とは表現できないので、「3.3㎡当たり～」と書かれます

反対に、メートル法を坪に換算すると

1㎡＝0.3025坪 です。

したがって、面積の計算で㎡を坪に換算するときは「○○㎡×0.3025＝□□坪」と計算すると便利です。

同じ1畳でも、端数を入れる・入れないで面積はこんなに違ってくるのです。

入れる……0.909m×1.818m≒1.65㎡

入れない…0.900m×1.800m＝1.62㎡

明治人と平成人

私たちの身体感覚にフィットしやすい尺貫法ですが、身体のサイズが総体的に変われば、いろいろと不都合も出てきます。統計によると17歳男子の平均身長は、1900年（明治 33）では157.9㎝、2000年（平成12）では170.8㎝です。昔に比べて日本人の体格はずいぶんと大きくなりました。

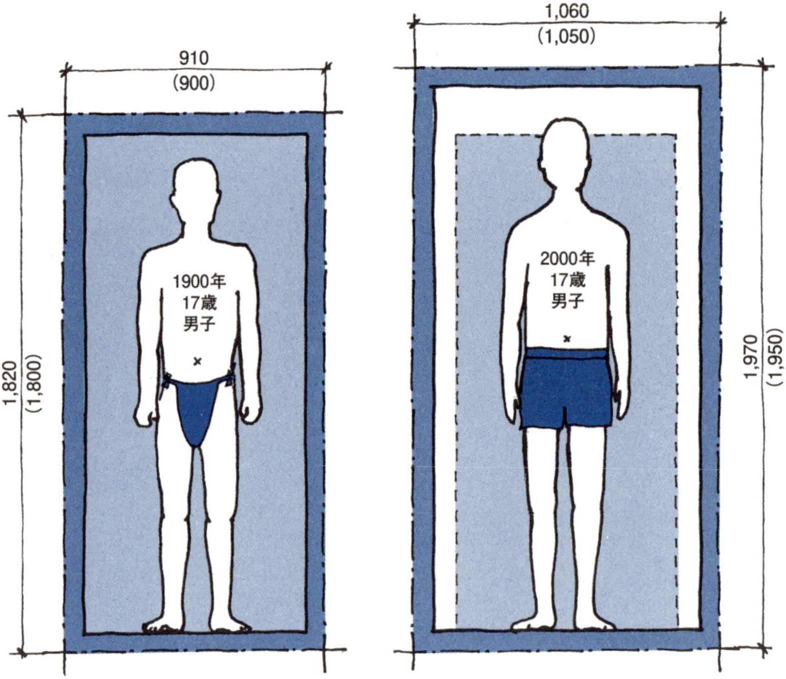

寸法が時代に合わなくなっている!

これだけ体格が大きくなっているのですから、住宅の寸法目安も再考を迫られて当然です。上図を見ると一目瞭然ですが、100年前の明治人は3×6尺（910×1,820㎜）の枠内にすっぽりと収まっています。けれど、このままでは平成人の頭は飛び出してしまいますので、現在は高さ・幅とも5寸（150㎜）ずつ拡げることが多くなりました。高さだけでなく幅も広げているのは、高齢化社会を迎えて車椅子の利用も考慮しているためです。

余談ですが、坂本龍馬は６尺の大男だったと伝えられています。身長182㎝。
当時はさぞかし大きく見えたことでしょう（もっと小さかったという説もありますが）

150㎜は小回りがきく

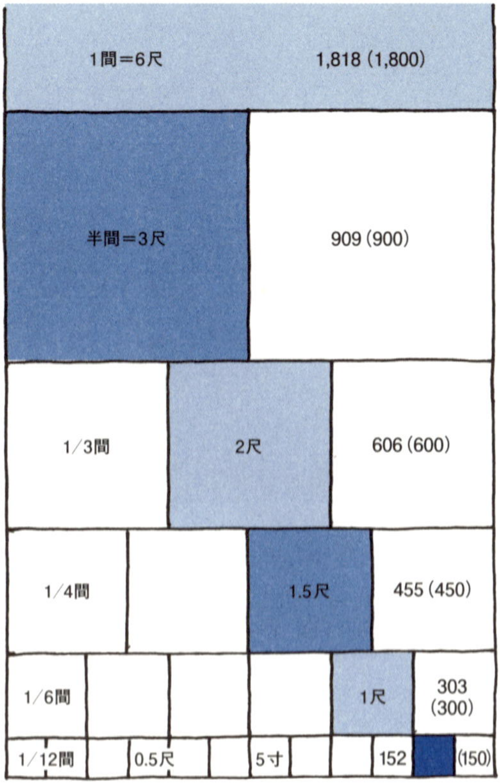

150㎜=1間を12等分したもの

12等分といえば、すぐに思い起こされるのが12進法です

1日=24時間 → 1時間=60分=360秒

1間=6尺 → 1町=60間=360尺

1フィート=12インチ → 1ヤード=3フィート=36インチ

1ダース=12個 → 1グロス=12ダース

12進法の発展は12という約数の多い数の性質に起因しています。150㎜の使い勝手のよさは、12進法にもとづいているともいえそうです

マジックナンバー150

設計実務や建築の現場では、この「150㎜」を使った調整が頻繁に行われます。150㎜は、=1/2尺=5寸なので、尺貫法の寸法体系にもしっくり収まる数字です。現在出回っているシステムキッチンやユニット家具の多くも、150㎜単位でシリーズ化されています。

身体的尺度は「尺」を原点に構築されましたが、建物の尺度はもともと柱と柱の間隔を目安とした「間(けん)」からスタートしています。1間(1,818㎜)は、1/2間(909㎜)、1/3間(606㎜)、1/6間(303㎜)…というようにいくつも割り方が考えられますが、実は150㎜という数字はそれらの最大公約数でもあるのです。

と、いうわけで…

住宅の寸法を検討するときは、150㎜(5寸)を1つの単位として考えると、とてもうまくいくことがあります

グリッドとモジュール

パズルのルールは、簡単がいい。

間取りを思案していると、思わず「これはパズルだなぁ」とつぶやいてしまう瞬間があります。生活に必要な設備や水廻りのスペースを、限られた範囲内で過不足なく配置していく作業は、ジグソーパズルに似ています。上手くハマらないと必要な部屋が入らなかったり、逆に無駄なデッドスペースが生まれてしまったり。結果として、とても使いづらい間取りが出来上がってしまうのです。

みなさんも経験があるでしょうが、何ピースもあるジグソーパズルを、ピースの色と形だけを頼りに当てはめていくのはなかなか骨の折れる作業です。ところが、上のイラストのようなパズルであれば、ジグソーパズルよりずっと楽です。そこで住宅の設計も、このパズルのように間取りをレイアウトしていく方法がとられます。その一つが、「グリッドプランニング」と呼ばれる手法です。

間取りのガイドライン

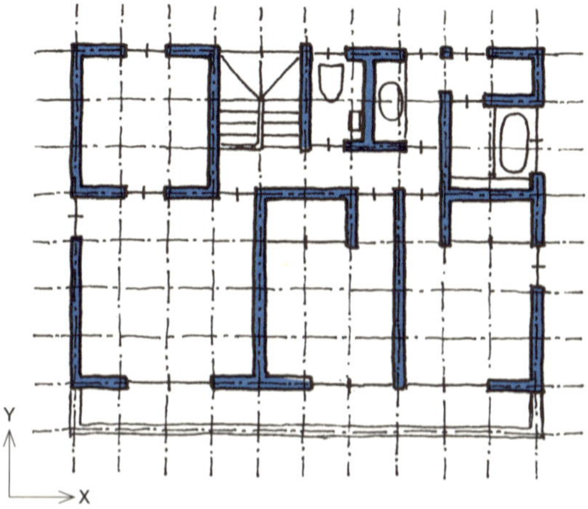

グリッドプランニング

グリッド（格子）状に引かれた基準線に沿って間取り（平面）を計画する方法を「グリッドプランニング」といいます。
木造の住宅では、同じ間隔のグリッド上に柱や壁を配置していくやり方が多いのですが、その背景には「坪数」や「畳数」といった日本独自の広さの単位に対応しやすいだけでなく、柱の間隔に無理が生じたり、建材の使用量に無駄が生じたりするのを未然に防ぐ意味もあるからです。

等間隔でなくてもよい。たとえばダブルグリッド

上の平面図はX・Yの両方向とも等間隔のグリッドですが、グリッドは必ずしも等間隔である必要はありません。X方向、Y方向で異なっていたり、同じ方向のなかで強弱をつけたりしてもよいのです。

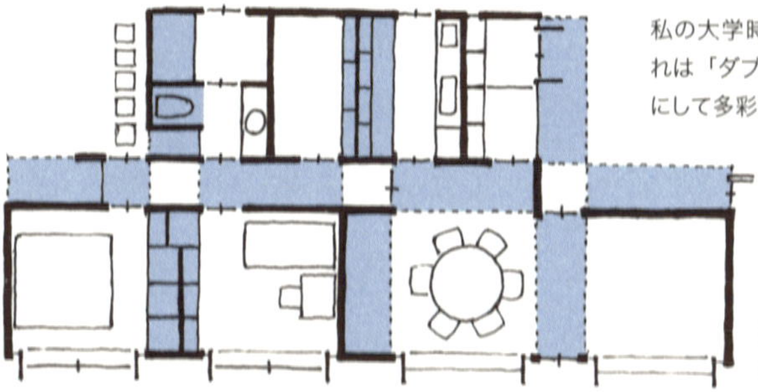

私の大学時代の恩師の自邸です。これは「ダブルグリッド」といい、簡潔にして多彩な空間をつくりだします

穂積信夫自邸
1階平面図

グリッドの間隔

X・Y等間隔

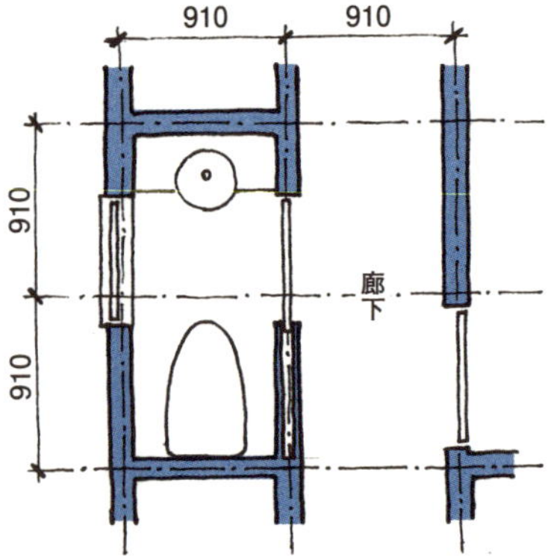

910㎜が圧倒的だが…

グリッドの間隔としては、現行の木造住宅では910㎜(3尺)が圧倒的に多く使われます。けれども、グリッドプランニングとは、本来、設計意図を明快に反映する合理的な寸法を検討することにその意義があります。左の平面図は、ある住宅からトイレと廊下だけを抜き出したものです。上の例はX・Y両方向とも910㎜間隔ですが、下の例はX方向を1,060㎜(3尺5寸)にしています。こうするとトイレと廊下の幅にゆとりが出ますよね。

X・Y非等間隔

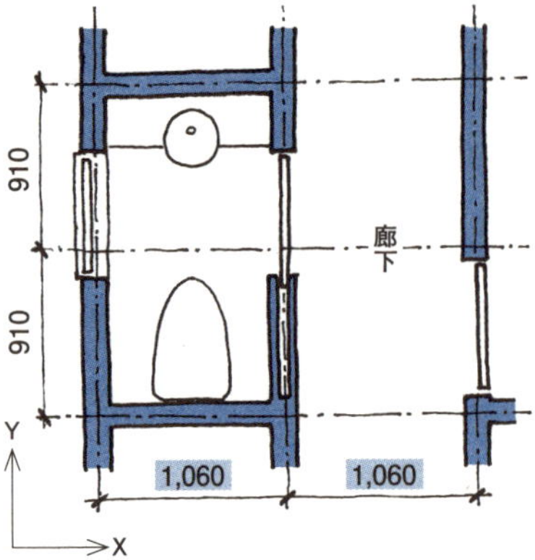

グリッドを変えるなら部分的に

[尺と坪]のページでも触れましたが、現在、グリッドの間隔は旧来の910㎜からもう少し大きな寸法へと移行しつつあります。住宅メーカーなどでは1mにしているところもあるようです。ただ、グリッド(基準体系)をそっくり変えるためには、材料の生産体制も一から整えなければなりません。ですから現実的には、左図のように旧来からある910㎜の延長線上で、部分的に臨機応変に対応していくのがよいと私は考えます。

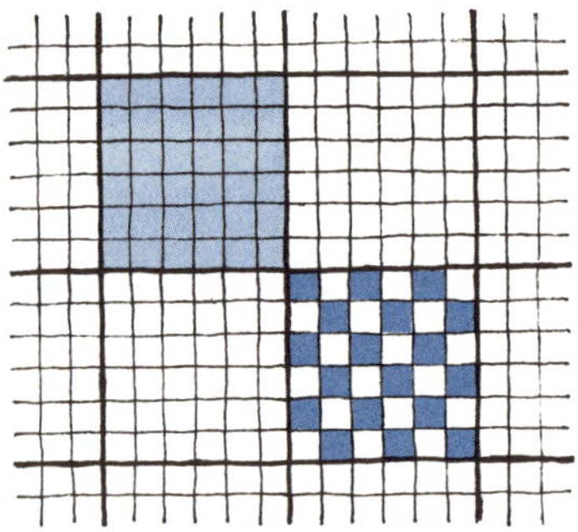

大きなグリッド・小さなメッシュ

グリッドには、さらに細かいメッシュが内包されています。この細かいメッシュは建材や設備機器といったモノの寸法と直結するものです。したがって、いくら「臨機応変に対応」といっても、こうしたモノの寸法には素直にしたがわざるを得ません。言い換えれば、動かしがたい小さな寸法の整数倍が1つのグリッドとして成立するというわけです

モジュールをめぐる試行錯誤

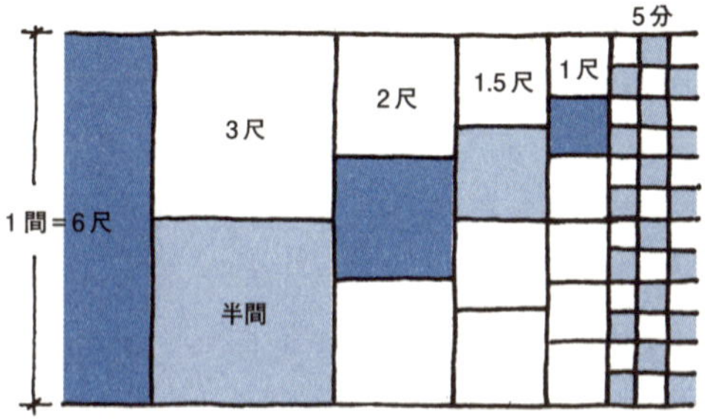

モジュール化

大きな寸法から小さな寸法までを一定の法則で統一することを「モジュール化する」といいます。日本の建築では古来「尺貫法」が用いられてきましたが、これは単純かつ多彩な等分と反復によって見事なモジュールを形成しています

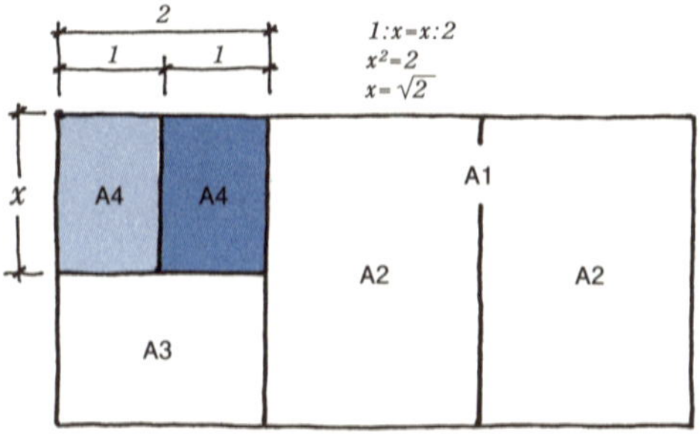

白銀比

普段使っているコピー用紙のサイズもモジュール化されています。A判、B判の2種類がありますが、いずれもタテ・ヨコ比は$1:\sqrt{2}=1:1.414$になっていて、半分のサイズに切るたびにサイズ番号が大きくなります。この比を「白銀比」といいます

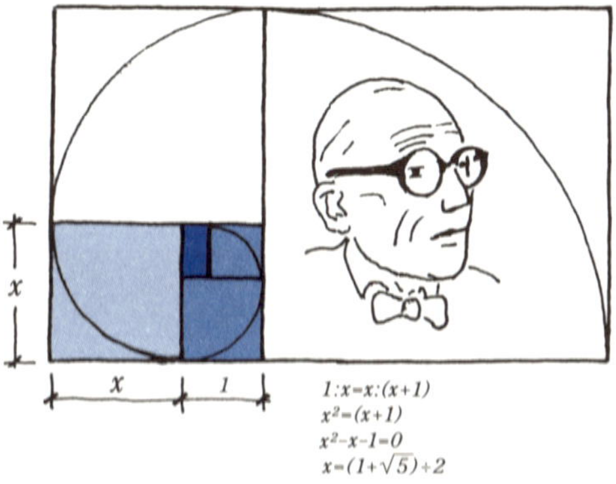

黄金比

名刺のサイズはコピー用紙よりちょっと細長いですね。あれがいわゆる黄金比です。美術や建築でよく知られている比率ですが、タテ・ヨコ比は$1:(1+\sqrt{5})\div2=1:1.618$です。長辺に正方形を加えていっても、そのプロポーションは維持されます。ル・コルビュジエは黄金比によるモジュール「モデュロール」を提唱しましたが、これはあまり普及したとはいえません

＊

白銀比も黄金比もタテ・ヨコ比のプロポーションに特徴があるので、住宅の設計のようにタテとヨコを別々に等分したり反復したりする場面では、その特性が失われてしまいます。つまり、グリッドを設定しづらいのです

と、いうわけで…
グリッドプランニングを実行するためには、適切なモジュールが必要になります

基準線と壁厚

厚みがない本は立たない。壁厚がない家も建たない。

住宅に限った話ではありませんが、すべての建物には壁が存在します。そして、壁の中には必ず基準線が走っています。もちろん壁を壊したところで基準線は見つかりません。設計上・施工上の拠りどころとして存在する便宜上の線、それが基準線なのですから……。

基準線は、建物の配置、間取りなどを決定したり、寸法や面積を計算するときに用いるもので、実際、これがないと私たちは仕事になりません。図面を作成するときも、現場で工事を始めるときも、まず手をつけるのは基準線を引くことから。それをきっかけに、柱が立ち、壁ができ、開口部が形成されていくのです。

ただやっかいなことに、基準線のせいで設計がうまくいかなくなる場合もあります。基準線のメリット・デメリットは、しっかり押さえておきましょう。

基準線とは？

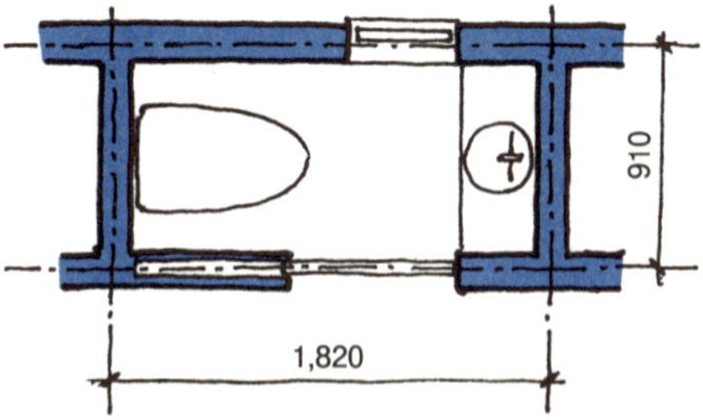

左の図面。トイレを囲んでいる柱や壁の中心線（一点鎖線）が基準線です。基準線を中心に据えると、壁や開口部の位置関係が分かりやすくなります。

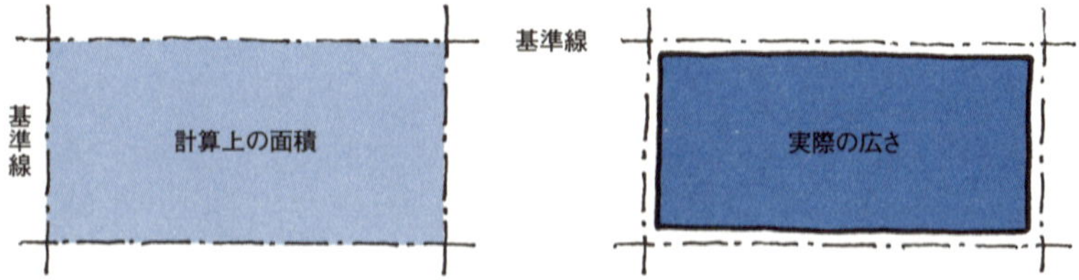

計算上の面積

設計上、寸法の表示や面積の計算は基準線をもとにしますが、実際の寸法や部屋の広さは、もちろん壁の厚み分だけ小さくなります

実際の広さ

小さくなった後の寸法や広さは、「有効寸法」「内法寸法」「有効面積」「内法面積」などと呼ばれます。「クリアで○○㎜」というように英語を使ったりもします

壁厚はうっかり忘れがち

壁厚がもたらす寸法や面積の目減りは、実際にはかなり大きいにもかかわらず、ノートやスケッチブックで間取りを思案しているあいだは、つい忘れがちになります。

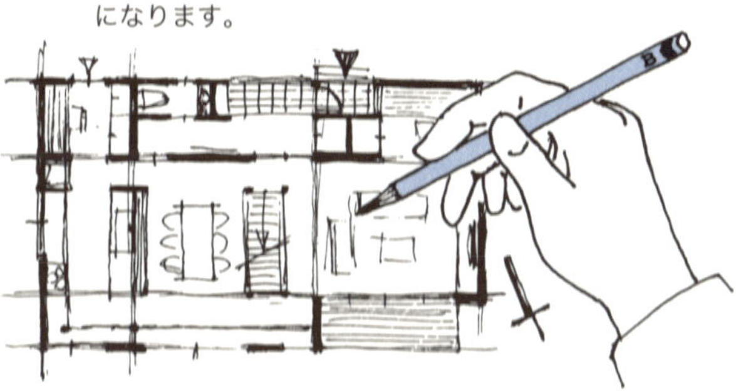

プロは太い線で

設計のプロが描くフリーハンドのスタディスケッチを見ると、たいてい初期の段階から壁の線が太く強調されています。

これは、アウトラインをアバウトに考えているから、という理由ももちろんありますが、常に壁厚を考慮しておきたいという意識の表れでもあるのです。

グリッドプランニングの落とし穴

では、壁厚の存在が内法寸法や有効面積にどれだけ影響するか、
畳の部屋を例に実際に計算してみましょう。

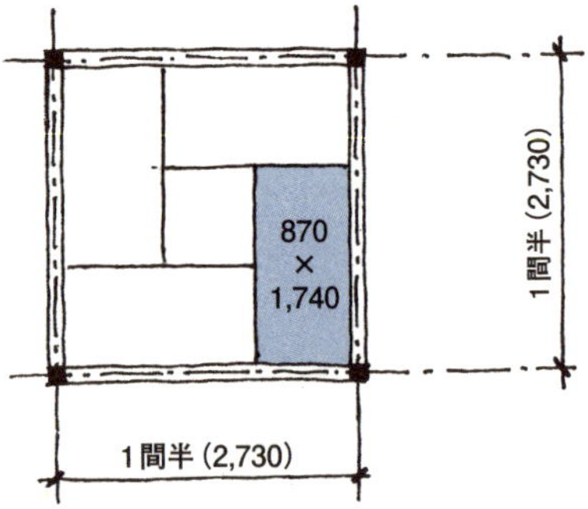

4畳半の場合

910㎜グリッドで柱が120㎜角のとき、4畳半の部屋の畳1畳の大きさは?

短辺　(2,730−120)÷3=870㎜

長辺　(2,730−120)−870=1,740㎜

870×1,740㎜

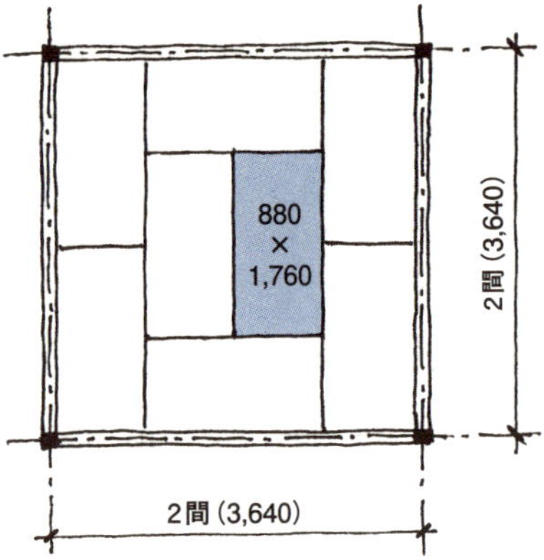

8畳の場合

8畳の部屋なら畳1畳の大きさは?

(上記と同じ条件)

長辺　(3,640−120)÷4=880㎜

長辺　(3,640−120)÷2=1,760㎜

880×1,760㎜

そうです。4畳半と8畳では畳の大きさが異なるのです。

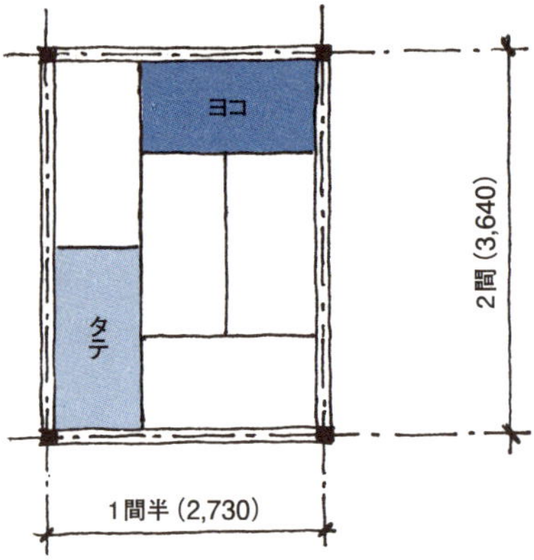

6畳はちょっと複雑

6畳ではもっとヘンなことが起こります。左図の横向きの畳と縦向きの畳のサイズを計算してみてください。

横向き　880×1,740㎜

縦向き　870×1,760㎜

同じ部屋でも向きによって畳のサイズが異なるのです。

このように、グリッドプランニングには壁厚分の寸法が細かくシャシャリ出て影響してきます。

割り算か、足し算か

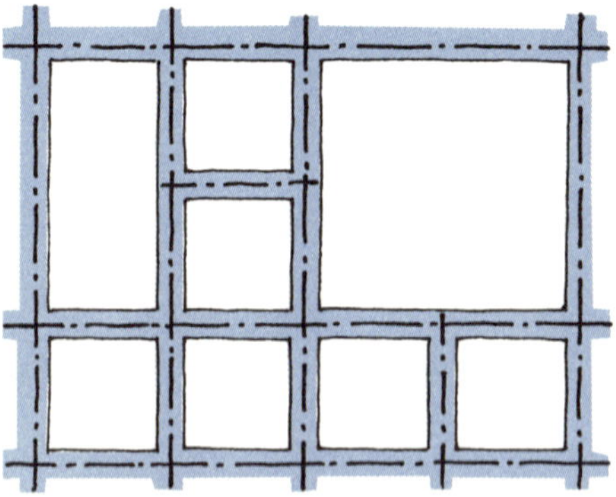

グリッドプランニングは割り算

グリッドプランニングによる設計は、まず基準線を決めてそこから割り算のように間取りを決めていきます。そのため、部屋の実質的な広さは二次的に決められてしまうことを覚悟しなければなりません。
和室ではこれを「柱割り」といいます。

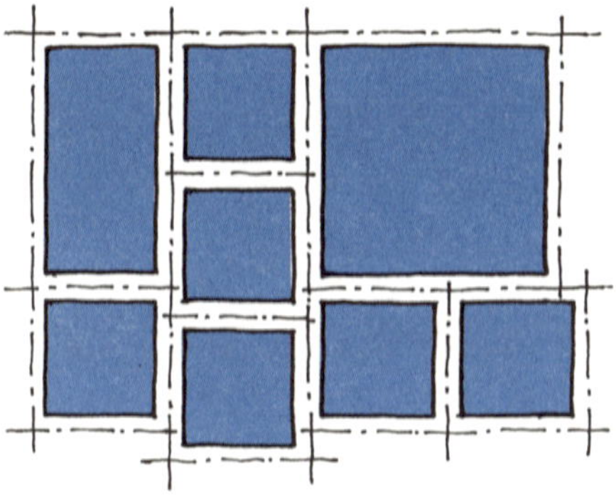

足し算も難しい

反対に、部屋の広さを優先して間取りを足し算のように決めていくと、今度は基準線がグリッドを形成してくれません。京間や茶室の畳はあらかじめサイズが決まっているので、柱の位置決めが難しくなります。こちらは「畳割り」といいます。(畳のサイズ＝3尺1寸5分[955㎜]×6尺3寸[1,910㎜])

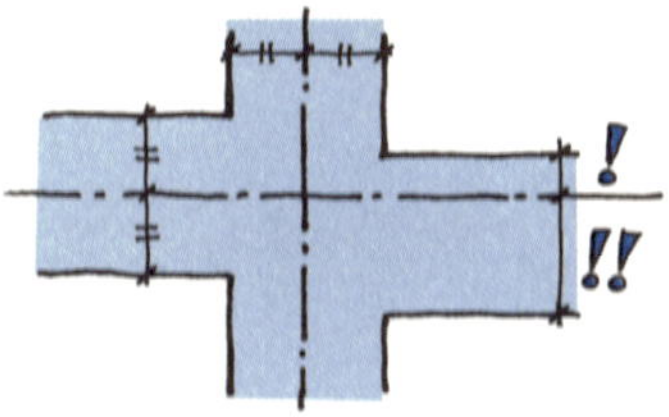

臨機応変「芯ずれ」

ならば、両刀使いでいきましょう！
壁厚がもたらす"ダメージ"は、広いスペースほど少なく、狭いスペースほど相対的に大きくなります。わずかな寸法差で、冷蔵庫やピアノが置けなくなることだってあるのです。そこでベテラン設計者は、①まずグリッドを設定しておいて、②都合が悪くなったら部分的に壁をずらす、という手を使います。この技を「芯ずれ」といいます。プランニングは、必ずしも1つのルールにしばられることはないということです。

と、いうわけで…
壁厚を考慮していないと、グリッドプランニングでは思わぬ落とし穴にはまることがあります

断面

バンズのないハンバーガーなんて、うまくない。

「断面を描きなさい」というと、学生たちはみな戸惑いの表情を浮かべます。ここでの断面とは、天井裏、床下なども含めた建物の高さ関係全体のこと。そう、断面を決めるというのは簡単なことではないのです。

では、突然ですが断面をハンバーガーでたとえてみましょう。ハンバーガーを構成する具材のうち、ビーフやレタスの部分は「室内空間」、それらを挟んでいるバンズ（パン）は「天井裏や床下」になります。言うまでもなく、この二つのバランス（厚み）が適切でなければ美味しいハンバーガーにはなりません。住宅も同様に、天井裏や床下（建築用語ではフトコロ［懐］といいます）と室内空間がバランスのよい高さでまとまっていなければ、〝美味しい〟住宅にはならないのです。にもかかわらず、フトコロは不名誉な別名で呼ばれたりもします。「デッドスペース」！

断面と展開とフトコロ

下図は、一般的な２階建て住宅の断面です。このとき、フトコロも含めた高さ関係全体を表すものを断面図、室内空間を表すものを展開図といいます。

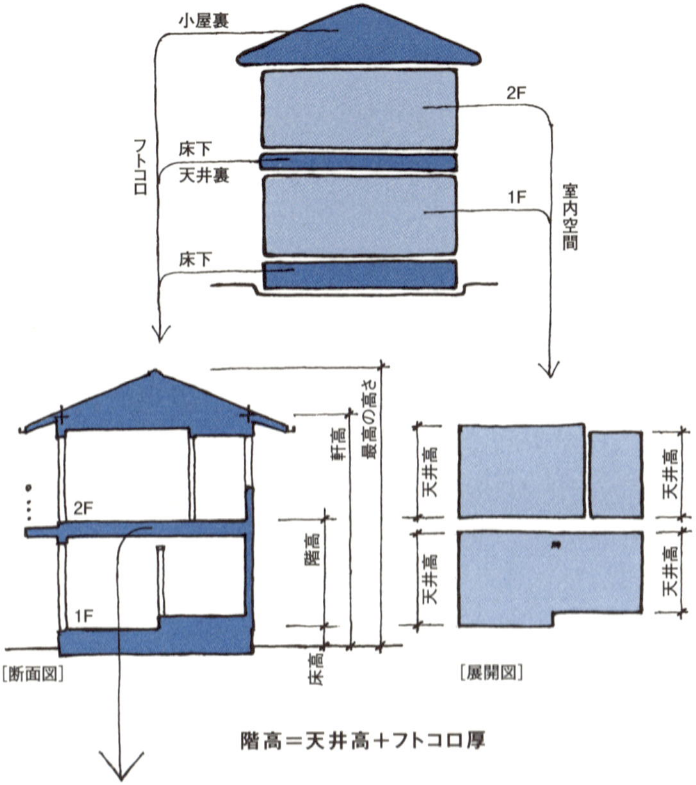

階高＝天井高＋フトコロ厚

木造在来軸組構法・天井フトコロ内部の様子

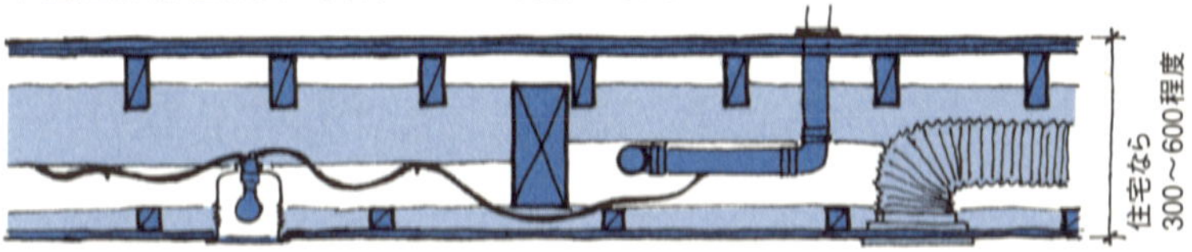

フトコロには構造材だけでなく設備配管や電気配線などが隠されています。ここは「デッドスペース」などと呼ばれることがありますが、きちんと仕事をしているのに「デッド」なんて…、かわいそうですね。

断面は足し算ではなく割り算で

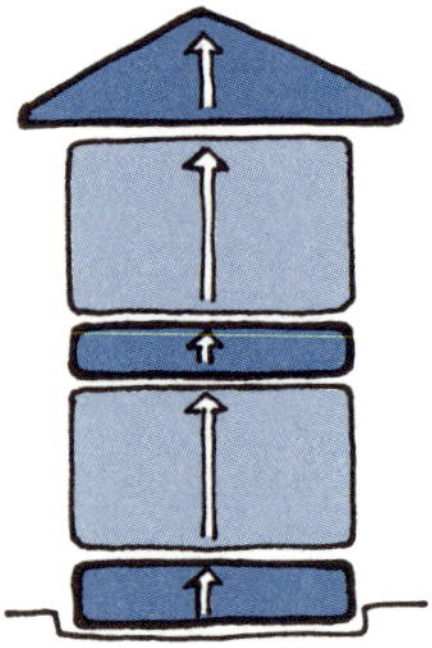

ほしいほしい

実際に設計する際、室内空間もほしい、フトコロもほしいと調子に乗って高さを積み上げていくと…

各種高さ制限をオーバーしたり、階段の勾配がきつくなったりします。

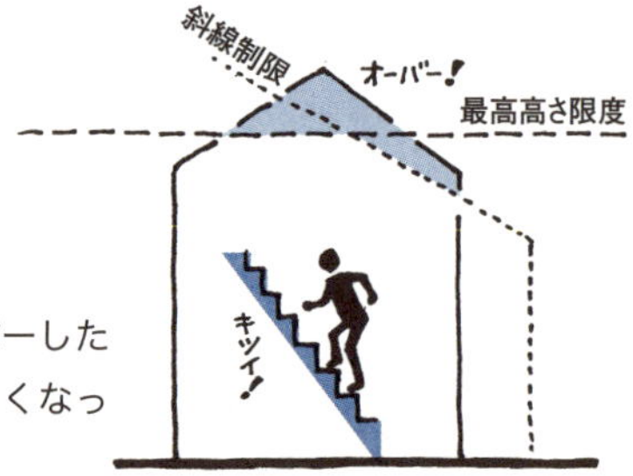

斜線制限
オーバー！
最高高さ限度
キツイ！

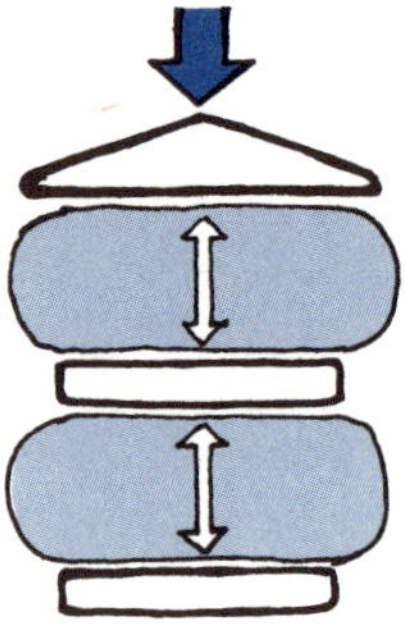

仕方がないので上から押しつぶしてみるわけですが、それでも室内空間は「天井を高くしたい」と言い張ります。そのシワ寄せは、おとなしいフトコロにやってきます。

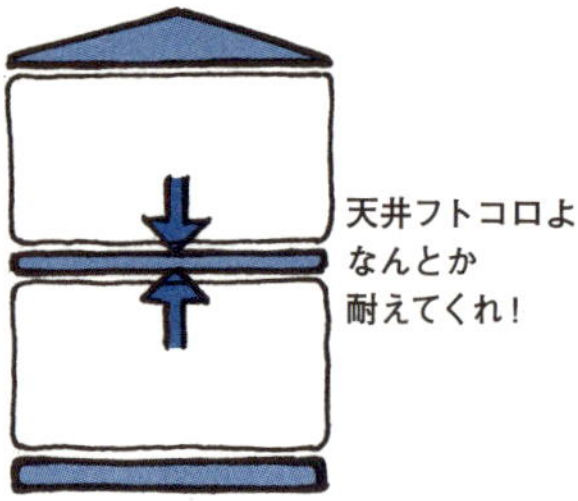

天井フトコロよ
なんとか
耐えてくれ！

天井高レベル定規

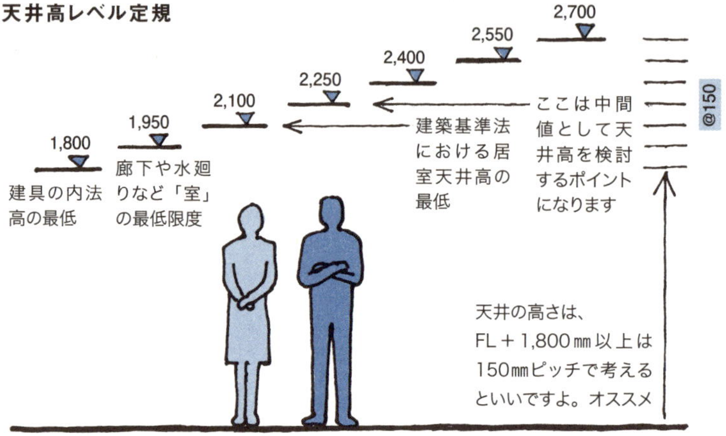

2,700
2,550
2,400
2,250
2,100
1,950
1,800
@150
建具の内法高の最低
廊下や水廻りなど「室」の最低限度
建築基準法における居室天井高の最低
ここは中間値として天井高を検討するポイントになります
天井の高さは、FL＋1,800㎜以上は150㎜ピッチで考えるといいですよ。オススメ

「天井は高いほうがいい！」という人は多いのですが、むしろ天井高は無意味に高くしないことをおすすめします。

階高の抑え方に設計者の力量が問われる

私の設計（伊豆の週末住宅）

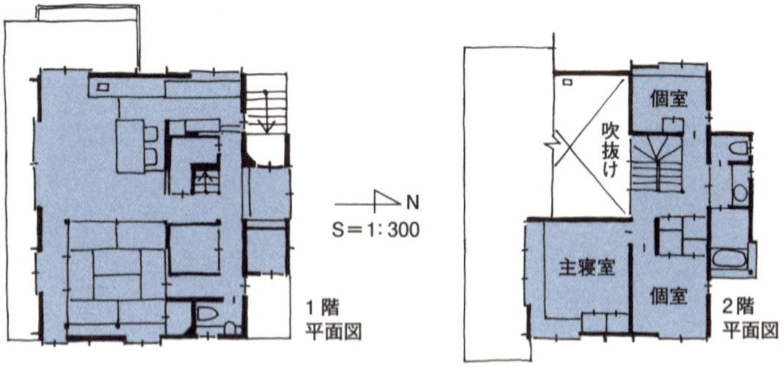

「見えないところまで考え抜く」。それが設計というものです。階高を無駄なく低く抑える努力はその最たるものでしょう。

断面の検討は法規的な高さ制限をクリアするだけでなく、空間性やコストにも影響します。そこで、構造、設備、インテリアなど、あらゆる分野の知識を総動員してなんとか断面をまとめ上げていく。それが設計の“醍醐味”です。

ちなみに、私がこれまで設計した住宅のなかで最も低い階高は 2,506㎜でした。

なお、この住宅の設計スタッフだったKくんは1／50の断面図を8面、1／20の矩計図を4面も描いて断面を検討していました

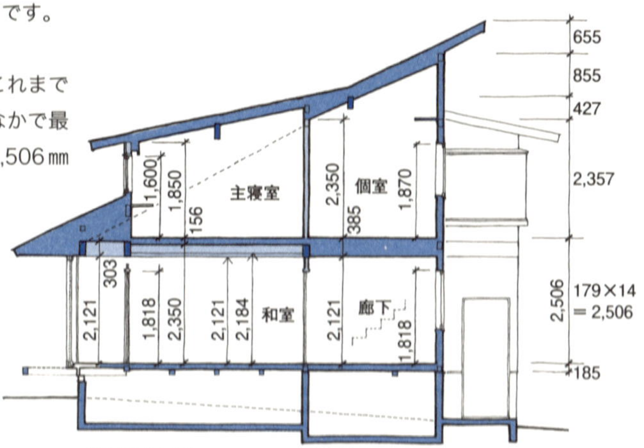

断面図（南北）
S＝1：150

内部階段
T＝240　R＝179

と、いうわけで…

**断面の設計にはあらゆる英知を結集して
無駄を削ぎ落とす努力が必要になります**

COLUMN

7 無目的という目的もある

私が生まれ育ったのは、横浜の私鉄沿線、分譲住宅地に建てられた小さな家である。住宅地といっても、幼い頃はガスも水道もなく、九・五坪の主屋《おもや》と一坪の風呂の間に架け渡された下屋《げや》の下に、井戸とカマドが置かれているのみだった。ただ、「流し」だけは主屋にあったため、食事はそのかたわらに置かれたテーブルでとった。それが、洒落ているような・いないような、なんともチグハグで妙な感じだったのを憶えている。言ってみれば、ダイニングキッチンの成り損ねなのだが、それもそのはず、その家の設計は、当時庶民の住宅の新しいカタチを模索していた女性建築家が、実験的に行ったものだったからである。

生年は一九五一年。この年は、公営住宅の標準設計「51C型」が設計された年でもある。ほどなく、私の住む街にも団地ができ、小学校の同級生のかなりが「団地の子供」だった。それが51C型だったかどうか定かではないが、団地の友だちはみなテーブルで食事をしていた。当の本人たちはその部屋が「ダイニングキッチン」と命名されたことを知らなかっただろうが、このテーブルと椅子の登場をきっかけに、その後の住宅の間取りは「n＋LD・K」という定型へと邁進していく。「ダイニングキッチン」のように各部屋につけられた名称は、その過程において決定的な役割を担った。

部屋名とは、なんともタチの悪いものである。部屋というものに「目的的であれ」と呼びかけていた頃の気分は一変した。これにより、間取りが「四畳半」「六畳」のように広さで呼ばれていた頃の気分は一変した。モダンリビングとは結局のところ、「意識的に住む」ことだったのであろう。だから、意識に上らないものは、とりあえず置いていかれる。本書もやはり「意識に上るもの」の延長線上に書かれているので、モダンリビングが置き忘れたものはそっくりそのまま抜け落ちている。

建築のあらゆるジャンルのなかで、唯一住宅だけがその目的の限定を留保されている。いや、限定できないといったほうがよいのかもしれない。だからといって、それを「多目的」とくくってしまえば問題が後戻りする。実際、「多目的室」と呼ばれる部屋の多くは、納戸《なんど》になっているのが実情だ。常に目的的であることさえシンドイのに、さらに多目的であれと言われたら、納戸のように部屋ごと封印したくなるのも無理からぬ話だ。部屋名は、限定し、断定し、指示し、強要する。少なくとも暗示する……たまらない。

いっそ、「住宅は無目的だ」といってみたらどうだろう。

考えてみれば、住宅の中にいる間、私たちは諸目的を遂行している時間より、無意味なときを過ごしている時間のほうが長い。それを素直に認めたらどうか。もしかすると、無目的と目的の共存が〝住宅のとりとめなさ〟をつなぎとめているのかもしれない。

もともと無色透明でクセがないから、そんなことができるのだ。おそらく無目的は住宅の低いところを静かに流れていた。この通奏低音は畳でゴロゴロしていればよく聴こえたはずだが、テーブルと椅子というメロディーが立ち上がってから、ちょっと聴こえにくくなってしまった。住宅に、必ずしも目的は必要ではない。無目的さえあれば。

建築のあらゆるジャンルのなかで、唯一住宅だけが「何もしないってこと」をできる。

.... but what I like doing best is Nothing.

あとがき

子供の頃、私の家にテレビが置かれた日や、電話が引かれた日のことをよく憶えています。テレビは白黒で、電話は黒電話でした。電話が鳴ると受話器をとるのはいつも母親。「はい、○○でございます」「……おります、お待ちください」「もう一度、お名前を」——どこの家庭もこんなふうでした。電話の受け応えは、子供でも丸暗記させられたものです。

家庭にかかってくる電話は、ときとしてうら若き娘あての、聞き覚えのない若い男の声だったりします。電話を代わった娘の会話は妙にぎこちない。そりゃそうです、部屋の隅でそしらぬ顔の母親も、耳だけはしっかり受話器のほうに向けられているのですから……。

その後、家庭の電話はコードレスとなり、いまや一人が一つ、電話を携帯する世の中になりました。それと軌を一にするかのように個人が所有する情報量は増し、その一方、共同体のなかで直接交換される情報量は減ってきたように思います。もしかすると、「情報量保存の法則」というものがあるのでしょうか。文明の進化とプライバシー人を煩わすことなく」、何かをできるようになることなのですから。

建築設計実務のかたわら、大学で二〇年以上も住宅設計を教えてきました。よく言われるように、二〇年前と今とでは学生も様変わりしています。「近頃の学生は勉強しなくなった」などという小言ではありません。学生たちが、身の回りの生活や住まいについて、あまりにも知らなくなっているのです。「知らない」というより、「見ていない」といったほうが正確かもしれません。

建築設計を教えるどの教育機関でも、最初の設計課題は「住宅」と相場が決まっています。住宅が建築の基本というだけでなく、学生たちにとって最も身近な建物だろうという配慮からです。ところが、この「身近な」という前提が近頃だんだん怪しくなってきました。あふれつづける情報と、手近な便利機器・便利店舗のおかげで、身の回りの光景に目を配らずとも、とりあえずの日常は暮らしていける、そんなライフスタイルが彼らと住宅との関係を変えてしまったせいなのかもしれません。

だとしても、状況を嘆いているばかりでは進歩がない。ならば、「住宅とは」「住宅の場合は」という〈あたりまえ〉〈ふつう〉のことを、あらためて見直してもらうようなテキストをつくり、配ってあげればよいではないか――学生たちを前に、私はそんなことを考えていました。
ちょうどその頃、知り合いになった「建築知識」編集部の藤山和久氏から、「近頃は学生だけでなく、実務に携わる若い人も住宅設計の基本が分からなくなっているようだ」という話を聞きました。だったら、このテキストをもっと膨らませて、住宅を解説する図鑑のような本をつくろうではないかと意気投合したわけです。それから一年半。出版に漕ぎ着けられたのは藤山氏のおかげです。また、装丁を引き受けてくださった寄藤文平さんからは、素敵なデザインはもとより、本の構成の仕方まで教わりました。感謝いたします。
そして、私が教えてきた学生たち。彼らから、どれだけ多くのヒントをもらったかは計りしれません。教える側と教えられる側は「卵が先か、鶏が先か」。すでに社会人となった彼らに恩返しはできないので、もっと若い人たちに本書をもってお返しいたします。

住まいの解剖図鑑

心地よい住宅を設計する仕組み

2009年11月20日　初版第１刷発行
2021年 4月27日　　　第24刷発行

[著　者]　増田 奏

[発行者]　澤井聖一
[発行所]　株式会社エクスナレッジ
〒106-0032 東京都港区六本木7-2-26
(販売部)TEL:03-3403-1321
FAX:03-3403-1829
(ＵＲＬ)https://www.xknowledge.co.jp/

[組　版]　デザインカブス

[印刷・製本]　大日本印刷

ISBN978-4-7678-0918-2